今日马克思主义研究丛书

马克思恩格斯人的能力理论研究

孙福胜——著

天津出版传媒集团
天津人民出版社

图书在版编目（CIP）数据

马克思恩格斯人的能力理论研究 / 孙福胜著. 天津 : 天津人民出版社, 2024. 7. -- (今日马克思主义研究丛书). -- ISBN 978-7-201-20608-0

Ⅰ. A811.64

中国国家版本馆CIP数据核字第2024JA3841号

马克思恩格斯人的能力理论研究

MAKESI ENGESI REN DE NENGLI LILUN YANJIU

出　　版　天津人民出版社
出 版 人　刘锦泉
地　　址　天津市和平区西康路35号康岳大厦
邮政编码　300051
邮购电话　(022)23332469
电子信箱　reader@tjrmcbs.com

责任编辑　林　雨
封面设计　明轩文化·李晶晶

印　　刷　天津新华印务有限公司
经　　销　新华书店
开　　本　710毫米×1000毫米　1/16
印　　张　20.75
插　　页　2
字　　数　280千字
版次印次　2024年7月第1版　2024年7月第1次印刷
定　　价　89.00元

序　言

马克思在谈及自己研究政治经济学的经过时指出:“为了解决使我苦恼的疑问”[①],“目的不是为了付印,而是为了自己弄清问题”[②]。马克思的这段文字为我们研究问题提供了重要启示,那就是任何研究都是源于疑问的,都是为了弄清问题的。同样,研究人的能力问题,也是为了解决人的能力疑问的,为了弄清人的能力问题的。人的能力问题不仅关涉能力问题与胜任力问题,而且关涉国外能力主义思潮,这两个问题是必须弄清楚的。恩格斯指出:“我请您根据原著来研究这个理论,而不要根据第二手的材料来进行研究——这的确要容易得多。”[③]这也给出了一个十分重要的启示,即根据原著来研究理论。因此,研究马克思恩格斯关于人的能力问题,必须认真研读马克思恩格斯原著中关于人的能力问题的重要论述。

① 马克思恩格斯全集:第31卷[M].北京:人民出版社,1998:412.

② 马克思恩格斯全集:第31卷[M].北京:人民出版社,1998:411.

③ 马克思恩格斯全集:第37卷[M].北京:人民出版社,1971:462.

一、弄清问题

人的发展的核心就是人的能力，这里就出现了首先需要弄清楚的问题：什么是能力？能力与胜任力有什么关系？带着这些问题，从权威工具书中找寻答案，这样对能力与胜任力的问题就有了初步认识。通过阅读相关文献我们可以看出，在国外，能力主义业已成为广泛传播和深入人心的思潮，这里又出现了一个问题，那就是到底什么是能力主义？下面我们就这一系列问题展开记述。

（一）问题一：什么是能力与胜任力？

其一，什么是能力？认识和理解能力的基本内涵是应用和发展能力的前提条件。《说文解字》中对“能”“力”两个字的基本内涵进行了界定。“能”，“熊属，足似鹿，从肉，目声，能兽坚中，故称贤能，而强壮称能杰也，凡能之属皆从能。”[①]“力”，“筋也，象人筋之形，治功曰力，能圉大灾，凡力之属皆从力”[②]。《辞海》中对“能力”的基本内涵进行了界定。“能力”是指，“成功地完成某种活动所必需的个性心理特征。分一般能力和特殊能力。前者指进行各种活动都必须具备的基本能力，如观察力、记忆力、抽象概括力等。后者指从事某些专业性活动所必需的能力，如数学能力、音乐绘画能力或飞行能力等。人的各种能力是在素质的基础上，在后天的学习、生活和社会实践中形成和发展起来的”[③]。《现代汉语词典》中对“能力”的基本内涵进行了界定。“能力”是指，“能胜任某项任务的主观条件。如‘能力强’‘他经验丰富，有能

---

① 许慎．说文解字[M]．北京：中华书局，2013：206.

② 许慎．说文解字[M]．北京：中华书局，2013：293.

③ 辞海编辑委员会编．辞海（第六版彩图本）[M]．上海：上海辞书出版社，2009：1652.

力担任这项工作'"[①]。从权威工具书关于"能力"的释义来看,"能力"包括三个层面的含义:一是指人的一种力量,这种力量是人必须具备的。二是指人的一种个性心理特征,这种个性心理特征是人能够成功完成某种活动必须具备的。三是指人的一种主观条件,这种主观条件是人要胜任某项任务所必须具备的。概括来讲,"能力"是指人从事某种活动所具有的个性化的力量。这说明了"能力"作为人的一种力量,具有十分鲜明的个性化特征。在唯物史观意义上,人的能力被称为主体能力,按照人的能力的个体属性和群体属性的不同,可划分为个体能力(个人的能力)和群体能力(社会的能力、集体的能力、共同体的能力)。

其二,什么是胜任力?认识和理解胜任力的基本内涵有助于更好认识和理解能力的基本内涵。以权威工具书为依据,对胜任力的基本概念进行阐释。认识和理解胜任力首先要认识和理解什么是胜任。《辞海》中对"胜任"的基本内涵进行了界定。"胜任"是指,"担当起或承受得住"[②]。如《周易·系辞下》说:"鼎折足,覆公餗,其形渥,凶。言不胜其任也。"《庄子·秋水》说:"是犹使蚊负山,商蚷驰河也,必不胜任矣。"《现代汉语词典》中对"胜任"的基本内涵进行了界定。"胜任"是指,"能力足以担任"[③]。如"胜任工作""力能胜任"等。从权威工具书关于"胜任"的释义来看,"胜任"是指人能够担当、承受、担任某种活动或某项任务。基于对"胜任"的认识和理解,可以将"胜任力"概括为人可以担当、承受、担任某种活动或某项任务的能力。《PISA全球胜任力框架》(2018年)提出了"全球胜任力"的概念,指出:"全球胜任力是分析当地、全球和跨文化议题的能力,是理解与欣赏他人视角和世界观的能

---

① 中国社会科学院语言研究所词典编辑室编.现代汉语词典(第5版)[M].北京:商务印书馆,2005:990.

② 辞海编辑委员会编.辞海(第六版彩图本)[M].上海:上海辞书出版社,2009:2035.

③ 中国社会科学院语言研究所词典编辑室编.现代汉语词典(第7版)[M].北京:商务印书馆,2005:1174.

力，是与不同文化背景者进行开放、得体、有效互动的能力，是为集体福祉和可持续发展采取行动的能力。”[①]“全球胜任力”包括分析能力、理解能力、交往能力、发展能力等基本能力。“全球胜任力”的概念提出，意味着人需要具备胜任从事全球性活动的能力。

基于对“能力”和“胜任力”的认识和理解，我们可以判断能力与胜任力的基本关系。一是能力是胜任力的基础。能力是胜任力的核心要素，胜任力离不开能力的积累、积聚、发展，胜任力离不开多方面的能力的集合。二是胜任力是能力的动力。胜任力既可以助推人完成规定的任务，还可以激发人生成新的能力。概言之，能力与胜任力是交互共生的关系，两者相互作用、相互促进。

（二）问题二：什么是能力主义？

人的能力问题作为一个世界性问题，引起了国内外学界的广泛关注和大力研究。在国外学界关于人的能力问题研究的一个重要思潮是能力主义。国外能力主义以“主义”冠称，足见对“能力”的推崇，这种推崇与国外重视研发和应用人的能力的实际状况密不可分。从文献资料来看，国外能力主义思潮的兴起与政府、企业、社会等领域交互作用，能力主义的出场关涉社会各个领域，也为社会各领域人的能力发展提供了“主义”的引领前提，以能力主义为核心的人的能力问题研究在国外被广泛关注，融进了社会实践，早已深入人心。就宏观而言，能力主义包括能力管理论、能力教育论、能力评价论等基本内容，具有实用性、个体性、逐利性等主要特征。需要指出的是，国外能力主义业已取得了不凡的成就，也存在一些不足和短板，但利用能力主义造福人类才是正道。国外能力主义这股思潮为研究当下人的能力

---

① 经济合作与发展组织，亚洲协会．为全球胜任力而教：在快速变革的世界培养全球胜任力［M］．胡敏，郝福译．北京：北京师范大学出版社，2019：2.

问题和人的发展问题提供了启示,其中包括重视人的能力发展问题研究,构建公平正义的人的能力发展制度,积极以人的能力发展来促进人的发展等。

1.能力主义的兴起

国外能力主义思潮的兴起有着深刻的背景。从能力主义思潮兴起那刻起,就展示出了与政府、企业、教育、人事等领域密切的联系。从能力主义与政府的关系来看,主要是政府重视和推广能力主义。美国、英国、德国、法国、日本等国政府不仅高度重视本国国民能力开发和应用,而且高度重视直接将国民的能力培养和发挥与国民社会经济发展、科学技术发展结合起来,并建立了多元化的国家级人才培育发展战略。

第一,从能力主义与企业关系来看,主要观点是“企业能力主义管理”。日本政府从20世纪60年代开始,就在企业中大力推行能力主义管理。日本企业的能力主义管理概括来讲是指“最大限度开发并发挥每个职工的能力”[①],具体来讲是指“要积极适应企业经营环境条件的激烈变化,发挥人的能力,以能力为基准进行有关录用、安排、教育培训、调动、提升、工资,乃至其他一切方面的人事管理”[②],重视企业职工能力的开发和培训,实现职工的创新能力发展与企业的经营管理有机融合,共同促进企业的健康可持续发展。概言之,就是发挥企业中人的能力来促进企业管理和发展,企业能力主义管理理念转化为实践,使得日本企业的效率得到了提高。“企业能力主义管理”有效促进了日本经济的发展,同时被其他国家学习借鉴,使企业在人力资源开发和管理的实践中更加重视发挥“能力主义”的效能。

第二,从能力主义与教育关系来看,主要观点是“学校能力主义教育”。日本、美国等国家十分重视“能力主义教育”,把“能力主义教育”与学校人才培育结合起来,如日本的“所得倍增”计划,这一计划的特征之一是“十分重

① 羽石宽寿,崔慕洁.日本企业的教育培训与能力开发[J].现代日本经济,1991(04):52-55+24.
② 高泽儒.日本企业的能力主义管理[J].经济学动态,1979(09):43-46.

视人才的因素,认为经济发展的基本条件之一是使国民的潜在能力最大程度地发挥出来”“人的能力的培养是重要的一环”[1],积极把“能力主义”推行到各级各类学校教育中去,把人的能力和学校学生的才能培养列入教育政策中,形成了能力主义的教育制度。美国的“能力主义”提倡“个人努力发挥自己的才能,在自然竞争中优胜劣汰”“提高学生的素质和修养,即判断能力、自制能力、创造性想象力”,[2]美国的“能力主义教育”十分强调个人主义,把个人的才能发展作为参与社会竞争的一项重要实力,“能力主义”与个体化能力培养相结合,激发个人的能力创造性发挥,由此可见,美国大学教育的发展历史和教学内容都有明显的能力主义的烙印。

第三,从能力主义与人事管理制度关系来看,主要观点是“人事能力主义制度”。这种人事管理制度积极将能力主义变为人事行动,按照人的能力状况与人的岗位工作要求来合理开展人事管理。这种人事管理的能力主义极大地促使“学历主义”转变为“能力主义”,不把“学历=能力”奉为圭臬,而是侧重于人的实际能力的发挥,那种只热衷于分数,动手能力不强的人不再受到追捧,能力强的人受到青睐,人的业务实践能力取代分数和学历,成为人事管理制度的一项十分重要的考核环节。“能力主义”在国外的政府、企业、教育、人事等机构被推广和广泛应用,那里看重人的实际能力,不再把人的资历和学历作为衡量人才的唯一标准,而是把人的能力作为衡量人的业绩和贡献的重要尺度,实现了人才衡量标准的新转向,激发了社会各界重视能力和发挥能力的热情。但也拉大了人与人之间的能力差距,带来了因能力差距而造成的能力财富的分化的不公平不正义的社会现象。

能力主义的兴起促进了这些国家的经济社会发展和科学技术创新,为社会成员主动发挥人的能力提供了有利的助推条件,但是也拉大了社会成

---

① 李镜流.日本的能力主义教育述评[J].外国教育动态,1989(06):31-36.

② 胡荣安.机会均等和能力主义——美国的大学教育[J].中国电子教育,1996(01):79-81.

员之间的财富差距,容易导致狭隘的利己主义,社会不公正现象多发。这暴露了资本主义社会内在本性的固有缺陷和能力的逐利本性。换言之,虽然能力主义是资本主义国家正在实施的一项重大工程,但能力不公正已经在资本主义国家有所体现,社会成员对国家能力发展政策的不满情绪引起了资本主义国家统治阶级的注意,并采取了一些措施。然而能力不公正的客观事实是不可否认的,如资本家利用能力占有优势来加大剥削贫苦雇佣工人的现象普遍存在。因此,对能力主义的兴起要全面分析和辩证看待。

2.能力主义的内容

考察能力主义的兴起,不难发现,能力主义体现出社会各界对人的能力问题的重视,对人的能力培养和发展的重视。能力主义的内容是多方面的,就能力主义基本内容来看,主要包括能力管理论、能力教育论、能力评价论等。能力管理论,是指能力在企业运营中所具有的管理功能,以员工的能力贡献作为考评员工业绩的指标。能力教育论,是指能力在学校活动中所具有的育人功能,以学生的能力成长和创新能力培养作为评价学校实力的指标。能力评价论,是指能力在社会成员身上凸显个性差异性,人与人之间的能力差异带来能力财富分化,要倡导为社会成员的能力公正发展提供社会支持,把是否有助于促进社会成员能力公正发展作为评价社会制度好坏的指标。

第一,关于能力管理论。

一是坚持"能力出效益"的管理理念,企业经营管理者、工程技术人员和底层作业工人等都要按照"能力出效益"的要求来发挥自身的能力,最大限度地发挥企业整体的能力效能,为企业可持续发展提供能力保障。把能力与效益挂钩,加大对职工能力研发力度,把职工能力研发与企业效益增长联系起来,最大程度地发挥职工能力的价值,为企业获取和积累财富提供能力助力器,以实现企业效益增长的可持续性,以确保企业生存发展具有可持续的资金支撑。

二是坚持“创新能力引领”的发展理念，特别强调依靠创新来带动企业的发展，在激烈市场竞争中激发出创新引领者干事创业的热情。企业是以赢利为目的的，赢利理念和模式的创新是推动企业可持续发展的重要动力。在具体操作层面，就是发挥职工创新能力，通过对职工个体优势能力的评估，制定以促进职工创新能力发展为核心的职工成长发展方案，将创新能力纳入职工绩效考核，激发职工提升创新能力的自觉性，产生许多新发明创造。这种能力管理有效促使职工将自身能力发展作为一项重要的工作任务来抓，提高了职工能力发展的自觉意识。为了发挥能力管理的作用，能力管理问题研究成了一项热点课题，出现了许多能力管理的专门研究机构和研究人员，将能力管理问题研究成果为企业发展服务，为企业提高管理水平提供决策依据。这种对能力管理问题研究的趋势在不断加强，政府层面也给予了重视和支持。

第二，关于能力教育论。坚持把培养学生的能力作为教育教学的首要目标，在教育理念上强调“人的能力发展”的教育理念，在教育内容方面强调通识性知识和专业性知识的结合，在教育方法上强调以培养学生能力为中心。

一是坚持能力至上的教育理念。主张能力是衡量学生发展的核心指标，把促进学生能力发展作为教育的重要任务，把提升学生系统能力贯穿教育全过程。如STEM教育充分体现科学、技术、工程、数学等四项基本能力的培养和训练。就其本质而言，STEM教育的四项基本能力是一项系统能力，强调学生要具有系统思维能力。

二是坚持博深结合的专业理念。引导学生做到知识的广博与专业的精深有机融通，通过学习非专业知识来开阔眼界，通过研究专业知识来提高能力，拓展了学生知识面，夯实了学生专业知识基础，广博的非专业知识和深厚扎实的专业知识,使学生的知识体系得到不断完善和更新。

三是坚持个性能力的发展理念。尊重学生的个性差异和个性化发展权利,发展学生的个性化能力。学生因成长环境的差异而必然存在个性差异,超能力的学生多是个性化能力发展强的学生,成立天才班,对那些具有超能力的学生进行有针对性的培养,使之更好为社会服务。美国、英国、日本等国家已经把能力教育纳入国民教育的范畴。将人的能力发展融入学校日常教学,对能力高超的人予以关注,通过开展各种技能比赛,来搜罗和集聚具有高超能力人才,并组织专业性能力研究机构对这些人才进行重点培养,建立人才智库,为在激烈国际竞争中保持能力战略优势地位做准备。能力教育直接推动了国家级人才战略的实施,积极打造具有全球视野的创新型人才成为欧美等发达国家的共识和强大的发展引擎。

第三,关于能力评价论。社会成员的能力各异,在"学历主义"盛行不衰的时代状况下,正确认识"学历主义"与"实际效益"的关系问题成了重要议题,学界提出"能力主义"来取代"学历主义",转变社会发展理念,从重视文凭学历到重视能力实际成效和潜力开发。

一是能力作为效用测评的工具。能力是一种能够测量人的实际效用的工具。能力评价在企业、教育、人事等领域得到了广泛应用,以能力来评价人的价值成为普遍现象。把能力作为一种具有商品化属性的物件,通过对这种商品化的物件所具有的交换价值和能够给企业带来的实际效益的测量来反映人的业务成绩、工作贡献及学习效果等。同时能力评价的推广和应用,极大提高了社会成员对于能力的偏爱,能力专业化培训与岗位业务需要结合起来,为促进企业发展、教育改革创新、人事制度完善,以及提升政府的治理能力等发挥着十分重要的推动作用。

二是能力作为财富和利益获取的手段。能力是一种能够增加人的财富和利益的手段。能力强的人所拥有的财富和利益往往会多于能力弱的人,提高人的能力成为促进人获取更多财富和利益的有效途径，社会各领域加大对人的能力的培育力度，选用能力强的人来担当更大的任务，并给予与其能力相匹配的财富和利益，因此，能力与社会成员的财富和利益息息相关。尽管能力评价的积极作用十分显著，但因社会成员的能力强弱与所获得财富和利益的多寡相关性强，如能力强者获得的财富和利益愈来愈多，而能力弱者获得财富和利益较为困难，社会成员的公平正义体验感低。这个问题是能力评价不可忽视的。需要增强能力弱者参与能力评价的自信力，给能力弱者获得财富和利益提供更多机会，进而更好改进能力评价。能力评价论贯穿于能力管理论和能力教育论。从现实性来看，需要对能力管理和能力教育的效果进行全面评价，需要对能力管理和能力教育存在的问题进行系统分析。从关联性来看，能力作为一种知识转化、经验升华的结果，起着信息传递的作用，也就是说，能力评价在实现获取知识与转化能力中间架起了桥梁，成为企业职工和教育者与被教育者的工作成效和学习成效的转换器，“知识—能力—业绩”的转换，实现了能力与社会需求的结合，能力评价不再是抽象的概念性存在，而变成了可以带来实际效益的现实性存在。

3.能力主义的特征

能力主义主要包括实用性、个体性、逐利性等特征，这是与资本主义社会相联系的。一是实用性。能力主义的兴起源于资本主义国家重视人力资本的研发和使用，即将社会成员的能力培养和应用作为能力主义的目的和手段，通过加大对人力资本的管理投入、教育投入和制度投入等措施，来最大程度释放社会成员的能力，实现社会成员的能力效益服务于国家发展，尤其是国家经济、科技、文化等领域的创新性发展。能力主义的实用特性与资本主义国家所倡导的实用主义、个人主义等历史文化有着直接的关系。社会成员的能力培养和应用也是为了实用。实用至上决定着能力主义要有实际的功用价值。能力主义的实用性正是资本家所追逐的，资本家依靠剥削贫苦大众及其能力来达到牟利目的,能力可以作为源源不断的实用价值展示出来。这种实用性具有较强的隐蔽性,资本家与贫苦大众之间的社会分工与能力发展是极为不平等的。

二是个体性。资本主义国家崇尚个人主义,能力主义坚持个人主义的能力发展观,个体性十分显著。个人融入社会各领域,通过实现个人价值,尤其是个人财富价值,建立起个人奋斗的自信心。资本主义国家提倡个人主义,即通过个人奋斗来实现梦想,一方面增强了人的奋斗意识,只有奋斗才能有实现梦想的可能,另一方面导致了人与人之间因能力竞争激烈所造成的人际关系不和谐,甚至不同阶层之间矛盾激化,社会两极分化凸显。个人主义是一种分化式、分离式的个人主义,坚持个人目的至上,缺乏一种能够有效协调社会成员以集体化、聚合化的能力来达成集体和组织的意愿目标的机制。在资本主义社会,为少数人服务的内在本性一直存在,这种个体性的能力主义在资本家身上表现得尤为明显。

三是逐利性。能力主义是在资本主义社会的土壤里生长出来的,意味着其必须要具有资本主义社会本性。从能力主义的本性来看,其根本价值取向是维护资本家的最大利益,这从根本上确立了能力主义的逐利本性。这种逐利本性是与资本主义社会本性密不可分的。在资本主义社会,能力发展看似公平正义,而实质上是能力发展的不公平不正义,是能力财富的巨大差距。能力主义的逐利性拉大了资本主义社会成员的贫富差距,损害了社会成员的公平正义权利。特别是在科学技术迅猛发展的高智能化时代,资本主义国家的能力主义已经成为资本大肆扩张,攫取全球利益的舆论武器。通过科学技术,资本主义发达国家加大对全球进行点位信息获取和精准需求分析,以输出资本的能力主义为推手,阻碍世界和平与发展。实用性、个体性、逐利性交互作用,是能力主义的鲜明特性。维护资本家的利益永远是资本主义社会最为看重的。在实用主义价值观的统领下,在个人主义奋斗观的驱动下，在逐利本性利益观的牵引下，能力主义激发人的能力发展的正向作用受到羁绊，这引发了人们重新审视能力主义。

4.能力主义的启示

能力主义为人们认识能力和发展能力提供了重要启示。一方面要更加重视人的能力发展问题研究，另一方面要大力克服能力主义对公平正义的束缚，要坚持以人的能力发展促进人的发展，切实把人的能力发展与社会共同体发展充分融合起来。首先是重视人的能力发展问题研究。随着经济社会和科学技术的飞速发展，如人工智能、元宇宙、ChatGPT等高智能技术走进人们的日常生活，人们倍感能力恐慌和能力焦虑，甚至出现了“谈能色变”的情况，究其原因是时代和社会的发展状况给人们的能力提出了更新更高的要求，尤其是快速的思维和行动变革，给一些安于现状、不思进取的人带来了巨大压力，迫使他们要主动参与这种快速的状况，催促他们要自觉提高与时俱进的创新能力，最基本的是要提高适应不断变化的社会发展状况的能力。从这个角度来看，人的能力问题并未得到普遍重视。研究能力发展问题，要与时俱进。这给人们提出了迫切而重要的诸多课题——如何让人的能力发展与时俱进？人的能力发展理念是否与社会发展转型保持同向性、协调性以及互动性？人的能力发展理念能否主动引领社会发展？等等。

能力主义给我国带来了巨大影响，学界对能力主义问题的重视度普遍提高，研究力度不断加大，并与我国社会发展实际结合起来，对人的能力问题研究愈益深入。韩庆祥教授提出的“能力本位”①的文化理念就是关于人的能力问题研究的一项重大成果，极大地振奋了社会成员的能力自觉和能力自信，能够更好推动社会主义现代化建设，在社会各界得到了广泛传播。“能力主义”不断击破“资历主义”和“学历主义”的“枷锁”，“能力本位”努力

① 韩庆祥.确立“能力本位”的价值观[J].思想政治工作研究，1998，(12)：13-14.

赶走"官本位""权本位""钱本位"的"束缚",为促进人的发展和社会公平正义提供了积极条件。不论是"能力主义",还是"能力本位",都有一个共同特点,那就是对人的能力问题的高度重视,通过对人的能力问题的理论研究来推动能力的实践落地,注重能力转化为社会生产力,取得了显著的成效。自觉把人的能力问题研究与造福人类社会结合起来,大力促进人的全面发展和社会全面进步。

二、人的能力

改革开放以来我国学界对人的能力问题愈发重视,这是与全球化发展的趋势和改革创新的情势的时代背景密切联系的。从文献资料来看,国内学者已从多视角来积极探究人的能力问题,其中关于人的能力问题的代表性研究成果主要包括哲学视角的能力本位理念、人学视角的人的能力研究、人的发展视角的能力论、能力学视角的能力学的学科构建、管理学视角的人的能力开发与人力资源管理、教育学视角的能力与人才培养、人才学视角的核心能力建设等。人的能力问题研究呈现出创新人才能力研究、高新科技能力前沿研究、能力学学科构建研究等态势,但在人的能力问题的专门理论研究方面还存在明显不足。需要加强人的能力问题的基础理论研究,并自觉与社会现实发展需要密切结合,以不断推进人的能力问题研究走向深入。

(一)人的能力问题研究的时代背景

其一,全球化发展趋势是外促力。全球化发展是人类社会发展的必然趋势,任何一个人都无法脱离全球化发展而独立生存和发展。积极融进全球化发展趋势成为改革开放以来我国现代化建设的努力目标。从改革开放以来我国积极融进全球化发展趋势的具体行动来看,有两次标志性行动:一次是从物质发展层面来看，2001年我国正式加入世界贸易组织，发挥我国社会主义制度独特优势和社会主义市场经济巨大优势，不断为全球经济发展和世界全球化发展贡献中国力量；一次是从精神发展层面来看，2008年我国成功举办夏季奥运会和2022年我国成功举办冬季奥运会，为促进世界人民团结友谊、人类和平发展以及人类文明进步贡献了中国智慧。这两次标志性行动都有力提升了我国的全球化发展能力。全球化发展的必然趋势为国内学者跟踪全球化发展动态，开展全球化发展能力问题研究提供了契机和动力。迈出国门，走向世界，不断促使人的全球化发展，人的全球化发展能力问题也日益成为国内学者关注和研究的热点。如有学者指出“目前最大的问题是国际关系中一方面全球化的力量日趋重要”①，全球化发展是世界历史的重要方面，有助于促进国与国之间的人际交往和经贸发展，有助于带动世界各国人民的文化交流和信息沟通。人的全球化发展是全球化发展的重要内容，没有人的全球化发展就无法真正实现全球化发展。全球化发展趋势势不可挡，唯有积极融入这一趋势，大力加强人的全球化发展能力问题研究，才能不断为促进人的全球化发展提供积极推动力，才能够不断增强人类生存发展与和平幸福的能力。

其二，改革创新的情势是内驱力。改革开放的一个重大意义就是促进了社会成员的思想解放，更加重视人的能力建设，人的能力建设在促进人的发展和创造社会物质和精神财富方面的作用力和影响力愈益增强。我们党高度重视改革创新，高度重视党的能力建设，以持续的能力建设来持续推进改革创新，不断为社会主义现代化建设提供改革创新动能。从党的能力建设的政策文本视角来看，改革开放以来党的能力建设出台了两项重大政策：一项是2004年的《中共中央关于加强党的执政能力建设的决定》，加强党的

① 李慎之.全球化发展的趋势及其价值认同[J].马克思主义与现实，1998，(04)：9.

执政能力建设是加快社会主义现代化建设、实现祖国统一、促进世界和平发展的强力有效保障，是促进我国社会主义事业兴旺发达、实现中华民族前途命运伟大复兴、维护国家长治久安的重大战略课题；一项是2019年的《中共中央关于坚持和完善中国特色社会主义制度、推进国家治理体系和治理能力现代化若干重大问题的决定》，中国特色社会主义制度、国家治理体系和治理能力现代化是我们党团结带领全国人民共同开创的，是一项伟大的改革创新工程，有助于更好发挥社会主义制度优势，有助于大力发挥国家治理体系和治理能力现代化助推社会主义现代化建设的积极作用。这两项重大政策充分彰显了我们党的能力建设的持续创新精神，改革创新为党的能力建设提供强大引擎，为建设马克思主义先进政党发挥着至关重要的作用。坚持改革创新，加强党的能力建设，为我国社会主义现代化建设发挥着十分重要的政治引领作用。党的能力建设是改革创新的动力器，受到国内学者特别是党史党建领域学者的高度重视，但是随着我国社会主义现代化建设不断向前迈进，党的能力建设也面临着新形势新任务新要求，需要更加予以重视和研究，如有学者指出，“加强党的执政能力建设重要而紧迫”[①]，无疑党的能力建设为国内学者加强能力建设相关问题研究提供了重大课题。坚持改革创新，不断加强党的执政能力和治理能力等能力建设，不断促进人的全面发展和社会全面进步，努力让人民过上幸福美好的生活。

人的能力问题研究不是孤立的研究，是离不开国内外的环境和条件的，全球化发展趋势和改革创新情势都为国内学者开展人的能力问题研究提供了不容忽视的时代背景，提供了不可或缺的信息来源，也就是说，国内学者必须要具有全球视野和家国情怀，把人的能力问题置于世界全球化发展的人类社会发展的必然趋势和我国社会主义现代化建设的战略全局来统筹研

---

① 虞云耀.加强党的执政能力建设重要而紧迫[J].紫光阁，2004，(10)：12-14.

究,两者不可偏废其一,这样就为人的能力问题的可持续性研究提供了重要保障。

(二)人的能力问题研究的主要内容

其一,从哲学视角来研究人的能力问题。有学者把人的能力问题纳入哲学研究范畴。如通过认真分析国内学界长期以来主要在生理学、心理学、教育学、人才学等具体学科中进行人的能力问题研究而忽视从哲学视角来研究人的能力问题的客观现实,欧阳康在《要重视能力问题研究》中明确指出,"'人的能力'应提升为一个哲学范畴研究"[①],要从马克思主义哲学认识论层面来对人的能力问题进行研究,重视对主体能力问题研究。在深入分析世纪之交的中国社会发展在社会转型过程中的改革与价值观念变革的国内外情势以及马克思主义哲学为21世纪中国社会发展所发挥的前导功能和所应提供的核心文化价值理念的可能性的基础上,韩庆祥在《能力本位》中明确提出,要"用'能力本位'支撑21世纪中国发展"[②],要加强从哲学的文化理念或实践理念的层面来研究人的能力问题。

其二,从人学视角来研究人的能力问题。有学者把人的能力问题纳入人学研究范畴。如韩庆祥在《现实逻辑中的人:马克思的人学理论研究》中提出:"我国对人的道德给予充分研究,但对人的能力研究却相当薄弱。这正是当代中国人学研究的一个生长点。"[③]人的能力问题研究是人学问题研究的重要组成部分,由于我国人学界尚未对人的能力问题予以高度的关注和研究,造成人的能力研究的薄弱状况,人的能力问题研究处于亟待挖掘阶段,这需要引起我国人学界重视,因此,要加大对人的能力问题研究力度,以

① 欧阳康.要重视能力问题研究[J].国内哲学动态,1985,(01):31-34.

② 韩庆祥.能力本位[M].北京:中国发展出版社,1999:24.

③ 韩庆祥.现实逻辑中的人:马克思的人学理论研究[M].北京:北京师范大学出版社,2017:19.

促进人学研究的新发展。

其三,从人的发展视角来研究人的能力问题。有学者把人的能力问题纳入人的发展理论体系研究范畴。如陈新夏在《唯物史观与人的发展理论》中明确提出“能力论”[①],并把“能力论”作为人的发展理论体系的一个基本理论,遗憾的是,并未对“能力论”进行详细阐述,但这为研究人的发展理论体系以及人的能力发展与人的发展的关系问题提供了一个新视角。

其四,从能力学视角来研究人的能力问题。有学者把人的能力问题纳入新学科建设范畴。如陈夔君提出“开创现代能力学的构想”[②],通过理论和实践的结合来建立现代能力学这一新学科,提出要建立关于现代人的能力问题研究的新学科,以此来对现代人的能力问题进行综合性和系统性研究,发挥现代能力学为人的能力问题研究提供理论导向与学科基础的助推作用。

其五,从管理学视角来研究人的能力问题。有学者把人的能力问题研究纳入管理学研究范畴。如张康之从管理学的视角分析人的能力问题,指出“在管理学的视野中,人的能力始终是管理者视线集中的地方”[③],管理学中的人力资源管理更加重视人的能力,人的能力在人事安排上面起着突出而重要的作用,要把人的能力与人力资源管理结合起来。王忠武从人力资源管理角度分析了开发人的能力有助于促进人力资源管理,指出“科学高效地开发人的能力”[④],有助于把人力资源转化为人力资本,这能够有效促进我国现代化建设。

其六,从教育学视角来研究人的能力问题。有学者把人的能力问题纳

---

① 陈新夏.唯物史观与人的发展理论[M].南京:江苏人民出版社,2013:337.

② 陈夔君.论现代能力学的生命力与时代性[J].上海社会科学院学术季刊,1993,(02):134-142.

③ 张康之.论人的能力的社会图景[J].江苏行政学院学报,2017,(03):58-66.

④ 王忠武.论建立高效开发人的能力的社会化体系[J].济宁师专学报,2001,(05):53-56.

入教育学研究范畴。如黄济分析了教育的根本任务与受教育者的能力的关系问题，指出“教育的根本任务，就是要不断提高受教育者的主体意识和能力”①，把促进人的能力发展作为教育的根本性任务。顾明远分析了教育与学生的能力的关系问题，指出教育“更重要的是要培养学生的能力”②，学生通过接受教育来习得知识和掌握能力。学校教育主要是培养学生的观察识别能力、思维理解能力、想象能力、情感意志能力和实际操作能力等方面能力，教育能够为培养人的能力和培养人才打下基础。

其七，从人才学视角来研究人的能力问题。有学者把人的能力问题纳入人才学研究范畴。如王通讯对人才的核心能力建设问题进行了研究，指出“要加强核心能力建设”③。一般而言，人才是道德高尚和能力高强的兼具的人。就某一领域专门人才而言，人才应具有该领域的核心能力，核心能力就是人才独有的能力和优势，这样才能够在其擅长领域发挥出最大才能和创造出最大价值，以为推动社会发展贡献最大力量。

（三）人的能力问题研究的基本态势

其一，创新人才能力研究。新的历史方位与使命要求社会各界要高度重视培养德才兼备的高素质人才，以更好适应社会主义现代化建设需要和服务于强国建设与民族复兴。创新人才能力研究已成为国内学者新的聚焦点，特别是教育、科技、人才一体化战略提出后，培养具有创新型综合素质能力的人才更为重要和迫切。创新人才能力研究不仅能够发挥人的内在潜能，激发人的好学成才的热情力和行动力，而且能够形成人人成才和尊重人才的浓厚社会氛围。主要包括创新人才的能力结构和新闻传播人才能力建

① 黄济.人的主体性与教育[J].教育研究与实验，1997，(01)：1-4.

② 顾明远.人才学和教育学[J].人民教育，1980，(04)：25-27.

③ 王通讯.论“核心能力建设”[J].人才瞭望，2001，(10)：19.

设。一是加强创新人才的能力结构研究。随着"四新"(新工科、新农科、新医科、新文科)建设的开展实施,培养造就一大批的综合型复合型创新型人才成为社会发展的迫切需要,而综合型复合型创新型人才的知识体系和能力结构问题则是国内学者拓展人的能力问题研究的新的生长点。基于实践能力基础的创新人才知识体系和能力结构标准体系研究成为人的能力问题研究的一大热点。二是加强新闻传播人才能力建设研究。中国要走向世界,要传播中国话语,离不开新闻传播人才能力建设。我们党对中国话语建设和国际传播工作愈来愈重视,从政策、理论、实践等多方面发力,不断努力增强中国话语国际传播能力和国际话语权,而若实现这一重要艰巨任务离不开新闻传播人才能力建设。如何增强新闻传播人才的话语能力则成为人的能力问题研究的又一大热点。

其二,高新科技能力前沿研究。随着全球高新科技迅猛发展,特别是人工智能发展进入更加快速发展阶段,以发达国家为代表的高新科技国家,都集合各方面资源来加大对人工智能研究力度,注重人工智能前沿问题研究,其中,人工智能能力问题研究成为高新科技能力前沿研究的重要课题。从人工智能发展史来看,1956年人工智能概念被首次提出后,各国加快人工智能研究步伐,人工智能集合高新科技能力,显示出了巨大能量,对人类社会发展的影响日益加深,如何研发出能力更高且对人类更加友好的新型人工智能,成为各国人工智能角逐的焦点。一是从全球人工智能能力研究热点来看,人工智能的拟人化能力亟待提升,这需要对人工智能的拟人化能力进行重点研究,以研发出可辅助人类工作的新型人工智能,为人类获取更多自由时间提供便利,一些层出不穷的人工智能机器在一定程度上解放了人类。二是从国内人工智能研究状况来看,人工智能与教育科技人才的融合发展日益深化,人工智能教育的发展有效促进了社会成员关注和认识人工智能,人工智能思维意识也在社会成员中普遍确立,人工智能政策的陆续出台为研究人工智能能力问题提供了坚实政策保障。三是人工智能的安全能力建设进入新阶段。人工智能带来的全球化影响力促使每一个地球村居民不能独善其身,人工智能发展涉及到人工智能安全问题,要保障人工智能发展不损害人类安全,提升人工智能的安全能力。

其三,能力学学科构建研究。人的能力问题研究迫切呼唤构建能力学学科。结合国内外能力问题研究成果,国内学者已经尝试对能力学学科构建问题展开研究。一是从能力学学科构建的重要性来看,要打破对国外能力理论的过度依赖。国外关于人的能力问题研究的理论层出不穷,如可行能力理论、正义能力理论、能力主义理论等能力理论业已为国内学者所重视和研究,形成了国外能力理论在中国话语领域中话语优势,极容易造成国内学者的国外能力理论依赖症,易导致国内学者能力理论研究的自主创新能力降低,长期以往,则不利于中国自主能力理论体系生成和发展。二是从能力学学科构建的可行性来看,要增强构建能力学学科的自觉意识。构建具有中国特色的能力理论体系具有理论和实践的显著优势。可着力从马克思主义基本原理和中华优秀传统文化中汲取思想智慧,从国外优秀成果中学习借鉴有益之处,从中国特色社会主义生动实践中总结经验并提炼概括出理论。重要的是要深深扎根中国大地,逐步构建中国特色的能力理论体系,包括能力概念、能力结构、能力评价、能力话语、能力体系等基本要素在内的能力理论,增强能力自信。总之,中国独特的历史文化、马克思主义在中国的广泛深入传播、中国特色社会主义实践的独特经验、中国人民勤劳勇敢奋斗创新精神等等都为能力学学科构建提供理论的和实践的丰富源动力,这是国内学者构建能力学学科的深厚精气神和自信力所在。

(四)应重视加强人的能力理论研究

其一,加强人的能力问题的基础理论研究。基础不牢,地动山摇,基础理论研究的重要性不言而喻。国内学者关于人的能力问题研究取得了一系列成果,就整体而言,呈现出以下几方面特点:一是多样化研究。国内学者关于人的能力问题研究多是立足其所专长的学术研究领域,把学术专长与人的能力问题紧密结合起来,进行专门性研究,形成了多样性的研究成果,营造了学术争鸣的繁荣气象。如前所述,国内学者在哲学、人学、管理学、教育学等不同学科领域中对人的能力问题进行了研究,有利于促进学术交流和启迪智慧。从人学和人的发展视角来研究人的能力问题,呈现出两种不同的研究格局,一方面人的能力问题在人学研究中的新生力萌发,一方面人的能力问题在人的发展研究中的新理论构建,体现了不同视角下的多样性研究向路。二是融合性研究。不同学科合作加强人的能力问题研究是国内学者的共识,形成高质量的攻关效能。如教育学与人才学的融合研究抓住了人的能力这一关键问题,教育学的重要职责是培养人的实践能力和创新能力,为国家培养高素质人才,人才学的重要任务是为造就德才兼备的高素质人才赋能,教育学与人才学都共同担负着培养人才的光荣使命,这在国内学者关于人的能力问题研究中显得十分突出,此外哲学和人学也体现出对人的能力问题的重视,国内人学界普遍认为哲学包括人学,从这个意义上讲,哲学和人学对人的能力问题的研究必然具有融合研究的特点。但是,就国内学者关于人的能力问题的系统性专门性的基础理论研究而言,如在马克思主义能力理论的基础理论研究方面,实显不足,尚未取得显著研究成果,马克思主义是立党立国之根本,加强人的能力问题的基础理论研究,特别是加强马克思主义能力理论研究亟需国内学者予以高度重视和投入研究,为人的能力问题的基础理论研究提供有分量的学术研究成果。

其二,促进人的能力理论研究的实践转化。基础理论研究的目的全在于实践运用。人的能力问题的基础理论研究旨在更好为社会现实发展提供理论能量,这需要与社会现实发展紧紧联系起来,这样才能有效促进理论与实践的交互发展。当今世界,社会发展日新月异,对人的能力的重视度愈发突显。如高新科技发展一日千里,人工智能发展进入激烈争夺的新时期,人类的需要能力更具丰富性而多元化,人们对高质量教育的追求更加强烈,教育公平的呼声更加高涨,人才强国战略更加深入,德才兼备高素质创新人才成为国与国人才竞争的硬标准,等等,这些都为国内学者更加深度研究人的能力问题提供了实践支撑,坚持理论与实践的互动,坚持人的能力问题的基础理论研究为社会现实发展添能助力这是促进人的能力问题研究可持续性的关键所在。一是明确人的能力理论研究的实践目的。人的能力理论研究最终是要为实践服务的。改革开放以来国内学者以国内社会现实发展为根基,以解决社会发展中的现实问题为目标,充分发挥学术专长和聪明才智,取得了丰硕成果,如"能力本位"的提出在国内学术界产生了巨大影响,并为有关行业所采纳,取得了理论和实践的双重积极成效。随着国家治理体系和治理能力现代化建设的深入,国内学者更加注重国家治理能力建设方面的理论研究,这充分表明了现实问题驱动下的人的能力理论研究的必要性和重要性。二是明确人的能力理论研究的人的发展旨趣。人的能力理论研究归根到底是促进人的发展的,人的发展离不开人的能力发展,人的能力发展是人的发展的核心和动力,国内学者对此已达成普遍共识。人的需要发展、人的能力发展、人的个性发展等都是人的发展的基本要义,人的发展的阶段性为人的能力理论研究提出了要求,即要考虑人的能力发展的个性化和差异性,为此国内学者在人的核心素养方面都进行了有益探索,提出了以培养"全面发展的人"为核心目标的人的"核心素养"理论,为促进人的全面发展提供了积极理论助能。

当今人的能力问题研究的大环境已发生了新变化,人的能力问题研究势必要做到与时俱进。关于人的能力问题研究不仅要对既有研究成果进一步深化,提升研究深度,而且还要不断拓展新的研究领域,科技创新能力和文化创新能力以及话语传播能力建设与社会舆论能力建设等社会现实发展迫切需要的重大课题都为人的能力问题研究注入发展动力,同时还要关注国外能力理论研究的新动态,博采众长,外为中用,不断推进中国特色能力理论体系构建。

总之,恩格斯提出的"研究原著"的重要论断的意义是非常重大的。为我们提供了一个十分重要的学术研究方法,即通过研究原著来进行理论研究,而不是直接根据第二手、第三手或者更多手的材料来进行理论研究。因此,要研究人的能力理论,就必须要认真研读马克思恩格斯原著,探索马克思恩格斯关于人的能力问题的理论精要,只有这样才能正确认识人的能力问题,才能科学理解和把握人的能力理论。

目 录

导论　加强马克思恩格斯关于人的能力问题研究

马克思恩格斯高度重视人的能力问题，强调人的能力对于促进人的发展起着十分重要的作用，这为引导人们自觉关注人的能力，积极认识人的能力，主动发展人的能力，大力促进人的全面发展，以及推动社会的全面发展与社会的全面进步提供了十分重要的理论支撑和强大的实践动力。一方面，从理论上来看，马克思恩格斯共同开创的唯物史观理论业已为社会各界展开人的能力问题研究提供了科学的理论指导。另一方面，从实践上来看，加强人的能力问题研究，是有效将理论探索融进人们的实际生活的一个十分重要的“切入点”。人的能力不是“抽象物”，不是悬于空中而高不可摸的，不是远在天边而遥不可及的。恰恰相反，它是“现实物”，是与人们的实际生活息息相关的且时刻不离的，是可以不断推进人们的实际生活朝着更加美好的方向发展的一股强大的有力的动能。

人类社会发展的历史与人类的能力紧密相连，特别是工业革命和技术革命的全新出场和快速发展给人类社会发展带来了极其深刻的变革，这场极其深刻的变革正是人类的能力的产物和结果，包括这场变革在内的其他变革使得人们的思维、理念、方式、行为、情感、判断、评价、话语等方面也发生了极其深刻的变化，也凸显了人类的能力发展的强大功效。积极加强人的能力发展问题研究,大力促进人的能力发展无疑已经成为每一个社会成员的一项十分重要的发展任务,无疑已经成为人类社会发展的一项十分重要的社会工程。因此,展开对马克思恩格斯关于人的能力问题的专门研究也必将会为人类社会发展提供更有益的理论指导和积极的实践助力。

一、马克思恩格斯关于人的能力问题研究背景及意义

人的能力问题是人的发展问题的重要内容,换言之,人的发展问题研究离不开人的能力问题研究。总而言之,人的能力问题研究与人的发展问题研究是紧密联系在一起的。从人的发展问题研究的状况来看,不言而喻,加强人的发展问题的理论层面和实践层面的研究是十分重要的。如有学者指出,“人的发展是当前十分迫切的头等重要的理论研究任务”①,不论是人类的理论研究任务还是人类的实践研究任务,人的发展从人类开始踏上地球那刻起就与人类社会发展永不分离了。就人类的理论研究任务而言,理论研究任务是多种多样的,在众多的繁杂的理论研究任务中,把“人的发展”问题研究作为“头等重要”的研究课题,足见“人的发展”问题研究的非常必要性和极端重要性。由于“人的发展”问题是关涉人类社会各个领域的,或者说,人类社会中的各个领域无一不与“人的发展”问题有关联,因此加强“人的发展”问题研究有助于为分析人类社会中的各个领域中的各种问题提供“人的发展”的理论视角、实践思维和评价尺度等参考,同时由于“随着社会的深入发展,各种重大问题都最后聚焦于人的发展”②,人类社会是不断发展

---

① 陈志尚.加强人的发展理论研究(代序言)[A].人的基本理论研究——中央马克思主义理论研究和建设工程“马克思主义经典作家关于人的基本观点研究”子课题研究[C].中国人学学会,2007:5.

② 丰子义.自觉回应时代问题的人学研究[N].光明日报,2017-09-18(015).

的,“人的发展”问题作为“重大问题”的提出,指明了“人的发展”问题在人类社会问题中的“位置”。毋庸讳言,人类社会愈发展,“人的发展”问题愈凸显愈重要,“人的发展”问题是人类社会发展问题的“聚焦点”,因而聚焦“人的发展”问题,加强“人的发展”问题研究对于促进人类社会发展起着十分积极的作用。

其一,从人的能力问题研究的状况来看,坦率直言,“人的能力”问题的关注度还不是足够,研究还比较薄弱。如有学者指出,“对人的能力研究却相当薄弱”[①],“相当薄弱”直接指明了“人的能力”问题研究的困窘尴尬的处境,“人的能力”问题研究尚未得到应有的关切和大力的推进,但这也为努力开展“人的能力”问题研究提供了奋斗方向和前进目标。由此可见,“人的能力”问题研究面临着“相当薄弱”的尴尬处境,面对“人的能力”问题研究所存在的不足和短板的严峻状况,这逐渐引起了包括人学界在内的社会各界的关注和重视。加强“人的能力”问题研究,是进一步深化马克思主义人的发展理论研究和拓展马克思主义人学理论研究的一项重要的“新课题”、一个重要的“生长点”。同时社会各界敢于直面社会发展过程中自身的能力问题并着力通过各种途径来不断发展自身的能力,以更好满足社会成员不断增长的“新需要”和积极适应社会发展的“新形势”。

其二,从人的能力与人的发展的关系问题研究的状况来看,把人的能力作为人的发展研究的一个重要“研究范畴”“研究方向”“研究领域”等引起了社会各界广泛重视并展开了一系列研究,“人的能力”问题的学术研究氛围也在逐渐生成,在一定意义上讲,“人的能力”问题作为“人的发展”问题的重要组成部分业已得到学界在内的社会各界的愈来愈多的关注和愈来愈多的研究自觉。围绕人的能力与人的发展关系问题的多维度研究如火如荼,例

---

① 黄楠森.人学的科学之路[M].郑州:河南人民出版社,2011:15-16.

如,“如何通过人的能力发展研究来促进人的发展研究”“如何发挥人的能力发展对于促进社会公平正义的积极作用”“如何协调个人的能力发展的个性化与集体的能力发展的共同性”“如何把人的能力发展与人工智能有机结合起来”“如何促进人的能力发展与加强国家治理能力建设结合起来”“如何将人的能力发展与政党的能力发展结合起来”“如何发挥人的能力发展对人才培养的评价功能”“如何实现人的创造性能力的开发”等问题的探索,既反映了人的能力与人的发展相结合的现实性和密切性,同时这也无疑有利于深化对人的能力问题的研究。

基于上述认识,本书提出加强人的能力问题研究的设想,重点对马克思恩格斯关于人的能力问题的重要论述进行专门研究,努力呈现马克思恩格斯人的能力理论的整体的画像。概言之,对马克思恩格斯人的能力理论进行专门研究,不仅对于进一步深化马克思主义人的发展理论研究和拓展马克思主义人学理论研究具有重要的理论意义,而且对于更好发挥人的能力在经济与政治、社会与文化、科技与生态等方面的积极作用,不断解放和发展人的能力,以及促进人的全面发展和社会的全面发展与全面进步也具有重要的实践意义。

(一)研究背景

从相关文献资料来看,人的能力问题一直是一个受到古今中外学者重点关注的问题。如古希腊时期苏格拉底提出了“能力如何”“认识自己”[①](认识人的能力)“量力行事”[②](发挥人的能力),苏格拉底是高度重视人的能力的,在这里告诉人们:要做一个清楚认识自己能力的人,每一个人都需要认识自己的能力,认识自己有哪些能力,包括认识人的能力优势和人的能力弱

---

① [古希腊]色诺芬.回忆苏格拉底[M].吴永泉译.北京:商务印书馆,1984:149.

② [古希腊]色诺芬.回忆苏格拉底[M].吴永泉译.北京:商务印书馆,1984:23.

势，认识自己如何把能力用来做事，通过认识自己的能力来发挥能力优势，认识自己把握好自己的能力的限度，根据自己的实际能力来做事情，而不是超出自己的能力范围去做事情，这里关涉人的能力发展的道德性问题和限度性问题。春秋时期孔子提出了“陈力就列，不能则止”[1]，孔子同样是高度重视人的能力的，重视人的能力与人的职位的匹配关系问题。他告诉人们：要做一个具有胜任工作的能力的人，一个人只有具备了职位所要求的能力，才能胜任这个职位，才能够更好地完成职位所要求的工作任务，否则将会能不及位、力不从心，能力不配职位，人的内心也会急躁焦虑，这必然会使人做不成事情，故而就会被取代，人的能力与人的职位不匹配的客观情况要求每一个人都需要为胜任工作而时刻做好能力方面的准备，积极提高自身胜任工作的各项能力。苏格拉底和孔子所提出的人的能力问题的经典论断，对人们的启发归纳言之有三点：第一点是人们要认识自己的能力（正确认识自己到底有哪些能力？），就是说人们要对自身的能力进行一个全面的深入的认识和了解，即要“知己之能”。第二点是要发挥自己的能力（如何最大程度发挥自己所具有的这些能力？），就是说人们要在认识和了解自身的能力的基础上积极发挥出这些能力，即要“己能有为”。第三点是要发展自己的能力（怎样更好促进自己的能力的可持续性创造性发展？），就是说人们要想着自身的能力不是永远不发生变化的，而要不断巩固、提高和培育自身的能力以更好地适应不断变化的外界环境，即要“能必向前”。这三点还关涉人的能力的认知功能（人的能力与人的自身的关系）、应用功能（运用人的能力从事实际的具体的活动）、评价功能（人的能力与人的职位是否匹配）等方面，这不仅为人们更好地全面总揽自身能力提供了极为精辟的智慧启迪，同时也为学界开展人的能力问题研究提供了弥足宝贵的智慧启迪。

---

① 论语［M］．张燕婴译注．北京：中华书局，2006：250.

随着人类在工业方面的不断变革，工艺技术大踏步前进和在科学技术方面不断创造出新的科技发明，以及在全球范围的普及和应用，伴随着人类社会经济生产的“一日千里”的全球化迅猛发展，以及社会成员之间交往的“日新月异”地从地域性的局限性范围到全球性的国际化范围不断跨越的现象更加明显，人与人之间的“信息化交往”的紧密度日益加深，国与国之间的“世界性联系”的互动度愈发密切，等等。尤其是反映着人类高度创造能力的——互联网——的横空出世和广泛应用，为人类社会发展打开了一扇“新大门”、开辟了一条“新通道”、建立了一个“新家园”，这不仅表明了人类自身外显着强大的创造能力和蕴含着巨大的创新潜能，而且表明了人类通过对自身能力的认识、培育、发展及对自身潜能的认识、挖掘、发挥，是可以源源不断地把人的能量积极聚集并有效释放出来的，是可以为人的全面发展和社会的全面发展与全面进步的职责使命服务的，是可以为促进人类和平发展的壮丽事业贡献力量的。人类社会发展对人的能力发展的实践需要是十分突出的和十分迫切的，促进人的能力发展的“呐喊”和“呼声”十分高涨，这也都是显而易见的。但是从人的能力问题的理论探究来看，即从人的能力问题的理论层面的研究来积极回应人类社会发展的强烈诉求来看，还存在着些许的乏力和困惑，直言而论，关于人的能力问题的理论研究太少，这还需要为此做出十分坚定的稳固的决心和付出十分艰辛的勤奋的探索。

1.从实践背景来看

国内外都高度重视人的能力问题尤其是重视把人的能力发展与社会现实发展紧密结合起来。

一是从国内情况来看。社会各界对人的能力问题的探讨十分热烈，从对人的能力的理念重视度和实践结合度等方面普遍认识到了人的能力问题的重要性——“人的能力是硬道理”。

其一，社会各界对人的能力的重视程度提高了。概括来讲，社会各界对人的能力的重视程度主要体现在“能力理念”的树立、“能力建设”的实施、“治理能力”的提升等几个方面。在“能力理念”的树立方面,社会各界普遍树立起了能力发展理念,积极把促进人的能力发展作为促进人的发展的一个十分重要的理念。特别是“能力本位”的文化价值理念的提出,得到了学界和社会各界的高度关注和普遍重视。“能力于己须臾不可离也”,“能力本位”的文化价值理念被广泛传播开来,如在人力选用和绩效考评等领域得到了积极推广,可以说是家喻户晓深入人心,社会成员主动自觉认识自身能力和努力发展自身能力的意愿和行动不断增强。这种能力发展理念进一步提升了社会各界对人的能力发展的重要性和迫切性的认识。在“能力建设”实施方面,社会各界加强能力建设的力度十分巨大,在各行业各领域掀起了能力建设的热潮和高潮。如加强新型职业农民“能力建设”(加强新型职业农民的互联网技术应用能力建设和电商经营能力建设)、加强执政党“能力建设”(加强执政党的治国理政能力建设)、克服干部“能力弱化”(主要表现在全心全意为人民服务的能力不足和能力短板)、干部要“强化能力之基”(主要是要切实提高全心全意为人民服务的能力和本领),等等。毋庸置疑,这些“能力建设”的实施在提高人的发展能力和促进社会和谐进步等方面起到了积极作用。在“治理能力”提升方面,“治理能力”是人的能力的重要内容已成共识,“治理能力”提升的目的是通过更好治国理政来促进人的发展和社会发展。如推进“国家治理体系和治理能力现代化”(总揽国家各项事务的能力和推进国家现代化发展的能力)、提升“基层治理能力”(基层组织的运转高效的治理能力)、提高“全球治理能力”(胸怀天下和放眼全球的治理能力)等等。提升治理能力让社会各界意识到了和感受到了治理能力在增强国家综合国力和促进社会可持续的健康的发展以及维护世界和平与发展诸多方面的重大意义。

其二,国家重大战略与人的能力发展的结合程度紧密了。国家重大战略的提出与实施迫切需要把每一个社会成员的能力和潜能最大程度地调动起来和发挥出来，以便更好地服务于国家重大战略的整体的有效推进。在国家重大战略的目标确立方面，如我国提出了“科教兴国战略”（高度重视发展科学技术和教育）、“人才强国战略”（高度重视培养人才和发挥人才的作用）、“创新驱动发展战略”（高度重视创新和发挥创新促进发展的作用）等关于依托推动社会成员的“科教”“人才”“创新”等能力的发展，尤其是社会成员的创新能力的发展来推进“兴国”“强国”“创新发展”等重大战略的切实的坚实的落地，同时提出了建设“学习型社会”（社会成员终身教育和终身学习等思维确立和习惯养成）和“创新型国家”（科技创新和文化创新等方面创新充分呈现）的宏伟目标，也是为了从各方面更好地激发每一个社会成员的才能和潜能，促进每一个社会成员的能力的发展，发挥每一个社会成员的能力优势，以此来不断解放和发展每一个社会成员的能力和生成源源不断的社会生产力，以此来不断推动社会朝着公平正义、和美幸福的方向发展，朝着促进人的全面发展和社会的全面进步的方向发展。在国家重大战略的实施主体方面，国家重大战略的有效实施的主体是人，是具有高度现代化素养的人，而最需要的是德才兼备的人。德才兼备的人具备以人的道德实践能力和人的创新发展能力等能力要素组合而成的能力发展的基本品质，德才兼备的人具有主动性和创造性，充分调动德才兼备的人主动自觉把提高自身的本领能力和服务祖国人民的使命担当作为奋斗目标，保障国家重大战略能够有源源不断的优秀的人才资源保障。

二是从国外情况来看。随着全球化的高速发展，特别是经济全球化的高速发展，科学技术的升级换代，人力资本投资和人力资源开发向纵深发展，互联网技术将世界构建成一个“网络地球村”，国与国之间的竞争，科学技术与教育、文化等方面的发展权的争夺，愈发表现为人才的竞争，而人才的竞争，愈发表现为人的能力的竞争，尤其是高素质专业化创新型人才及其创新能力的竞争。国外普遍重视对本国国民的“能力教育”(把发展本国国民的能力作为教育的一项职责,一般由国家的教育主管部门来操作)、“能力开发”(致力于促进本国国民的能力的开发,特别重视对员工的能力开发)、“能力建设”(特别是执政党的能力建设,维护执政党的利益)、“能力管理”(能力作为一种资源或人事管理资源,作为员工绩效考核的一项重要指标)、“能力评价”(能力是否胜任工作要求,员工岗位胜任力评价的一个重要的模型和参数)等,特别是针对人的创造性能力(鼓励人的个性创造能力的发挥,展示个性创造能力的价值,一些新奇的“想法”也受到了鼓励)的培育,高度注重培养本国国民的综合能力,并设计实施了国家级“人才战略计划”,不仅积极引导本国国民对自身的能力发展要予以重视,而且积极引导本国国民把自身的能力发展与国家实际发展需要结合起来,并将发展和运用本国国民的能力作为本国政府的一项重大战略。

其一,国外十分重视人的“能力教育”。如美国的“创造能力教育”(积极对社会成员实施创造能力开发的教育)、英国的“能力教育”(把提升社会成员的能力作为教育的一项重要任务)、日本的“生存能力教育”(提高社会成员的社会生存能力的教育)和“创新能力教育”(提高社会成员的创新能力的教育)、德国的“关键能力教育”(设置“关键能力”指标,并促进社会成员的“关键能力”发展)、加拿大的“能力教育体系”(设置社会成员在教育过程中的能力发展体系框架并组织实施)等等。总体而言,“能力教育”在国外蔚然成风,特别是欧美等发达国家十分推崇“能力教育”,也对世界上发展中国家重视国内的“能力教育”产生了影响。“能力教育”倡导要重视对国民的能力的培养,通过提高国民的能力来更好展现国民的价值,为国家发展服务,也把“国民能力发展”作为衡量国民素质的一项必备指标——“能力评价”,把“能力评价”与绩效考核结合起来,把“能力评价”引入学校的教育教学中去,重视对学生的能力开发和培养,实现“知识—能力—发展”的转化,“能力教育”是培养人才的一种重要方式,可以为社会提供更加符合社会发展需要的人才。“能力教育”在国外如火如荼的发展,表明人的能力发展离不开人的“能力教育”,人的“能力教育”是促进人的能力发展的一种不可忽视的重要手段。

其二,国外积极实施国家级的“人才战略”。把“人才战略”上升为国家级战略,显示出对人才的万分渴求,如美国的“美国创新战略”(科技创新、教育创新、文化创新等要素的“人才战略”)、英国的“英国高科技人才战略”(培育大批高科技领域的实用人才)、日本的“‘科学立国’战略”(把大力促进科学技术发展作为立国之根本)、法国的“企业经营理念与人才战略”(培养高端企业经营人才和促进人才强企)、德国的“科技人才战略”(培养科技领军人才)与“专业人才战略”(注重专业化应用型人才的培养)、俄罗斯的“创新俄罗斯科学和科教人才计划”(培养科学技术和教育的创新人才)、印度的“IT革命和人才战略”(促进IT技术发展和IT技术人才培养)等国家级的“人才战略”。国外实施的国家级的“人才战略”是国外瞄准和紧跟全球化发展趋势、全球科技和教育发展趋势、全球文化发展趋势、全球人才发展和竞争趋势,力图在激烈的国际人才竞争中实现掌握人才发展的领导权、话语权甚至人才规则的制定权等目标的一种努力。可见国外特别重视人的能力教育,重视人的创新能力教育,重视把人的能力发展和创新人才培养紧密结合起来,同时注重“能力管理”和“能力评价”的实用价值,把人的能力作为管理人和评价人的标准和尺度,特别注重发挥“能力管理”和“能力评价”对人才发展的激励和引导功能。

2. 从理论背景来看

国内外学界对人的能力问题的理论探索取得了一定的成果,如国内学者韩庆祥的“能力本位理论”(代表性著作《能力本位》)提出“能力本位”(“充分开发和发挥每个人的潜力、能力”[①]），主张要重视每一个社会成员的“潜力”（潜在的能力）和“能力”（现实的能力），把促进人的能力发展作为促进人的发展和社会发展的一种文化价值理念；国外学者阿马蒂亚·森的“可行能力理论”（代表性著作《以自由看待发展》）提出“可行能力”（“实现各种不同的生活方式的自由”[②]），主张把人的能力与人的自由紧密联系起来，积极促进人的能力与人的自由的交互发展，把人的能力发展作为实现人的自由的一种方法和测量人的自由的一项指标，并建议各个国家应积极为社会成员的能力发展提供条件，积极为实现社会成员的自由提供能力保障；等等。显然，国内外社会各界已对人的能力问题产生了浓厚兴趣，营造了人的能力发展的社会氛围，大力实施了一批有助于人的能力发展的措施，并取得了一系列重要成果。

综上所述，重视对人的能力问题研究及对人的能力发展研究成果的实际应用，已经成为国内外社会各界的普遍共识。因此，学界重视对人的能力问题的理论层面和实践层面的研究，其重要性是不容忽视的，尽管如此，但从目前国内外学界对马克思恩格斯关于人的能力问题的专门研究的学术成果来看，总体讲来，确实是比较少的。而重视对马克思恩格斯关于人的能力问题的专门研究，则可以以此来更好地为人的发展、社会发展与进步提供科学的人的能力理论指导。

（二）研究意义

加强对马克思恩格斯关于人的能力问题的专门研究在理论层面和实践层面都具有十分重要的意义。从理论层面来看，主要具有三方面意义：第一，发挥“科学理论”的指引作用，有助于进一步深化研究、推广普及马克思

① 韩庆祥.能力本位[M].北京：中国发展出版社，1999：37.

② [印]阿马蒂亚·森.以自由看待发展[M].任赜，于真译.北京：中国人民大学出版社，2012：63.

主义人的发展理论。“科学理论”的一个重要作用是给人们以正确的“指向”，避免人们误入歧途。马克思恩格斯人的能力理论是马克思主义人的发展理论的重要组成部分，通过整体呈现马克思恩格斯人的能力理论，能够帮助每一个社会成员更好认识和理解马克思主义人的发展理论的科学体系和重要价值，能够更好发挥马克思主义人的发展理论在落实立德树人根本任务和培养造就德智体美劳等方面全面发展的社会主义建设者和接班人等方面的重要指导意义。

第二，发挥“释疑解惑”的理论功能，有助于科学回答社会成员的“能力不足”和“能力恐慌”的焦虑疑惑。随着人类社会的不断发展与进步，对社会成员的观念和能力提出了很多新的要求，还有些社会成员存在“能力恐慌”的心理情绪，社会成员要跟上时代发展的步伐，就不能因循守旧，就不能“能力不足”，就不能心慌意乱，而要不断提升与时代发展相适应的观念和能力，特别是理论思维能力和实干进取能力。马克思恩格斯人的能力理论是促进人的能力发展的有力理论武器，对于增强每一个社会成员的理论自信、尊严自信、能力自信、发展自信等自信心和自信力具有重要的释疑解惑的功能，给每一个社会成员提供了“能力定力”。

第三，发挥“理论协同”的创新效能，有助于推动人的能力问题的跨学科研究和跨领域应用。人的能力问题不是一个独立的单个问题，而是一个涉及哲学、经济学、法学、教育学、心理学、管理学、人才学等多种学科的交叉问题，人的能力问题研究及其成果应用可以说是关涉各行业、各领域、各学科、各专业。马克思恩格斯人的能力理论能够为推动跨学科、跨领域协同开展人的能力问题研究和加速人的能力问题研究成果的现实转化，更好为社会服务提供最直接的科学的世界观和方法论，增强对人的能力发展规律的认知能力与把握能力，更好激发社会成员提升创新能力的自觉性和主动性。

从实践层面来看，主要具有三方面意义：第一，从能力建设实践来看，有助于进一步推动人的能力建设。能力建设成为国内外的"聚焦点"和"着力点",人的能力发展是推动人的发展的核心动力,是培养大批创新人才的首要因素,人的能力建设是推动人的发展的基础性和战略性的先导工程,也是推动"科教兴国战略""人才强国战略"和"创新驱动发展战略"等重大战略有效落实与"学习型社会""创新型国家"等有效建设的直接动力。

第二,从能力教育实践来看,有助于促进学校立德树人根本任务的落实。能力教育作为一种教育理念在全球飞速传播,是与人的培育和人的塑造有密切联系的。立德树人既是培养德才兼备的人的"初心",又是担当服务社会的"使命"。立德树人的首要目标是培育人的道德能力。人的能力发展包括人的德智体美劳等方面能力发展,其中人的道德能力是前提,一个人要主动自觉加强自身"道德能力"的修炼。马克思恩格斯人的能力理论倡导"最能为人类福利而劳动"[①]的"道德能力",人的能力教育是能够促进每一个人的能力发展的,是能够帮助人们更好地培育"提升能力、发展自我、服务社会"的道德自信能力和道德实践能力的。

第三,从人的潜能开发应用实践来看,有助于进一步挖掘和发挥人的潜能。"人的潜能与价值"是一个备受国内外学界关注的热点话题。人的潜能需要在一定的科学理论指导下,把人的内部世界和人的外部世界联通起来离不开潜能这个"中介",重视对人的潜能的内部探究和外部彰显,这表明了每一个人都具有内在潜能,每一个人的内在潜能都是可以挖掘和发挥出来的。人的潜能的挖掘、发挥,使之由潜在能力转变为现实能力,能够彰显人的本质力量的价值意义,实现个人价值和社会价值的统一,以造福于社会。因此,我们要重视人的能力问题的理论研究,重视对人的能力问题的理论认识和理论理解,强化人的能力问题研究的理论思维意识和理论思维能力。

① 马克思恩格斯全集:第40卷[M].北京:人民出版社,1982:7.

加强对马克思恩格斯关于人的能力问题的专门研究，能够更好激发每一个社会成员更加深入去认识自我，更好提高每一个社会成员挖掘自我潜能、发挥自我潜能的主动性和积极性，帮助每一个社会成员坚定“人人都有能力”的奋斗信心，帮助每一个社会成员实现“人人都能成才”的美好梦想，帮助每一个社会成员拥抱“人人都有尊严”的幸福人生。

二、马克思恩格斯关于人的能力问题国内外研究综述

如前所述，人的能力问题几乎关涉各个研究领域，就人的能力问题归属人学研究范畴而言，这在国内人学界具有普遍的共识。国内人学界在马克思主义人学理论的人学基本原理研究、人学学科专业建设、人学专门人才培养、人的发展理论研究、人学与其他学科的跨学科研究（如部门人学）等方面取得了十分丰硕的成果，形成了一批有分量的人学研究成果，人学研究的学术影响力日益增强，社会成员对人学更加关注，对人学的认识更加深入。但是坦率地讲，在马克思主义人学理论研究和马克思主义人的发展理论研究中，对马克思恩格斯关于人的能力问题的专门研究并没有得到应有的重视。国外学界关于人的能力问题的研究虽取得了别样的成果，但对马克思恩格斯关于人的能力问题的专门研究极为少见。总之，从现有文献资料来看，国内外学者对马克思恩格斯关于人的能力问题的专门系统性研究还是相对匮乏的，这不得不引起我们的注意。以下从国内和国外两个方面来对马克思恩格斯关于人的能力问题的研究状况进行综述。

（一）国内研究综述

改革开放以来，特别是随着社会主义市场经济的建立、发展，人的能力问题逐步进入了国内学者的视野，国内学者对人的能力问题予以关注和研

究,逐步将人的能力问题与社会主义市场经济中的人的发展与社会发展问题联系起来,随着研究的深入,重视对马克思恩格斯关于人的能力问题的钻研,并将研究成果与时代现实问题结合。总体来看,国内学者对马克思恩格斯关于人的能力问题的研究成果,归纳起来主要包括两个方面:一个是对马克思恩格斯关于人的能力问题的"原著文本研究",即对马克思恩格斯原著文本中的"人的能力"的重要论述进行研究,钻研原著文本,汲取智慧能量,呈现出局部研究多、整体研究少的格局,缺乏专门性的学术研究成果。一个是对马克思恩格斯关于人的能力问题的"关系比较研究",即对马克思恩格斯关于人的能力问题与其他方面的关系问题的探索研究,如"人的能力与某某的关系",尤其是更加重视现实问题对于人的能力问题的作用,侧重于将人的能力问题同人的发展和社会发展中的诸问题联系起来比较分析。

1.对马克思恩格斯关于人的能力问题的"原著文本研究"

重视从马克思恩格斯原著文本中找寻马克思恩格斯关于人的能力问题的重要观点。"原著文本研究"为学者们提出了潜心钻研原著文本的要求,学者们需要静下心来去马克思恩格斯原著文本中找寻关于人的能力问题的论述。如有学者根据《德意志意识形态》《自然辩证法》《临时中央委员会就若干问题给代表的指示》等原著文本中关于"人的能力"的论述,认为马克思恩格斯把"社会实践"作为"人的能力"形成发展的决定性的因素、第一位的因素,"社会实践"应重视发挥"教育"的作用,强调"教育"在"人的能力"形成发展中起着十分重要的作用,人只有接受教育才能够更好发展自己的能力,"人的能力"在人才培育、社会主义现代化建设的过程中起着十分重要的作用,因此应把"人的能力"与"人才"和"四个现代化"紧密地联系起来。[①]有学者根据马克思的《资本论》(第1卷)中关于"人的劳动能力"的论述,认为马克

① 任平安.略论人的能力的形成和发展[J].辽宁大学学报(哲学社会科学版),1978(06):16-21.

思恩格斯强调“教育”对“人的劳动能力”的训练和培养起着十分重要的作用，“人的劳动能力”离不开人的“教育”的支持，人的“教育”可以促使“人的劳动能力”的性质的改变和形态的改变，进而影响“人的劳动能力”的发展程度，“人的劳动能力”对于社会生产起着十分重要的作用，因此现代社会生产要高度重视对“人的劳动能力”的教育和开发，积极发挥“人的劳动能力”的作用。[①]有学者根据马克思的《1844年经济学哲学手稿》中关于“主体能力”的论述，认为马克思提出了“主体能力”这个重要的论断，意义十分重大，这个“主体能力”是马克思从哲学角度来研究“人的能力”的专门学术用语，因而“主体能力”这一概念的提出也具有十分重要的哲学意义，要把“主体能力”研究与“科学技术”发展紧密联系起来，积极发挥两者的作用力，“科学技术”的进步和“主体能力”的增强是促进“人的全面发展”的基础，呼吁社会各界要大力重视对“主体能力”问题的研究。[②]有学者根据《资本论》(第1卷)、《1857—1858年经济学手稿》《1861—1863年经济学手稿》等原著文本中关于“个人的能力”的论述，认为马克思的“发展生产力”主要包括了“发展社会生产力”和“发展个人生产力”的两个基本思路，这两个“生产力”是交互并存的，“个人的能力”具有“个人生产力”和“社会生产力”的双重功能，在社会主义现代化建设过程中，要充分发挥“个人的能力”，把充分发挥“个人的能力”与社会主义现代化建设相结合，强调要把“人的能力”发展与“市场经济”发展结合起来。[③]有学者根据马克思的《资本论》(第1卷)中关于“人的能力”的论述，认为马克思提出的“物质生产力”和“精神生产力”都与“人的能力”密切相关，“人的能力”是包含“物质生产力”和“精神生产力”的“最大的生产

---

① 靳希斌.教育在人的劳动能力发展中的作用[J].北京师范大学学报，1981(03):64-69.

② 欧阳康.论主体能力[J].哲学研究，1985(07):3-11.

③ 韩庆祥.论马克思“个人能力充分发展是最大生产力”思想的当代意义[J].学术界，1993(01):7-10.

力”，在“人的能力问题”研究中要重视对“人的能力全面发展”问题的研究。[①]从国内学者对马克思恩格斯关于人的能力问题的“原著文本研究”的情况来看，重视对马克思恩格斯“原著文本”的研究是国内学者的一大研究特色，国内学者十分重视从马克思恩格斯的原著文本中找寻和挖掘关于人的能力问题的经典的重要的论述，不难发现，国内学者重点是对《1844年经济学哲学手稿》(如“主体能力”)、《德意志意识形态》(如“一切能力”)、《资本论》(如“劳动能力”)等经典原著文本的研究，从经典原著文本中找寻了马克思恩格斯关于人的能力问题的重要的论述对于引导人们正确认识“人的能力问题”以及推进当代人的能力建设实践具有重要的理论启示。

2. 对马克思恩格斯关于人的能力问题的“关系比较研究”

从相关文献资料来看，这方面的研究成果是十分丰富的、多样的，这些研究成果概括起来，主要包括四个方面。

其一，关于“人的能力发展与人的发展的关系问题研究”，主要探讨人的能力发展与人的发展之间到底存在什么样的关系的问题。如有学者认为，马克思关于“人的全面发展”的本质，是指“社会对人的潜在才能的发展”[②]，“人的全面发展”的本质离不开“人的能力发展”，“人的潜在的才能的发展”在“人的全面发展”的本质中的作用意义。因为人的能力发展是人在社会中发展起来的，“人的全面发展”的本质是“人的能力全面发展”，“人的能力全面发展”作为“人的全面发展”的本质的重要性是不言而喻的，要积极发挥“人的能力”，积极促进“人的全面发展”，积极发挥“人的能力发展”的社会性本质意义。有学者认为，在马克思关于“人的发展”的论述中，“人的发展首

① 于咏华.关于人的能力问题的思考[A].中国人学学会.人学与现代化——全国第二届人学研讨会论文集[C].中国人学学会，1998：10.

② 陈先达.唯物史观视野中的“以人为本”[J].中国人民大学学报，2004(04)：1-8.

先表现为人的能力的发展”[①]，“人的发展”的“首先表现”的问题，“人的能力的发展”在“人的发展”中位居“首先表现”的地位，即“人的能力的发展”是“人的发展”的首要任务和基础前提，“人的能力的发展”在“人的发展”中的“第一位”的地位。有学者认为，在马克思看来，“人的发展是人的各种对象性的关系的开放性展开过程”[②]，人的“对象性的关系”与“人的发展”的关系，即人的发展是一种“展开过程”，人的“对象性的关系”是通过人的“主体性活动能力”[③]来实现的，人的“主体性活动能力”也表现着人的“对象性的关系”，“人的发展”是人的“对象性的关系”的发展和人的“主体性活动能力”的发展，“对象性的关系”和“主体性活动能力”存在着紧密的内在逻辑，人的“主体性活动能力”的发展是人的“对象性的关系”在人的能力发展方面的主体维度，是“人的发展”的确证和表现。有学者认为，马克思恩格斯设想的“自由王国”里“全面发展”的新人，其中“全面发展”的新人的“全面”主要是指“人的各项素质和能力的全面养成和提高”[④]，“自由王国”与“全面发展”是未来新社会的必要的基本特征，把“人的能力的全面养成和提高”作为“人的全面发展”的重要内容纳入“自由王国”中去，“自由王国”中的“人的全面发展”离不开人的各种能力的全面培育和全面发展。有学者认为，马克思关于“人的全面发展”是有一定前提条件的，即是“在克服旧社会的社会关系的基础上来谈论人的能力、观念、品质等的发展”[⑤]，马克思的“人的全面发展”不是虚构出来的，而是在一定的现实基础上产生的，马克思关于“人的全面发展”的前提条件是克服“旧社会的社会关系”，“旧社会的社会关系”主要是指资产阶级旧社会中的社会关系，只有在克服了“旧社会的社会关系”的基础上，

① 袁贵仁.论马克思人的全面发展观[J].高等师范教育研究，1992(03)：3-9+16.
② 夏甄陶.人：关系 活动 发展[J].哲学研究，1997(10)：6-15.
③ 夏甄陶.人：关系 活动 发展[J].哲学研究，1997(10)：6-15.
④ 秋石，陈志尚.人的自由全面发展论[J].求是，2003(19)：13-16.
⑤ 丰子义.如何理解和把握人的全面发展[J].北京社会科学，2002(04)：85-91.

“人的全面发展”才能够依靠全新的社会关系得以最终实现，“人的能力”才有所依靠，“人的能力发展”作为“人的全面发展”的一项重要内容方可谈起。有学者认为，马克思把“人的能力的全面发展看作是人的全面发展的核心”[①]，一言以蔽之，人的全面发展就是人的能力的全面发展，“人的能力的全面发展”是“人的全面发展”的“核心”，确立了“人的能力的全面发展”在“人的全面发展”中的核心的地位和根本性作用。有学者认为，马克思把实现“人的劳动”这一本质所要求的“人的能力的全面发展”表述为“人的全面发展”[②]。“人的劳动的本质”与“人的能力的全面发展”“人的全面发展”之间的关系，“人的能力的全面发展”是“人的劳动的本质”的实现，是“人的全面发展”的实现，“人的劳动的本质”的实现就是“人的全面发展”的实现，就是“人的能力的全面发展”的实现，“人的能力的全面发展”“人的全面发展”“人的劳动的本质”的实现是相互交融和相互作用的，其中人的劳动能力的发展是人的劳动的最基础的能力发展，起着决定性的作用。有学者认为，马克思强调的“个人全面发展”，实际上是指“个人的能力的全面发展”[③]。“个人全面发展”本质上就是“个人的能力的全面发展”，由此将“个人的全面发展”定义为“个人的能力的全面发展”。有学者认为，马克思有关“人的全面而自由的发展”的论述中的“人的全面发展”是指，“人的体力、个性、智力、品质和各方面的能力的协调发展”[④]，“人的各方面的能力的协调发展”是“人的全面发展”的一个不可或缺的组成部分，“人的全面发展”包括“人的能力的全面发展”。有学者认为，马克思“人的全面发展思想”的一个重要特点是，“主张通过劳

① 韩庆祥.人的全面发展理论及其当代意义[J].科学社会主义，2004(01)：35-40.

② 陈学明.马克思的人的全面发展理论与当代人的生活取向[J].复旦学报(社会科学版)，2000(02)：17-23.

③ 俞吾金.“人的全面发展”问题之我见[J].探索与争鸣，2002(08)：6-8.

④ 叶险明.人的全面而自由发展的理想与现实[J].教学与研究，2002(09)：11-16.

动解放而实现人的能力、个性和创造性的展示与发展”[①]，“劳动解放”是促进包括“人的能力”发展在内的“人的全面发展”的一种重要手段，“劳动解放”有助于促进“人的能力发展”，使人能够充分发挥自己能力的主动性和创造性，也是促进“人的全面发展”的一种重要途径。有学者认为，“人的发展理论体系主要应当包括以下一些关于人及其发展的基本理论：生存论、价值论、素质论、个性论、规律论、目的论、需要论、利益论、能力论、交往论等等”[②]，“人的发展理论体系”的内涵是十分丰富的，是系统化的，是有着一系列的“基本理论”的，“能力论”作为“人的发展理论体系”的一个“基本理论”，即“人的能力基本理论”，“人的能力”对于“人的发展”的重要性，“能力论”对于“人的发展理论体系”的重要性，“能力论”的提出对于丰富“人的发展理论体系”开辟了新的理论思路，提供了新的实践方法，而关于“人的能力体系”相关问题的探究是需要引起学者们的注意的。

其二，“人的能力发展与社会公平正义的关系问题研究”，主要探讨人的能力发展与社会公平正义之间到底存在怎样的关系的问题。如有学者认为，“马克思对能力理念的追求是以社会公正为前提的”“反对资本主义社会的不公正与对个人能力的压抑，追求每个人能力的全面自由平等的发展”[③]，“能力理念”表明人的能力发展是一种有着充分的理论依据的并可以转化为现实的理念。“社会的不公正”和“个人能力的压抑”反映出了资本主义社会中的人的能力发展与社会公平正义之间的一种不和谐的关系，社会成员呼吁“社会公正”和“个人能力的解放”，“社会公正”是“能力理念”得以落地实践和取得成效的关键前提条件，由于在资本主义社会中普遍存在着“个人能

---

① 陈新夏.社会现代化进程中人的素质与人的发展[J].首都师范大学学报(社会科学版),2000(03):21-26.

② 陈新夏.唯物史观与人的发展理论[M].南京:江苏人民出版社,2013:337.

③ 韩庆祥,吕艳红.当代中国政治哲学视阈中的能力与公正[J].天津社会科学,2007(04):18-21.

力的压抑”的社会不公正的现象，这种现象是“人的能力发展”的“不公正”的反映，社会不公正必然影响人的能力的发展，马克思的“人的能力发展理念”，即以“社会公正”为前提的“每个人的能力的全面自由平等的发展”的理念，主张“人的能力发展”需要“社会公正”的社会环境，反对“个人能力的压抑”，坚持“个人能力的解放和发展”。由上可知，马克思的“人的能力发展理念”追求的是以“社会公正”为前提的“人的能力发展”，“人的能力发展”与“社会公正”两者是交互的密切的相联的。

其三，“人的能力与人的财富的关系问题研究”，主要探讨人的能力与人的财富到底是一种怎样的关系的问题。如有学者认为，“马克思把人的能力充分发挥看作是最大的财富”①，关于“人的财富”的界定可以说是林林总总、众说纷纭的，而从“人的能力”来界定“人的财富”这为进一步研究“人的财富”问题提供了重要参考。人的能力与人的财富的关系如何理解？马克思的“人的能力”与人创造“社会财富”的关系，即“人的能力”是人创造“社会财富”的一条重要途径，“人的能力”就是社会的“最大的财富”，要积极发挥“人的能力”的主动性和创造性，特别是要重视对“人的能力”的开发和应用，通过不断发挥“人的能力”来促进“社会财富”的不断生成和积累、可持续性发展和合理共享。由上可知，以“人的能力发展”和“社会公正”为基石的“人的能力的财富观”是马克思关于人的财富观的一个重要论断。“人的能力”是人创造财富的真正的“源头活水”，人的真正的财富是“人的能力”的充分展现。

其四，“人的能力建设与能力社会建设的关系问题研究”，主要探讨人的能力建设与社会建设、国家建设等之间存在着什么样的关系问题。如有学者认为，人的能力建设的目的是“要建立能力社会新秩序”②，人的能力建设的一个主要目标是激励人们把自身的能力重视起来和发挥出来，“能力社

① 韩庆祥.马克思的财富观及其当代意义[J].哲学研究，2011(04)：11-15+127.

② 韩庆祥.关于建构能力社会新秩序的思索[J].河北学刊，2002(02)：52-57.

会”的概念，即通过“人的能力”建设来促进“能力社会”建设，进而努力建成“能力社会”，把每一个人的个体能力的效能转变为整个社会的整体能力的效能，提升社会的整体实力，为“人的能力”建设和发展提供更加坚实的社会外部环境保障。由上可知，“人的能力”建设是“能力社会”建设的一项重大工程，没有“人的能力”建设，就无法建设“能力社会”，“人的能力”建设是一种新型的“人的发展观”和“社会发展观”，在不断地塑造“能力人”的过程中积极建造“能力社会”，“人的能力建设”和“能力社会建设”达成了人与社会的充分交互和深度融通，人的能力发展是有利于促进能力社会发展的，而能力社会发展也有利于提升社会的整体能力发展水平。

综上所述，国内学者对马克思恩格斯关于人的能力问题研究有以下两个特点。一是重视对马克思恩格斯关于人的能力问题的有关原著文本的研究。从引文文献来看，国内学者高度重视对马克思恩格斯有关原著文本中关于“人的能力”的重要论述的引用和阐释。国内学者深入研究马克思恩格斯的有关原著文本，洞悉其中深刻的“人的能力”思想意蕴。如《1844年经济学哲学手稿》《德意志意识形态》《1857—1858年经济学手稿》《1861—1863年经济学手稿》《资本论》等有关原著文本中的“人的能力”的重要论述被国内学者广泛引用，凸显了国内学者对马克思恩格斯的有关原著文本研究的十分重视和扎实的基本理论功底。同时国内学者注重马克思恩格斯的有关原著文本中的“人的能力”的重要论述解读和传播，通过撰写能力方面文章和对能力理念进行阐释等方式来不断推动马克思恩格斯关于人的能力问题的研究成果进入大众视野和走进大众生活。在原著文本研究中，国内学者对于人的能力与人的发展的关系问题的探讨最为关注，故而所取得的成果也最为丰硕。二是坚持理论与实践相结合的研究原则。其一，国内学者对马克思恩格斯关于人的能力问题研究的目的是旨在回答时代重要问题和社会迫切问题，而对这些问题的回答归根到底是回答“人的发展问题”。其二，国内学者把学术研究成果与推动社会发展紧密结合起来，努力将研究成果转化为推动社会发展的直接的现实的"生产力"，为经济社会发展服务。其三，国内学者根据自身研究兴趣和学术专长，立足社会实践和人民需要，自觉主动发挥创造能力，提出了如"能力本位论"（"能力本位论"的文化价值理念）、"唯物史观与人的发展理论"（"人的发展理论体系"的"能力论"）等等，这些是国内学者积极探索人的能力问题的重要的学术研究成果，在学术界产生了广泛影响。国内学者把关于人的能力问题的研究成果与社会发展紧密结合，提出了一系列新的观点，有利于推动社会成员的观念与时俱进，促进人和社会的共同发展，这也为社会成员对于全球化、社会公平正义、教育、科学技术、人才观、文化价值观、财富观、发展观等问题的再认识起到了积极作用。

通过梳理国内学者对马克思恩格斯关于人的能力问题的研究状况，可以发现"人的教育与人的能力""人的能力与人的财富""人的能力与社会公正""人的能力发展与人的全面发展""人的个性能力解放"等等都是关注的"热点"、研究"热词"，这些都说明了国内学者是十分重视人的能力问题研究的，但不容忽视的是，在这一方面面临的一个最为直接的问题是，所进行的研究多不是从整体层面来研究马克思恩格斯关于人的能力问题的理论，而是侧重于从部分层面来研究，即对马克思恩格斯关于人的能力问题的某一个部分内容进行精深的研究，这不利于从整体层面来总览马克思恩格斯关于人的能力问题的理论全貌。

（二）国外研究综述

从国外文献资料来看，与国内学者对马克思恩格斯关于人的能力问题的研究成果相比较而言，国外学者对马克思恩格斯关于人的能力问题的研究成果甚少，从中梳理出若干有代表性的观点进行综述。有代表性的观点如“西方马克思主义”的代表人物之一的弗洛姆在《马克思关于人的概念》中对马克思关于“人的潜能”问题进行了研究，弗洛姆认为马克思所谓“人的潜能”是“一种给定的潜能”[①]，这种“给定的潜能”开创了人的历史，人的历史就是“人的自我实现”的历史，人的历史本身就是人的劳动和生产过程的人的自我创造，强调“人的潜能”与“人的自我实现”的关系，“人的自我实现”是“人的潜能”的发挥过程，“人的潜能”的发挥推动着“人的自我实现”，即人的能力发展过程就是人的自我实现的过程。“分析的马克思主义”的代表人物之一埃尔斯特在《理解马克思》中对马克思关于人的“类能力”的扩展与人的“需要”的增加的关系问题进行了研究，埃尔斯特认为马克思把人的“类能力”的扩展与人的“需要”的增加联系在一起了，人的“类能力”的扩展与人的“需要”的增加是处于互动的过程中的，人的“类能力”的扩展能够满足人的“需要”，人的“需要”的增加对人的“类能力”的扩展提出了新的要求，而在人的“类能力”作用下，生产力的发展促使“需要得到扩展的人和那些能力得到发展的人”[②]达成了有机结合，人的“类能力”是人的“需要”不断扩展和社会生产力发展的动力，这也充分强调了“人的能力”与“人的需要”的关系，“人的需要”的不断扩展和持续增加需要“人的能力”来不断扩展和持续增加，需要“人的能力”来不断带动和持续加力，而反过来也促进了“人的需要”的新的产生和“人的能力”的新的发展，两者是一种充分互动的关系。

综上所述，国内外学者对马克思恩格斯关于人的能力问题都有所关注和研究，特别是国内学者对马克思恩格斯关于人的能力问题的研究取得了一系列多方位的学术成果，国外学者取得的成果比较而言是少的，但就对马克思恩格斯关于人的能力问题的整体性的系统性的专门研究而言，国内外

---

① [美]弗洛姆.弗洛姆著作精选——人性、社会、拯救[M].黄松杰主编.上海：上海人民出版社，1989：348.

② [美]埃尔斯特.理解马克思[M].何怀远等译.北京：中国人民大学出版社，2008：67.

学者对之研究成果都是比较少的,这也是未能从整体层面来认识马克思恩格斯关于人的能力问题的一个需要亟待面对和解决的问题,而弄清楚马克思恩格斯到底是怎样看待人的能力问题的,没有任何捷径可走,只有从马克思恩格斯关于人的能力问题的重要论述中找寻答案,这就特别需要对马克思恩格斯人的能力理论进行专门研究。

前面国内外综述有助于进一步明确学术研究的聚焦点,分析需要改进的着力点,找寻继续研究的开拓点。也给本研究提供了一些启示:为解决存在的问题,为此需要做好以下两个方面的工作:一方面是对马克思恩格斯关于人的能力问题的专门研究有待加强,从马克思恩格斯那里找寻人的能力的理论智慧,要集中精力加大对马克思恩格斯关于人的能力问题的整体性的研究投入力度,努力对马克思恩格斯有关原著文本中的“人的能力”的重要论述展开更加精准的全面的研究。另一方面是进一步关注和研究人的能力的现实问题,人的能力的理论研究终究要走向现实社会,为人类社会发展服务,要把人的能力问题研究与现实社会中的各方面“能力需要”结合起来,积极促进理论与实践的紧密结合,更好推动我国的社会主义现代化建设,在现实中,如“人的能力与‘人与自然的关系’发展的问题”、“人的能力与时代新人培育的问题”“人的能力与德才兼备人才培养的问题”“人的能力与人的现代化素质的问题”“人的能力与社会公平正义的问题”“人的能力与乡村振兴的问题”“人的能力与共同富裕的问题”“人的能力与人的财富观的问题”“人的能力与‘人工智能’发展的问题”“人的能力与人类命运共同体构建的问题”“人的能力与公共卫生安全治理能力的问题”等现实问题都需要予以关注并进一步展开研究。一句话,要把对马克思恩格斯关于人的能力问题的整体层面的理论找寻出来,并将之与社会现实问题的理论需要和实践渴求密切结合起来,做到理论与实践的紧密联系。

三、马克思恩格斯关于人的能力问题研究目的、方法和创新点

写作本书的目的主要有两个：一个是力求明确马克思恩格斯人的能力理论的理论来源、形成过程、核心内容、基本特征等要素，这依靠对原著文本的研读，并从中找寻与研究目的最有关联的内容。一个是试图说明马克思恩格斯人的能力理论的主要启示，主要从理论方面和实践方面来阐释，这需要将马克思恩格斯人的能力理论同现实问题结合，具体是以马克思恩格斯人的能力理论来观照现实中的人的能力问题，以便更好认清现实中人的能力存在哪些问题和如何能够对这些问题进行可操作性的解决。为实现这一研究目的，本研究坚持在唯物史观的指导下，采用文献研究、归纳研究、比较研究等方法展开研究，并在具体写作过程中将三者有针对性的贯通起来。本研究的创新点体现在研究对象方面，即紧紧围绕“人的能力”这一主题进行有针对性的研究，通过对马克思恩格斯关于人的能力问题的重要论述进行系统梳理和专门研究，努力呈现马克思恩格斯人的能力理论的整体画像。

（一）研究目的

本书的写作意图是致力于实现对马克思恩格斯人的能力理论整体图像的探索。为实现这一总的目的，需要做好两个方面的工作：第一个方面的工作需要从理论来源和形成过程两个方面来对马克思恩格斯人的能力理论进行重点考察，第二个方面的工作需要对马克思恩格斯人的能力理论的核心内容和基本特征进行明确阐释。为做好第一个方面的工作，坚持对有关原著文本进行重点研读，主要做了两项工作：一项是对德国古典哲学、英国古典政治经济学、英法空想社会主义等代表人物的有关原著文本中关于人的能力问题的主要思想进行梳理。一项是对马克思恩格斯人的能力理论与唯物史观的关系进行历史考察，探究其具体形成过程。为做好第二个方面的

工作,系统梳理马克思恩格斯有关原著文本中关于人的能力问题的重要论述。重点围绕马克思恩格斯人的能力理论的核心内容、基本特征等方面展开探究。在完成前面两个方面的工作的基础上,结合现实社会对马克思恩格斯人的能力理论的主要启示进行有针对性的探讨,从理念和路径两个层面进行分析。

基于上述考虑,本书把理论、历史与现实有机融通起来,以"思想溯源—过程追踪—内容界定—特征分析—启示探索—时代阐释"的基本思路,分六章内容展开论述:第一章,"马克思恩格斯人的能力理论的理论来源"。关于理论来源,学界普遍认同,马克思主义理论主要包括哲学、政治经济学、科学社会主义等三个方面的基本理论,这三个方面的基本理论分别来自于德国古典哲学、英国古典政治经济学、英法空想社会主义,基于此,本章重点追溯德国古典哲学、英国古典政治经济学、英法空想社会主义中关于人的能力问题的基本思想,这些基本思想是马克思恩格斯人的能力理论的主要理论来源。

第二章,"马克思恩格斯人的能力理论的形成过程"。马克思恩格斯人的能力理论不是一蹴而成的,而是经历了一系列的过程,是一个生成性的过程,这个生成性过程与马克思恩格斯唯物史观有着极为密切的联系,本章对马克思恩格斯人的能力理论的萌芽、初创、成熟等三个阶段进行考察。

第三章,"马克思恩格斯人的能力理论的核心内容"。本章在对马克思恩格斯人的能力理论的理论来源追溯和形成过程考察的基础上,对马克思恩格斯关于人的能力、人的劳动能力发展、人的本质力量发展、人的能力体系发展等核心内容进行分析。

第四章,"马克思恩格斯人的能力理论的基本特征"。本章在对马克思恩格斯人的能力理论的核心内容分析的基础上,对人的能力的实践生成特性、综合创造特性、全面发展特性等基本特征进行探索。

第五章,“马克思恩格斯人的能力理论的主要启示”。马克思恩格斯人的能力理论有着重要的现实启示,从人的能力的现实性来看,启示我们更要重视人的能力发展,包括观念层面、条件层面、路径层面:在观念层面,要自觉主动积极树立人的能力发展的使命意识,大力以人的能力发展促进人的发展——人的能力发展的观念确立;在条件层面,要不断促进社会生产力的高质量发展——人的能力发展的社会生产力基础条件;在路径层面,要从社会公平正义制度的健全完善、教育的全面发展等渠道路径来积极促进人的能力发展。

第六章,“马克思恩格斯人的能力理论的时代阐释”。本章依据马克思恩格斯人的能力理论,结合现时代人的能力实际状况,主要从能力话语、能力发展与能力学等理论层面和能力建设、能力评价与人才培养等实践层面对现时代人的能力相关问题进行分析。

(二)研究方法

马克思恩格斯开创了具有世界性意义的重要的唯物史观,对于他们所处的那个时代中的人的发展问题和后人所处的时代中的人的发展问题的研究都有着十分重要的指导意义,这也为本书提供了科学的理论指导。本书坚持在唯物史观的指导下,采用文献研究、归纳研究、比较研究等方法展开研究。

一是文献研究法。其一,是努力收集和整理国内外学者关于马克思恩格斯人的能力问题的研究成果,通过对国内外学者的研究成果进行有针对性的选择,形成具有一定价值的研究综述,借鉴学界现有研究成果的精华和克服现有研究成果的不足;其二,是努力收集和整理德国古典哲学、英国古典政治经济学、英法空想社会主义等代表人物关于人的能力问题的主要思想,即马克思恩格斯人的能力理论的主要理论来源,通过对这些代表人物的原著本文进行研读，对人的能力主要思想进行提炼和归纳。其三，是重点研读马克思恩格斯关于人的能力问题的重要论述的有关原著文本，在原著文本中找寻依据，主要重点对《1844年经济学哲学手稿》《德意志意识形态》《共产党宣言》《资本论》（第1卷）、《1857—1858年经济学手稿》《1861—1863年经济学手稿》《哥达纲领批判》等有关原著文本中的关于"人的能力"问题的重要论述进行认真学习思考，找寻核心内容和探觅基本特征。

二是归纳研究法。由于马克思恩格斯关于人的能力问题的重要论述存在着涵盖领域广、主次有区别、内容庞杂、论述零散等多样性特点以及人的能力问题存在着多样差异、繁杂琐碎等现象，需要从多样性和繁杂性中归纳出最具有代表性的内容，努力做到对人的能力问题的精准分析。其中，从人的能力、人的劳动能力发展、人的本质力量发展、人的能力体系发展等主要方面界定了马克思恩格斯人的能力理论的核心内容，从实践生成特性、综合创造特性、全面发展特性等方面对马克思恩格斯人的能力理论的基本特征进行剖析。

三是比较研究法。对马克思恩格斯人的能力理论与资产阶级学者关于人的能力问题的基本论点进行了比较分析，得出马克思恩格斯是从维护无产阶级的根本利益和促进人类解放与发展的无产阶级立场来重视和展开人的能力问题研究的，而资产阶级学者关于人的能力问题的基本论点的价值取向，则是为了更好维护资产阶级的自私自利的少数人的利益的，则是为了帮助资产阶级更加精明地剥削雇佣工人来维护资产阶级统治地位的。由此可知，马克思恩格斯人的能力理论与资产阶级学者关于人的能力问题的基本论点在价值取向上是有着根本性的区别的。马克思恩格斯人的能力理论是批判了和超越了以往资产阶级学者关于人的能力问题的基本论点的一种科学理论，这种科学理论在积极批判前人所取得的成果基础上，在批判人类旧社会的各种弊端的基础上，克服了资产阶级学者的狭隘的学术研究的价值取向，提出了具有远见卓识的思想指引，有针对性地提出了改造措施，并初步描绘了人类未来新社会（共产主义社会）中的人的能力全面而自由发展的美好胜景。

本书所采用的研究方法是聚焦马克思恩格斯关于人的能力问题的重要论述这个主题的，各种方法不是独立使用的，而是“以人的能力问题为中心”相互结合起来使用的，从而能在最大程度上确保研究的清晰性和精准性。

（三）研究创新点

本书的创新点主要是在研究对象的方面，即在学习借鉴学界已有的研究成果及对马克思恩格斯有关原著文本研读的基础上，对马克思恩格斯关于人的能力问题进行系统梳理和专门研究。通过撰写文献研究综述，不仅对学界的研究状况有了一个整体性的把握，而且对所要进行的研究也有了一个清晰的方向。本书围绕“人的能力”这一主题，通过对马克思恩格斯人的能力理论的形成过程的考查，对重要的经典的原著文本的研读，从中梳理出最具有代表性的论点的核心内容和基本特征，剖析内容与特征之间的重要的关系，对这些论点的当代启示进行思考，力求对马克思恩格斯人的能力理论达到一个总体的认识和把握。本书的创新点主要包括以下方面：

一是以唯物史观为指导，以重要的经典的原著文本为载体，以马克思恩格斯的直接论述为依据，对马克思恩格斯人的能力理论的萌芽、初创和成熟的过程进行考察，其中重点对《关于费尔巴哈的提纲》《德意志意识形态》《共产党宣言》《资本论》等经典原著文本进行有针对性的细致研读，初步勾画出马克思恩格斯人的能力理论的总的演进脉络。

二是在核心内容方面，通过重点对马克思恩格斯关于人的能力问题的重要论述进行有针对性的分类梳理，提炼出马克思恩格斯人的能力理论的特有内涵，提出了“人的劳动能力”“人的本质力量”“人的能力体系”等核心内容。提出马克思恩格斯人的能力理论的核心内容有助于更好把握其理论概貌。

三是在基本特征方面,重点对前述核心内容进行逻辑性归纳,提炼出马克思恩格斯人的能力理论的内在特征,提出了"实践生成特性""综合创造特性""全面发展特性"等基本特征。提出马克思恩格斯人的能力理论的基本特征有助于更好理解其理论取向。

四是在核心内容和基本特征方面,努力将核心内容与基本特征贯通起来分析,而不是割裂开来进行各自阐述。马克思恩格斯人的能力理论的核心内容与基本特征是有着紧密的关联性的,"人的劳动能力"表现出人的能力所具有的"实践生成"功能,"人的本质力量"表现出人的能力所具有的"综合创造"功能,"人的能力体系"表现出人的能力所具有的"全面发展"功能。马克思恩格斯人的能力理论的核心内容和基本特征的贯通表明其理论所具有的独特的创造品格。

第一章　马克思恩格斯人的能力理论的理论来源

人的问题始于人对自身及其周围事物的“怀疑的”“迷惑的”“未知的”“好奇的”的积极探索，是人认识和解决人与人自身、人与自然、人与他人、人与社会等问题的自觉思考和积极作为。作为人的问题的重要组成部分的人的发展问题，始终贯穿于人的问题的一切探究活动中，而人的能力问题作为人的发展问题的一个十分重要的问题，是人在经历了从“天问”到“人问”、从“天国”到“人间”、从“神的统治”到“人的统治”、从“虚幻”到“真实”等一系列曲折迂回的长期艰苦的认识过程后，终于发现了人自身所显示出来的现实能力和自身深处所蕴藏的巨大潜力，促使人形成了更加关注和重视挖掘与发挥自身实在的能力和潜在的能力的一种强烈的问题关切和主动的积极行动。当然，这也是与人的主动性、能动性、创造性的实践活动紧密联系在一起的。从一定意义上讲，人类的发展史就是人类的能力发展史，人类的能力发展史就是人类的发展史的明证。特别是从西方哲学演进过程来看，肇始于古希腊哲学的西方哲学，极为关注人的问题，人的问题始终是一条主线贯穿其中。西方哲学中内蕴着对人的问题的孜孜追问，内蕴着对人的发展问题的久久探寻，内蕴着对人的能力问题的深深思索。从古希腊德尔斐神庙的“认识你自己”到智者普罗泰戈拉的“人是万物的尺度”，再到笛卡尔的“我思故我在”，到康德的“人是目的”诸方面所凸显的人的自我认识、人的价值意义、人的存在方式、人的发展目的等等关涉人的问题，这是人认识“整体自然”的一个发展过程，也是人认识“个体自我”的一个发展过程，同样也是人认识“群体社会”的一个发展过程，又是人认识“自然”“自我”和“社会”的人的认识能力发展的一个发展过程，更是人探索“认识你自己”的人的能力的一个发展过程。通过对西方哲学，特别是对德国古典哲学中关于人的能力的主要思想和英国古典政治经济学中关于人的能力的主要思想，以及英法空想社会主义中关于人的能力的主要思想进行探索，以此找寻马克思恩格斯人的能力理论的主要理论来源，即马克思恩格斯批判汲取了德国古典哲学、英国古典政治经济学、英法空想社会主义等代表人物关于人的能力问题研究的优秀的有益的成果，这些优秀的有益的成果为马克思恩格斯人的能力理论的问世与出场提供了十分丰富的智慧滋养。

为什么要对任何一种思想的来源进行考察？关于这个问题的回答，恩格斯提出了十分经典的论断。

其一，任何一种思想都是有前提条件的。是有着必须要深入细致探究其产生所必需的那些前提条件的这个极为重要的步骤和环节的。恩格斯指出：“每一个时代的哲学作为分工的一个特定的领域，都具有由它的先驱传给它而它便由此出发的特定的思想材料作为前提。”[①]在这里明确指出了“每一个时代的哲学”归属于“分工的一个特定的领域”，决不能脱离思想所处的时代状况来随意阐发思想，也就是说，“每一个时代的哲学”都是时代的社会分工的产物，都是时代的社会分工的一个领域，都是隶属于时代的社会分工的管辖之下的，有着鲜明的时代痕迹。同时任何一种思想的产生都不是与前期的思想毫无关系的，任何一种思想的产生都是离不开前期的思想的，都

① 马克思恩格斯文集：第十卷[M].北京：人民出版社，2009：599.

是与其前期的“思想先驱”的“思想材料”分不开的，前人的思想和智慧，以及所取得的思想成果都会对一种思想的产生发挥影响，因而对其前期的“思想先驱”的“思想材料”进行梳理是一项十分必需的工作。由此可知，任何一种思想都不是凭空产生的，都是有着一定的前提条件的，哲学领域如此，其他领域亦如此。

其二，任何一种思想都是有历史脉络的。是有着一定的甚至是极其严格的继承和发展历史演进特质的。恩格斯指出：“马克思研究任何事物时都考查它的历史起源和它的前提。”[①]在这里明确指出了马克思从事研究工作的一个重要方法，就是对所研究的事物的“历史起源”和“前提”进行考察。这与对任何一种思想的“思想先驱”和“思想材料”的成果的学习借鉴有着异曲同工之美和不谋而合之妙。由此可知，对任何一种思想的“历史起源”进行考察都是一项基础性工作，决不能在没有对任何一种思想的“历史起源”进行考查的条件下就盲目阐发思想，也就是说，任何一种思想都是在对其前期的“思想先驱”的“思想材料”的批判性地学习借鉴的基础上，并立足所处时代发展状况而逐步构建起来的，而探寻任何一种思想的产生背景需要从其前期的“思想先驱”的“思想材料”中汲取思想养料也就成为一个必经的环节和一条重要的途径。因此，考察马克思恩格斯人的能力理论的主要理论来源是十分必要的，是十分重要的。关于马克思恩格斯理论的主要理论来源，马克思恩格斯在有关原著文本中作了直接阐述，如恩格斯指出，“我们不仅继承了圣西门、傅立叶和欧文，而且继承了康德、费希特和黑格尔”[②]，在这里，恩格斯直截了当地指明了马克思恩格斯理论是来自对前人的思想的继承这一重要事实，即马克思恩格斯理论不是凭空出现的，而是有着深刻的历史、理论、实践等背景的。同时马克思恩格斯理论的重要的后继者列宁也对

---

① 马克思恩格斯全集：第22卷[M].北京：人民出版社，1965：400.

② 马克思恩格斯全集：第25卷[M].北京：人民出版社，2001：587.

马克思恩格斯理论的主要理论来源进行了阐述,列宁明确指出:“马克思学说是人类在19世纪所创造的优秀成果——德国的哲学、英国的政治经济学和法国的社会主义的当然继承者。”[①]列宁直接指出了马克思恩格斯理论是对“德国的哲学、英国的政治经济学和法国的空想社会主义”的一种继承,这种继承是对前人的“优秀成果”的继承,列宁的观点在这里与恩格斯直接阐述的观点是相对应的,都肯定了前人的“优秀成果”的重要性和为后人所继承的积极表现。

由此可知,德国、英国、法国是马克思恩格斯理论的主要理论来源的国家,当然,马克思恩格斯理论的主要理论来源还有其他的国家,但是这三个国家与其他的国家比较而言,可以说对马克思恩格斯理论的产生所发挥的影响是最大的,这不仅是因为马克思恩格斯的学习生活经历与这三个国家十分密切,而且还因为马克思恩格斯对这三个国家的思想家们也是十分重视的,往往无形中也受到这三个国家的思想家们的影响,如黑格尔的影响。综上所述,马克思恩格斯理论与德国古典哲学、英国古典政治经济学、英法空想社会主义等代表人物的主要思想有着密切联系,即存在着继承前人思想的客观事实,这与恩格斯关于考察任何一种思想的来源的经典的论断保持了高度一致。基于此,围绕“马克思恩格斯人的能力理论”这一个主题来梳理德国古典哲学、英国古典政治经济学、英法空想社会主义等代表人物关于人的能力问题的主要思想和研究成果,以此来探寻马克思恩格斯人的能力理论的主要理论来源也就成了一项必需的重要的基础性前提性工作。做好这项基础性前提性工作就需要钻到这些思想家的理论里,找到这些思想家关于人的能力问题的真知灼见,并把这些真知灼见进行归纳概括,提炼出这些思想家的人的能力思想的精华部分,把这些精华部分进行互相比较,来

① 列宁全集:第23卷[M].北京:人民出版社,1990:41-42.

对这些思想家的人的能力思想进行更好的认识和理解,从而为沉浸式感悟马克思恩格斯人的能力理论所具有的前人精华的特质提供必要的准备。

一、德国古典哲学中的人的能力思想

尽管马克思恩格斯对德国古典哲学进行了深刻批判,但不能否认,德国古典哲学是马克思恩格斯理论的一项主要理论来源。德国古典哲学涌现了一批有重要影响力的代表人物,主要包括康德、费希特、黑格尔和费尔巴哈等。如何认识这些代表人物与马克思恩格斯之间的关系呢?马克思恩格斯在其有关原著文本中都有"直白坦言"。如马克思不仅把黑格尔称为"大思想家"[①],而且公开承认他自己是黑格尔的"学生"[②](黑格尔的"辩证法"),这也直接说明了马克思受到黑格尔思想的影响,而影响也是十分重大的。恩格斯指出,他和马克思"一时都成为费尔巴哈派了"[③](费尔巴哈的"唯物主义"),恩格斯毫不隐讳他和马克思受到费尔巴哈思想的影响,这丝毫不影响马克思恩格斯对费尔巴哈思想的批判。从上述例证可知,黑格尔和费尔巴哈对马克思恩格斯的影响是非常大的,马克思恩格斯对这些代表人物的思想的批判和学习借鉴更是主动的自觉的。从文献资料来看,康德、费希特、黑格尔和费尔巴哈等德国古典哲学的代表人物是十分关注人的能力问题的,并在其著作中对人的能力问题进行了直接的或间接的论述。这些代表人物的有关论述概括地讲,即德国古典哲学中人的能力思想主要包括人的认识能力发展、人的理论能力与实践能力交互发展、人的思辨思维能力发展与人格权利能力发展、人的完善能力发展等方面。

---

① 马克思恩格斯全集:第44卷[M].北京:人民出版社,2001:22.

② 马克思恩格斯全集:第44卷[M].北京:人民出版社,2001:22.

③ 马克思恩格斯文集:第四卷[M].北京:人民出版社,2009:275.

(一)康德:人的认识能力发展

马克思恩格斯肯定了康德在德国古典哲学中的积极作用。恩格斯指出:“德国的哲学革命……是由康德开始的”[①],康德扛起大旗,开启了德国哲学的革命,可以说,德国古典哲学正是由康德开创的。康德作为的德国古典哲学的创立者,他对人类的生存与发展是予以高度关注的。康德在他的哲学、人类学、教育学等著作中对人的能力问题的论述较多,但这些论述也比较零散,这些论述主要集中在《实践理性批判》《实用人类学》《教育学》等著作中。康德关于人的能力的思想主要包括人类的认识能力发展的目的、人类的认识能力发展的类型和人类的认识能力发展的途径等内容。

1.关于人类的认识能力发展的目的

康德在《实践理性批判》中提出了人类的认识能力发展的目的。康德提出人类的认识能力是要服务于“人类本性是注定要追求至善”[②]这一根本目的的。面对人类在具体活动中所表现出来的与“人类本性至善”相背离的那些假恶丑的且让人十分反感的现象,康德对此十分痛恶并坚决予以批判。康德指出,人类的各种能力,特别是人类的认识能力,都是要适合于“人类本性至善”的这个根本目的的,这个根本目的是人类追求至善的必然选择。人类应以追求“人类本性至善”为目标,人类的认识能力发展也应朝着这个目标前进。人类具有认识能力,并在一系列认识活动中不断发展自己的认识能力,人类的各种认识能力所能达到的程度以及各种认识能力之间的关系,都要适合于“人类本性至善”的这个根本目的。

2.关于人类的认识能力发展的类型

在《实用人类学》中,康德重点分析了人类的认识能力发展的类型。康

① 马克思恩格斯全集:第3卷[M].北京:人民出版社,2002:489.

② [德]康德.实践理性批判[M].韩水法译.北京:商务印书馆,2000:159.

德指出,人类的认识能力来源于人类的认识活动,由于人类的认识活动是多方面的,人类的认识能力也是多方面的,在人类的多方面的认识能力中,包括低级认识能力和高级认识能力。在人类的低级认识能力方面,人类的感性能力是处于"第一层级"的。人类的感性能力是一种"直观"[①]能力,即"纯粹直观"能力或"经验性直观"能力,这种"直观"能力是人类的低级认识能力——人类的感性能力,人类的感性能力是在人类的触觉、听觉、视觉、味觉和嗅觉以及外部感官等综合作用下生成的并发挥作用的,表现出的是一种"直观"。在人类的高级认识能力方面,康德把人类的认识能力划分为"正确的知性、熟练的判断力和缜密的理性"[②]的三种高级认识能力,即"知性""判断力"和"理性",这构成了人类的理智认识能力的整个领域,这三种高级认识能力是按照"知性—判断力—理性"的顺序进阶的。康德对人类的认识能力的划分目的是促进人类的实践事务,即人类在具体活动中不断发展自身的认识能力,更好地服务于人类的实践活动。

第一种理智能力是"知性"能力,康德指出,"知性"是"通过概念来表象某种东西"[③]的思维能力。这种思维能力借助于概念来理解事物,是认识普遍东西的能力,即"能力何为"。康德指出,人只有能够对普遍知识的概念进行正确思维,理解概念使用目的的"适宜性",才能获得"健全的知识"。"知性"作为概念的能力,包含作为"对象之对象"的普遍的东西,也就是人类自己制定的要求全体成员必须遵守的规则,从这个意义上讲,"知性",就是人的规则的认识能力,而感性的能力则必须要从属于"知性"的规则。"知性"在人类的理智认识能力中是处于首位的,是人类的最主要的能力之一。

第二种理智能力是"判断力",康德指出,"判断力"是"区分某种东西是

---

① [德]康德著作全集:第7卷[M].李秋零主编.北京:中国人民大学出版社,2008:189.

② [德]康德著作全集:第7卷[M].李秋零主编.北京:中国人民大学出版社,2008:191.

③ [德]康德著作全集:第7卷[M].李秋零主编.北京:中国人民大学出版社,2008:189.

不是规则的一个事例的能力”[①]。“判断力”关注的是“能力”是否是“可行的”“合适的”“恰当的”等问题，即“能力可为”，是发现特殊东西的能力。人类获得“判断力”的方法是有限的，只能是练习，而且是需要经过经年累月的练习才能达到的，从而促使“知性”的进一步发展。

第三种理智能力是“理性”，康德指出，“理性”是“从普遍的东西推导出特殊的东西”“按照原则来表象特殊的东西”[②]的能力，即“能力作为”。“理性”可以按原理作出判断，用行动的能力来解释，“理性”与直观的和情感的“感性”不同，“理性”是一种完善性的概念，人类只能日趋完善，但是完全达到完善性还是路途漫漫。康德指出，“智慧”是理性的一种“合法则的和完善的实践运用的理念”[③]，“智慧”是合乎一定规律法则，并能够在完善一定实践运用，把合乎规律与合乎目的结合在一起的一种“理念”。“智慧”不是由人类自身外在强行“灌输”的，而是必须从人自身内在“产生”的，“智慧”是人类的一种内生能力的映现，而人类要达到“智慧”则需要遵循“自己思维”“（在与人们的交流中）站在他人的地位上思维”“任何时候都与自身一致地思维”[④]三条准则。第一条准则要求人类要进行自我思维，就是自觉地进行自我思考。第二条准则要求人类要主动进行“他我”思维，就是要自觉地进行“他我”思考。第三条准则要求人类要主动对自我和他我进行合乎一定规律的共同思维，就是要自觉地进行系统思考。这三条准则要求人类要能够做到“独立思考”“换位思考”“规律思考”。根据“理性”能力发展的不同阶段，康德还把“理性”能力分为“熟巧”“聪明”“智慧”等三个时期，每一个时期又对应着人的不同年龄阶段。此外，康德十分重视人的想象力，并对人的想象力进行了

---

① [德]康德著作全集：第7卷[M].李秋零主编.北京：中国人民大学出版社，2008：192.
② [德]康德著作全集：第7卷[M].李秋零主编.北京：中国人民大学出版社，2008：192.
③ [德]康德著作全集：第7卷[M].李秋零主编.北京：中国人民大学出版社，2008：193.
④ [德]康德著作全集：第7卷[M].李秋零主编.北京：中国人民大学出版社，2008：194.

独到的分析。康德指出,“真正属于天才的领域是想象力的领域”[①],康德对“想象力”是钟情的和偏爱的,因为“想象力”是“天才的领域”所具有的,是天才人物所具备的一项能力。就人的想象力的特性而言,“想象力”是一种富于创造性的能力,而不是机械性的能力,“想象力”是很少受到规则的强制的,具有十分鲜明的原创性特质。就人的想象力的生成而言,“想象力”是与人具有发现事物“隐秘性”的“极微小”的敏锐的洞察能力和探究能力有着十分密切的联系的,“想象力”很大程度上是在人的洞察能力和探究能力的基础上生成的。

3.关于人类的认识能力发展的途径

在《论教育学》中,康德着重论述了人的教育与人的道德能力发展之间的关系。康德指出,要把人的内在的“全部自然禀赋”发挥出来,使人不断趋向人的道德化。康德提出了一个十分重要的命题,即“人类应当通过自己的努力,把人性的全部自然禀赋逐渐地从自身中发挥出来”[②]。“人性的全部自然禀赋”是蕴藏在人类自身之中的,不是明显的外露的,这需要依靠人类自身的艰苦努力才能发挥出来,而人的教育则是把人的自身中的“全部自然禀赋”发挥出来的一条十分重要的途径。人的教育对于发挥人的自身中的“全部自然禀赋”起着极为重要的作用,这不仅因为人是必须要接受教育的大自然“唯一造物”,人是能够自主接受教育的社会存在物,而且还因为人必须要通过教育才能够成为“真正的人”,人是通过自主接受教育才走向社会,并逐步完成社会存在物和社会人转变的,人的教育是帮助人认识自我作为大自然的一分子和促进人不断发展,成为社会中的有责任的一个真正的“成人”所必需的方式,“真正的人”通过教育走向“成人”。康德指出,人的教育赋予人两样东西:一个是“教人”,即人的教育首先是要教给人一些现有的东西,

---

① [德]康德著作全集:第7卷[M].李秋零主编.北京:中国人民大学出版社,2008:218.

② [德]康德著作全集:第9卷[M].李秋零主编.北京:中国人民大学出版社,2010:441.

这些现有的东西是没有接受过教育的人无法自得的，而教育就可以把已有的东西交给接受教育的人；一个是“发展人”，即人的教育能够发挥教育教学的多样化方式，来进一步激发人接受教育的主动性能动性，积极促进人的发展，让人获得新的东西，感受到教育带来的好处，这是对“教人”的进一步充实，既给接受教育的人以东西，又给接受教育的人以不断获得新的东西的能力。康德指出，如果说“教人”是继承，那么“发展人”就是创新，“教人”有助于促使人趋向完善的目的，有助于促使人的本性趋向至善，是促使人趋向人的自由的目的；“发展人”有助于逐渐地把人的本性展现出来，把人的自然禀赋发挥起来，把人的内在的无尽潜力释放出来，创造出一个崭新的人来。康德指出，人的教育要求人必须要在四个方面做到位：一是人人都必须要接受规训和劝诫，因为人人都不是生下来就是全知全能的人，人有时候是无知无能的人，人的无知无能是需要训诫的，训诫可以有效防止人性过度的“野性化”，因为无知无能的人意味着存在“野性化”的可能和风险；二是人人都必须接受培养，因为人人都不是天生就具有生存能力本领的，也就是说人并非天生就可以自然掌握一套维持自身生存的有效的技能，人需要在接受各种培养过程中不断提高自身的本领和技能，只有接受培养才能够帮助人获得生存和发展必备的能力本领；三是人人必须要关注自身的“文明化”，因为人人都或多或少带有“野性化”的特质，也仅仅是程度不同而已，人要远离愚蠢野蛮的念头，要抛弃排斥社会的念头，人要使自己变得聪明起来，就要积极主动去适应社会，人要使自己更具有社会影响力，进而达到人的“文明化”，这方面是与人的“野性化”相对而言的，“文明化”是人所向往的；四是人人都要关注自身的“道德化”，因为人类还有一些尚未得到“道德化”的分子存在，这就需要对尚未得到“道德化”的分子进行“道德化”教育，引导这些分子进入“道德化”阶段，“道德化”是比“野性化”“文明化”更高级的发展阶段。康德指出，人只有消除了“野性化”，具有了“文明化”，才能不断进入“道德化”，才能获得“完好的目的”。

由此可知，人的教育对于引导人积极接受训诫、接受培养，提高人的生存本领技能和人的道德实践能力具有重要作用。但从人的发展状况来看，康德指出，人类尚处于“训诫、培养和文明化的时代”，“道德化的时代”[①]还远远未达到，康德对人的“道德化”寄予厚望和充满信心，但是必须要说明的是，人受到内在主观局限性和外在客观制约性的双重牵制，人类距离“道德化的时代”还有很漫长的路要走，因此人类需要积极接受训诫、培养、文明等熏陶。康德指出，人的教育具有“机械的塑造”“实用的塑造”“道德的塑造”[②]三种基本类型。一是人的“机械的塑造”（指人的技能）的学校教育，这是人需要在学校完成的教育，在学校接受正规、系统的教育，人才能够获得专业化的技能；二是人的“实用的塑造”（指人的聪明）的家庭教育，这是人需要在家庭完成的教育，在参与家庭事务的具体过程中无时无刻不考量着和锻炼着人的聪明才智，尤其是父母对子女的聪明的影响；三是人的“道德的塑造”（指人的德性）的社会教育，这是人需要在社会完成的教育，人的道德能力一方面需要学校教育和家庭教育，另一方面更需要走向社会，在社会中锤炼和打造，在社会各式各样的交往过程中不断提高人的道德实践能力。康德指出，要把人的技能、人的聪明和人的德性有机结合起来，注重人的“心灵力量的锻炼”，把人的知识与人的能力结合起来，培养人的各种能力（认识能力、感官、想象力、记忆力、注意力等等），尤其注重培养人的品质，对于学生而言，要积极培养学生的“服从、诚实、合群”[③]的品质。

由上述可知，康德关于人的能力问题的论述是十分丰富的和具有可操作性的。其一，从人的能力发展的目的来看，人的能力发展的目的强调人类

---

① ［德］康德著作全集：第9卷［M］.李秋零主编.北京：中国人民大学出版社，2010：450.

② ［德］康德著作全集：第9卷［M］.李秋零主编.北京：中国人民大学出版社，2010：455.

③ ［德］康德著作全集：第9卷［M］.李秋零主编.北京：中国人民大学出版社，2010：482-485.

本性在于追求至善，人类的各种认识能力都是为了服务于“人类本性至善”这个根本目的的，这要求人类必须要从长计议和坚持不懈。其二，从人的能力发展的类型来看，人的能力发展的类型体现在人类的认识能力是多方面的，包括人类的感性能力、抽象能力、想象能力、标记能力、记忆能力、注意能力、创作能力、探究能力、洞察能力、预见能力、欲求能力等，人的能力的多样性和人的能力发展的多样化促使人不断开发自身的能力资源。其三，从人的能力发展的路径来看，人的能力发展的路径表明人类的认识能力的实现需要人的教育，人的教育对于促进人的能力发展起着极为重要的作用，人的教育在于培养人类的各项技能和促使人的完善化，以及人类文明化、道德化，增强人类认识活动的认识能力，增强人类遵守规则的行动能力，人的教育有助于积极引导人类追求人的本性至善，在人的本性至善的目的导向下，人的教育对于人的道德能力培养起着不可忽视的十分重要的作用。

(二)费希特:人的理论能力与实践能力交互发展

费希特在《全部知识学的基础》中提出了“理论能力”“实践能力”①的精辟论述。费希特从人的理论认识和人的实践应用之间的关系出发，把人的能力分为“人的理论能力”和“人的实践能力”两种类型，并将这两种能力视为一种交互发展的关系，因为两者不可割裂开来而各自独立的发展。关于“人的理论能力与实践能力交互发展”的思想，费希特指出了人所具有的两种不同的能力，强调了人的反思和人的反省在“人的理论能力”和“人的实践能力”之间发挥着重要的联结作用。

1.关于人的反思

费希特指出，人的反思是从理论开始的，人的实践能力决定着人的理论

① [德]费希特.全部知识学的基础[M].王玖兴译.北京:商务印书馆,1986:206.

能力,实践只有在被理性施加限制的时候,才成为理论。也就是说,人的实践需要被提升到理论的层面,有着走向理论的必要性,人的实践能力要转化为人的理论能力。

2.关于人的反省

费希特指出,人的反省首先是对理论的一种反思,这种人的反省是建立在"实践原理"的"可思维性"基础上的,"实践原理"的"可思维性"意味着人的思维具有实践特性,人的反省离不开"实践原理"的作用,离不开人的实践,同时人的反省与"可思维性"密不可分,人的反省是具有可以感觉到和思维到的,是对人的实践的一种反馈,人对理论的反省促进了人的实践的反省,理论与实践的互相作用实际上也促进了人的理论能力和实践能力的发展,但是归根结底,人的实践能力始终决定着人的理论能力,人的理论能力是人的实践能力的进一步升华。

费希特提出的"人的理论能力与实践能力交互发展"这一观点表明了人的理论能力和人的实践能力的两者结合的必要性和重要性,人的实践能力决定着人的理论能力,人的理论能力只有作用于人的实践能力,通过人的反思和人的反省,将两者有效结合起来,才能够更有利于发挥人的理论能力和人的实践能力的共同合力的作用,才能够更有利于促进人的能力发展。"人的理论能力与实践能力交互发展"的观点无疑为人的理论活动和人的实践活动如何有效地密切地联系在一起,以及如何发挥它们共同合力的最大效能提供了十分重要的启迪。

(三)黑格尔:人的思辨思维能力发展与人格权利能力发展

从马克思恩格斯的原著文本中(有些著作直接是以黑格尔为题目的)可以发现,他们对黑格尔是极为关注的,从黑格尔的思想中汲取智慧也是不争的事实。黑格尔特别关注人的思辨思维能力发展和人格权利能力发展的问题。在《精神现象学》《法哲学原理》等著作中有关于人的思辨思维能力发展和人格权利能力发展的十分精彩的论述。

黑格尔在《精神现象学》中对人的“思辨的思维”[①](或称“思辨思维”“哲学思维”)能力进行了重点论述,主要从“天才的灵感与健康的常识的关系”[②]、“作者与读者”[③]的关系、“逻辑规律与心理学规律”[④]的关系等三个方面考察了人的“思辨的思维”能力发展问题。黑格尔指出,“思辨的思维”具有十分重要的作用,人人都要努力掌握“思辨的思维”。

一是关于“天才的灵感与健康的常识的关系”。黑格尔十分强调人的“思辨的思维”的重要性。黑格尔指出,人要在科学、艺术、技术、手艺等方面有所掌握、有所造诣,就必须不断地进行学习和参加锻炼,这样才能有所获得、有所增益。黑格尔指出,人的“思辨的思维”能力需要经过不断的、长期的学习和锻炼,黑格尔要求人们把“思辨的思维”作为一种“严肃的任务”来对待,作为人的一项十分重要的活动来实施。黑格尔指出,一个人如果没有“思辨的思维”,那么就意味着这个人没有“生命、精神、真理”[⑤],“思辨的思维”是人获得“生命、精神、真理”的必备的能力。“思辨的思维”能力也是人能够获得“灵感”和“常识”所必需的一项能力。

二是关于“作者与读者的关系”。黑格尔指出,“思辨的思维”于读者而言,则要求读者应具有独立作出判断的“裁判能力”[⑥],“裁判能力”是“思辨的思维”能力所不可缺少的组成部分。作者所写的著作为读者所读,读者可能对作者的著作的某些观点有着与作者不同的而属于自己的理解,但当读者

① [德]黑格尔.精神现象学(上卷)[M].贺麟,王玖兴译.北京:商务印书馆,1979:39.
② [德]黑格尔.精神现象学(上卷)[M].贺麟,王玖兴译.北京:商务印书馆,1979:45.
③ [德]黑格尔.精神现象学(上卷)[M].贺麟,王玖兴译.北京:商务印书馆,1979:48.
④ [德]黑格尔.精神现象学(上卷)[M].贺麟,王玖兴译.北京:商务印书馆,1979:198.
⑤ [德]黑格尔.精神现象学(上卷)[M].贺麟,王玖兴译.北京:商务印书馆,1979:46.
⑥ [德]黑格尔.精神现象学(上卷)[M].贺麟,王玖兴译.北京:商务印书馆,1979:49.

读到与作者自己的意见“不相投合”的哲学著作时，总是好心地“归咎于自己”，这里表明读者对作者的著作存在一定的盲信，总是以为作者的著作是对的，自己的理解是不对的，有一种因为不理解作者的著作而带来的内疚感和自责感，那些想充当读者的“代表和代言人”的某些读者，自己在面临这样的情况时则总是深信自己的“裁判能力”，总是有着足够的自信，认为自己可以代表所有读者发声，而把自己所理解的作者的著作的一切过错都推诿到作者身上，给作者造成了十分难堪的境况，而这种境况并不是由于所有读者共同造成的，只是由于那些想充当读者的“代表和发言人”的某些读者造成的。因此，必须把读者和读者的“代表和代言人”明确分开，不能让想充当读者的“代表和代言人”的某些读者来代表所有读者的理解能力，而应努力提高所有读者对著作中“科学特有的原素”[①]的“裁判能力”（或“判断力”），也就是积极引导所有读者对作者的著作进行独立的思考。

三是关于“逻辑规律和心理学规律的关系”。逻辑学和心理学是离不开对人的活动进行观察的，更重要的是要对人的活动进行十分细致的观察。心理学规律涉及对人的活动进行观察的感知方式和感知能力，逻辑规律涉及对人的活动进行观察的叙述方式和叙述能力，要把对人的活动进行观察的感知能力和叙述能力结合起来。黑格尔指出，在对人的各种能力的感知过程和叙述过程中，要善于对人进行细致观察，观察到人的活动的普遍性，掌握对人的活动进行观察的整体能力。在具备了对人的活动进行观察的整体能力的同时，还要掌握对人的活动进行观察的另一种能力，即作为“现实的个体性”[②]的能力。“现实的个体性”的能力主要是指人们具有了“观察的意识”和“行动的意识”，也就是说人们具有了观察的理性能力和行动的自为能力，可以进行“独立思考”，进行“独立选择”，并根据自己的“兴趣情感”来对

① [德]黑格尔.精神现象学(上卷)[M].贺麟，王玖兴译.北京：商务印书馆，1979：49.

② [德]黑格尔.精神现象学(上卷)[M].贺麟，王玖兴译.北京：商务印书馆，1979：201.

“法权、法律和道德”[①]等作出“现实的个体性”的理性判断和现实选择，但是人的思考和人的选择同时受到来自人所处的那个现实的世界的伦理、道德、风俗、习惯等因素的影响，由此形成了个体性的现实和个体性的世界。人的“个体性世界”要具有“德行的意识”。黑格尔指出：“在德行的意识那里，各人私有的个体性必须接受普遍、自在的真与善的训练约束。”[②]人的“个体性的世界”不是孤立的自发的存在，而是受制于外在的“普遍的、自在的”因素的，人的“个体性的世界”往往存在狭隘的自私、失真、伪善等情况，而“德行的意识”必须通过“善”（包括现实的善和潜在的善）才能达到“普遍的、自在的”，同时“善”被称为人的“天赋、才能、能力”[③]，“善”就是人的一种能力，人有了“善”才能够在个体性的现实中保全“个体性的世界”，这种“善”是人的“个体性世界”能够存在的一种重要的能力和能力保障。黑格尔在《法哲学原理》中对人格权利能力及人的教育对人的能力培养的重要性进行了论述。

其一，关于“人格权利能力”。一是关于“人格权利能力”的概念。黑格尔指出，“人格一般包含着权利能力”[④]，这种“人格权利能力”是完成“人间最高贵的事”[⑤]所必需的能力，而“人间最高贵的事”是人能够成为人，而“人能够成为人”即人能够成为主体，能够成为具有“人格权利能力”的主体，人作为具有“人格权利能力”的主体也是人能够意识到的“主体性的主体”[⑥]，人具有能够意识到人作为具有“主体性的主体”就是具有主体性意识的主体的人，概言之，“人格权利能力”是人作为具有主体性意识的主体的一项主体能力。人格是人成为人的前提条件，是作为人的一种能力表现出来的。二是

---

① [德]黑格尔．精神现象学（上卷）[M]．贺麟，王玖兴译．北京：商务印书馆，1979：201.
② [德]黑格尔．精神现象学（上卷）[M]．贺麟，王玖兴译．北京：商务印书馆，1979：252.
③ [德]黑格尔．精神现象学（上卷）[M]．贺麟，王玖兴译．北京：商务印书馆，1979：255.
④ [德]黑格尔．法哲学原理[M]．范扬，张企泰译．北京：商务印书馆，1961：46.
⑤ [德]黑格尔．法哲学原理[M]．范扬，张企泰译．北京：商务印书馆，1961：46.
⑥ [德]黑格尔．法哲学原理[M]．范扬，张企泰译．北京：商务印书馆，1961：46.

关于“人格权利能力”的获得。黑格尔指出，人要知道自己要获得真正的“人格权利能力”，就必须具有在“精神技能、科学知识、艺术”[①]等方面的能力。“人格权利能力”是以人的一种现实的主体能力体现出来的，但是人的这种现实的主体能力不是既得的，而是人必须要通过学问才能、科学知识、文化艺术、精神技能等方面的不断学习来逐步获得的，只有经过一定的学习过程，“人格权利能力”才能够由一种概念性能力转变为现实性能力。人获得人格需要通过不断的学习，这也需要具有一定的学习能力。

其二，关于“人的教育对人的能力培养的重要性”。黑格尔强调了人的教育对人的能力培养的重要性。他指出，“需要的满足、享受”[②]等等都是人的目的，人要满足人的各种各样的需要，就必须接受教育，因为人的教育被看成“达到上述那些目的的手段”[③]，人的教育是人的需要的目的得以实现的手段。人通过接受教育，在人的教育过程中，人的“主观意志”就会逐渐在人自身中获得“客观性”[④]，在这种“客观性”中，人的价值和人的能力就能够由“理念”转向“现实”，由概念性转变为现实性，使人的“主观意志”变成了“现实存在”。人的能力正是人在具体的教育过程中得到了培养，人的能力培养也反作用于人的教育，促使人的教育能够为满足人的能力培养所带来的人的需要的满足提供条件。

由上可知，黑格尔关于人的“思辨的思维”能力和人格权利能力的论述，至少有以下三点启发：一是人要学会和使用“思辨的思维”。人要独立掌握“裁判能力”，发挥“独立思考”去观察人和事物，作出独立判断，减少外在的干扰和羁绊。二是人要维护和发展“人格权利”。人格是人的一种能力，人

---

① [德]黑格尔.法哲学原理[M].范扬，张企泰译.北京：商务印书馆，1961：51.

② [德]黑格尔.法哲学原理[M].范扬，张企泰译.北京：商务印书馆，1961：202.

③ [德]黑格尔.法哲学原理[M].范扬，张企泰译.北京：商务印书馆，1961：202.

④ [德]黑格尔.法哲学原理[M].范扬，张企泰译.北京：商务印书馆，1961：203.

是具有“主体性主体”的“人格权利”的人，这种人格的能力需要人去主动获取，人在学习过程中才能够对“人格权利”有更深入的认识。三是人的教育对于满足人的需要和促进人的能力发展具有积极作用。人的各种各样的需要及其满足离不开人的教育，人的能力发展更离不开教育。“思辨的思维”“人格权利”“人的教育”等都是相互联系的，这为人们进行哲学思考和发挥主体能动性，从而更好地裁判所遇到的各种问题，以及维护和发展人的人格权利提供了十分有益的启发。

（四）费尔巴哈：人的完善能力发展

在马克思恩格斯的原著文本中，他们都对费尔巴哈有过论述，费尔巴哈的思想对马克思恩格斯的影响也是不容忽视的。费尔巴哈不仅十分关注人，而且高歌颂扬人，在《基督教的本质》中强调：“一个完善的人，必定具备思维力、意志力和心力。”[①]在这里费尔巴哈提出了“一个完善的人”的重要概念，而“一个完善的人”作为费尔巴哈关于人的问题的一个十分重要的“思考点”，费尔巴哈对“一个完善的人”应具备哪些方面的能力的问题也进行了重点思考。

其一，关于“一个完善的人”的概念。费尔巴哈指出，“一个完善的人”是具有思维力、意志力和心力的人，“一个完善的人”是充满理性、意志和爱的人，“一个完善的人”是有着动物所不具有的特殊的“威力”的人。“一个完善的人”是包含理性能力（能力层面）、意志情感（情感层面）、爱的价值取向（价值观层面）等多层面的人。

其二，关于“一个完善的人”应具备的能力。费尔巴哈指出，“思维力是认识之光，意志力是品性之能量，心力是爱”[②]，“一个完善的人”是具备多方

---

① ［德］费尔巴哈．基督教的本质［M］．荣震华译．北京：商务印书馆，1984：31.

② ［德］费尔巴哈．基督教的本质［M］．荣震华译．北京：商务印书馆，1984：31.

面能力的人，要有认识、有能量、有爱，其中“思维力”“意志力”和“心力”是“一个完善的人”必须具有的能力，即要具有“理性、爱、意志力”[①]的“完善性”的能力，这种“完善性”的能力就是人所具有的能力。费尔巴哈着重强调“一个完善的人”的能力诉求和能力评价，也就是说，“一个完善的人”不仅要具有能力，而且要通过能力来对其进行评价，只有具备了能力且可以通过能力来评价的人才是“一个完善的人”。

其三，人的“完善性”的能力也是人的生存的目的。人的生存的目的是人作为有“自己的本质的威力”[②]的存在者而存在的，人不仅具有自己的“才具、能力、财富、装饰”[③]，而且还具有自己的“理智、趣味、判断”[④]，具有自己的“理智与本质、思维力与生产力”[⑤]等等。人的“完善性”不仅是人的生存的目的，同时也是人施展才华的有力武器，人的理智能力、判断能力、财富能力、思维能力、人的生产力等方面的达成无不是人的“完善性”的表现。费尔巴哈指出，人的思维能力、人的抽象能力正是人最大限度地发挥自身的天赋，是人从事艺术、科学等各种活动所具有的基本才能。

费尔巴哈提出的“一个完善的人”所具备的“完善性”的能力的主要目的是促进人在认清人的本质的基础上，发挥人的能动性，从各个方面不断培养和丰富人的能力，最终达到人的“完善性”。人的能力就是人的本质力量的体现，人的本质力量是人的能力的总体的力量，人的完善需要人的能力的不断完善来助推。费尔巴哈提出的“一个完善的人”首先是必须要具有“完善性”的能力的人，只有具有了这种能力才能够保证人的最基本的生存需要得到满足，进而为发展和施展人的各方面的能力提供前提性条件，而通过人的

---

① [德]费尔巴哈.基督教的本质[M].荣震华译.北京:商务印书馆,1984:31.
② [德]费尔巴哈.基督教的本质[M].荣震华译.北京:商务印书馆,1984:34.
③ [德]费尔巴哈.基督教的本质[M].荣震华译.北京:商务印书馆,1984:37.
④ [德]费尔巴哈.基督教的本质[M].荣震华译.北京:商务印书馆,1984:37.
⑤ [德]费尔巴哈.基督教的本质[M].荣震华译.北京:商务印书馆,1984:37.

能力的发展和施展,"一个完善的人"的本质力量也相应地得到了体现和彰显,促使其得到新的发展的机会。

二、英国古典政治经济学中的人的能力思想

英国古典政治经济学是马克思恩格斯理念的主要理论来源之一。关于古典政治经济学范畴的界定,马克思明确指出:"我所说的古典政治经济学,是指从威·配第以来的一切这样的经济学……"[①]由此可知,"古典政治经济学"在这里主要是指英国古典政治经济学。关于英国古典政治经济学的历史演进,曾经有一个政治经济学家辈出的时期,那是一个十分重要的时期,即英国古典政治经济学经历了一个十分重要的历史时期,而"1691年到1752年"这段时期,马克思指出,这是一个"充满有创见的思想家的时期,对研究政治经济学的逐渐产生来说是最重要的时期"[②]。马克思指出,那个"有创见的思想家的时期"和"最重要的时期"不仅对政治经济学产生了巨大的影响,而且出现了一批影响深远的政治经济学的代表人物。马克思肯定了英国古典政治经济学的代表人物在其所处的那个时期提出的、具有创见性的政治经济学思想,基于对这些代表人物的政治经济学思想的批判性的学习借鉴,马克思恩格斯也提出了自己的政治经济学思想。英国古典政治经济学的代表人物包括威廉·配第、大卫·休谟、亚当·斯密、大卫·李嘉图等。其中,亚当·斯密、大卫·李嘉图被称为"古典政治经济学的最优秀的代表人物"[③]。在大卫·休谟的"经济论文"和亚当·斯密的《国民财富的性质和原因的研究》中有许多关于人的能力问题的论述,这些论述主要包括人的需要能力发展、人

---

① 马克思恩格斯全集:第44卷[M].北京:人民出版社,2001:99.

② 马克思恩格斯全集:第26卷[M].北京:人民出版社,2014:404-405.

③ 马克思恩格斯全集:第44卷[M].北京:人民出版社,2001:99.

的职业能力发展等方面的能力发展。

(一)大卫·休谟:人的需要能力发展

大卫·休谟不仅是哲学家,而且是经济学家,还是英国古典政治经济学的代表人物之一。恩格斯指出:“休谟在政治经济学领域中也还是一位值得尊重的人物。”[①]休谟在他的“经济论文”里面阐述了关于人的欲望与人的劳动能力的关系,以及人的幸福能力等人的需要(需求、欲望)能力发展问题。

其一,关于人的欲望与人的劳动能力的关系。休谟指出,人的欲望是人的劳动的“唯一动机”[②],人是有欲望的人,人的劳动是有动机的和目的的,人的劳动是在人的欲望的牵引下展开的,如人进行土地耕种劳动,就是为了生产粮食、蔬菜等,是用来满足自身欲望的,只有在人的吃饭等最基本生存欲望得到满足的条件下,人才能够从事其他的劳动,尽管有些人不愿意劳动,想不劳而获,直接吃现成的,但是总有一部分人必须要劳动,这样才能保证人的劳动能力不丧失掉,才能保证其他人的欲望得到满足,才能保证社会的稳定性。也就是说,在休谟看来,人是在自身欲望的刺激下才从事劳动的,因为人有各种各样的欲望,人要满足这些欲望,这就要求人必须劳动,人决不能懒惰。在劳动过程中人的劳动能力得到了生成和发展,这样不仅满足了人的物质生活方面和精神生活方面的欲望,而且也导致了人的欲望的一部分丧失、一部分更新,即已经满足的欲望的丧失,尚未满足的欲望的渴求,开发满足的欲望的更新,人的欲望的更新也促使人的劳动能力的更新。休谟指出,人的需求正是“刺激一切勤劳和发明创造的巨大动力”[③],人的需求是人类持续辛勤劳动和持续发明创造的持久动力,没有需求就没有创造,就

---

① 马克思恩格斯全集:第26卷[M].北京:人民出版社,2014:255.

② [英]休谟经济论文选[M].陈玮译.北京:商务印书馆,1984:10.

③ [英]休谟经济论文选[M].陈玮译.北京:商务印书馆,1984:16.

没有创造的动力，同时“需求促进人的才智”[①]。人的才智的发展离不开人的源源不断的需求，这正是人的需求的积极反映，人的需求是人的才智不断生成和向前发展的直接动力。

其二，关于人的幸福能力。休谟指出，人的幸福能力包括人的“活动、消遣和悠闲”[②]三个方面的能力，即人的活动能力（操劳等）、人的消遣能力（教育等）、人的悠闲能力（休息等）。人的活动能力满足人的欲望和需求，人的消遣能力促进人的才智的培育和发展，人的休闲能力保护人的生命和健康，人的这三个方面的能力是一个统一体，共同致力于人的幸福能力的实现，使人的需要有一种得到满足的幸福感。休谟指出，人的活动为满足人的需要提供条件，人的需要的满足使人能够达到消遣的旨趣，人的活动和人的消遣是人的悠闲的前提，而“教育、风俗和先例”[③]等对人的活动和人的消遣有着重要影响，使人获得悠闲条件。在悠闲中，人的“思想言行以及精神寄托和物质享受”[④]，人的“思想言行”（人的思想言行的表达和倾诉）“精神寄托”（人的精神生活的寄托和安慰）“物质享受”（人的物质生活的满足和享受）无一不是人的劳动能力的结果。而人的悠闲是在人的活动和人的消遣得到满足的前提下才能够进一步提出和达成的，才能真正体现出人类理性的荣耀，人的幸福能力也就得以实现，人的幸福能力是人的多重需要得到满足的表现。

概言之，人的需要是激发人们从事社会劳动的一个重要推动力，人们从事社会劳动的动机、目的也是为满足人的需要服务的。随着人的需要在人们的社会劳动过程中不断展开，人的幸福能力也得到了实现和满足。休谟提出的人的劳动能力、人的幸福能力等能力都是人的需要能力的构成要素，

---

① ［英］休谟经济论文选［M］.陈玮译.北京：商务印书馆，1984：16.

② ［英］休谟经济论文选［M］.陈玮译.北京：商务印书馆，1984：18.

③ ［英］休谟经济论文选［M］.陈玮译.北京：商务印书馆，1984：19.

④ ［英］休谟经济论文选［M］.陈玮译.北京：商务印书馆，1984：19.

一个人在需要的支配下从事着劳动活动，从事着发明创造，来不断满足自身的“物质享受”“精神寄托”“思想言行”等方面的需要。这些需要的满足，也让人感受到了幸福，于是获得了幸福的能力，人的幸福能力也是人的幸福需要得到满足的条件和保障。

（二）亚当·斯密：人的职业能力发展

马克思恩格斯对亚当·斯密的政治经济学是极为关注的，这在他们的著作中得到了鲜明体现。亚当·斯密写于英国资本主义成长时期的《国民财富的性质和原因的研究》，在英国乃至世界产生了广泛影响。斯密十分重视分工和人的职业问题，重点探讨了分工与人的职业划分的关系、分工与人的职业能力发展的关系等问题。

其一，关于分工与人的职业划分的关系。亚当·斯密指出，分工首先是促进了“劳动生产力上最大的增进”[①]，分工的作用是多方面的，而“劳动生产力”与分工有着最为直接的、密切的联系，分工对于“劳动生产力”的“增进”是起着十分重要的作用的，那么分工是如何促进“劳动生产力”的“增进”的呢？斯密认为，分工促使劳动者在具体劳动过程中的自身的劳动熟练程度、劳动技巧、劳动判断力等方面都得到了显著提高，随着劳动者对所从事的劳动活动的熟练程度、技巧、判断能力等方面的提高，劳动者的职业化和职业能力也越来越强了，同时促进了人的“专门职业”[②]的发展，人的职业“专门化”成为劳动者的最鲜明的特征，而“专门职业”的出现恰恰是分工作用于劳

① [英]亚当·斯密.国民财富的性质和原因的研究（上卷）[M].郭大力，王亚南译.北京：商务印书馆，1972：5.

② [英]亚当·斯密.国民财富的性质和原因的研究（上卷）[M].郭大力，王亚南译.北京：商务印书馆，1972：6.

动者劳动过程的一个重要产物。由于劳动者把自身的“注意力集中”[1]投放到某一个“专门职业”上面,而不再是分散于各个职业之中,这样就可以让劳动者的“注意力”聚焦在某个单一的固定的职业上面,“注意力集中”必然带来职业“专注力”的集中和投入,长此以往,人的职业的专业性也就凸显了出来。劳动者在经过了其所在的“专门职业”的“专门性”“注意力集中”的长期的训练后,劳动者的“专门职业”能力更加专门化和专业化,这也极大地促进了劳动生产效率的提高。不言而喻,分工极大促进了人的职业划分,不同职业的人有着适合不同职业的“专业能力”,亚当·斯密还指出,哲学家也是由于分工而出现的职业,哲学家是属于“哲学家的行业”[2],在这里定义了“哲学家”范畴,“哲学家”也是一种“专门职业”。哲学家作为一种“专门职业”“专门行业”,绝不是在短暂的劳动过程中就可以很快形成的,哲学家是需要经过长期的专业技能的训练及专门职业的训练、“注意力集中”的训练,才能够成为哲学方面的专业人才的。

其二,关于分工与人的职业能力发展的关系。亚当·斯密指出,分工使得劳动者对于某一职业的注意力和判断力有所专注、有所提高,增进了劳动者的技巧和技能,节省了劳动时间。亚当·斯密认为,劳动者应该从事“各人擅长各人的特殊工作”[3],从劳动者的专长来选择职业和从事职业,可以将所擅长的工作做好。换言之,只有每一个人做每一个人擅长的那份工作和职业,才能够有专攻有长进,才能够将每一个人所擅长的工作能力得到最大程度的开发,进而发挥出每一个人的能力优势。亚当·斯密指出,虽然劳动者

---

① [英]亚当·斯密.国民财富的性质和原因的研究(上卷)[M].郭大力,王亚南译.北京:商务印书馆,1972:10.

② [英]亚当·斯密.国民财富的性质和原因的研究(上卷)[M].郭大力,王亚南译.北京:商务印书馆,1972:11.

③ [英]亚当·斯密.国民财富的性质和原因的研究(上卷)[M].郭大力,王亚南译.北京:商务印书馆,1972:11.

的“天赋才能”[①]存在一定差异性，强调承认每一个人的“才能差异”，但是劳动者在不同职业上所表现出来的不同才能，都是“分工的结果”[②]，分工帮助劳动者在职业中具有“智巧”“智能”[③]（离不开长期的专业训练和注意力集中）。具有“智巧”“智能”的劳动者也是经过了很长时期的刻苦训练，才能够达到一定的职业化程度。由此可知，人的职业能力发展也是需要长期刻苦的训练过程的，将人安排到具有一定活动范围的职业活动中，在有局限性的职业活动范围中，能够使人的职业能力发展更加专业化、富有专业性，更能够使人在某一项职业中掌握更加专门化和专业化的职业能力，更好胜任所从事的职业。因此，分工造成了人从事不同的职业，促使人的职业专业化，对人的职业提出了职业能力发展要求，而人的职业的专业化和人的职业能力发展进一步加深了分工的程度，人只能在特定的职业范围内从事特定的职业，成为职场的专业人才，人的能力发展尚未得到全面发展的条件和机会。

亚当·斯密的人的职业能力发展思想的提出为社会分工的发展和人的职业选择，以及职业发展提供了一种从人的职业能力发展来促进社会层面和职场层面变革发展的崭新的思路。一方面，人的职业是社会分工的结果，社会分工加速了职业分化，职业工作的专业性对人的专业能力提出要求；另一方面，职业分化带来了人的职业能力发展的专业化和创新性的加速，同时对职业人如何更好开展职场工作提出了更为严格的多方面的专业要求。此外，对于人们如何选择职业也有很大的启示，那就是人们应选择擅长的技能

① [英]亚当·斯密.国民财富的性质和原因的研究(上卷)[M].郭大力，王亚南译.北京：商务印书馆，1972：15.

② [英]亚当·斯密.国民财富的性质和原因的研究(上卷)[M].郭大力，王亚南译.北京：商务印书馆，1972：15.

③ [英]亚当·斯密.国民财富的性质和原因的研究(上卷)[M].郭大力，王亚南译.北京：商务印书馆，1972：10.

来作为自己的职业，这样才能够更好发挥擅长的专业才能。

三、英法空想社会主义中的人的能力思想

英法空想社会主义是马克思恩格斯理论的主要来源之一。马克思恩格斯高度赞扬英法空想社会主义的代表人物，称圣西门、傅立叶和欧文是“三个伟大的空想主义者”①，并认为这三个人有两个最基本的共同点，一个是“他们都不是作为当时已经历史地产生的无产阶级的利益的代表出现的”，规定了这三个人的阶级性质和利益立场，这三个人是在资本主义社会中产生的，不是“无产阶级的利益”的代表者，依旧是资产阶级的利益的代表者和发言人；一个是“他们和启蒙学者一样，并不是想解放某一个阶级，而是想解放全人类”②，规定了这三个人的学者属性及其使命，这三个人的使命是巨大的，他们都是胸怀大志的，都拥有“解放全人类”的美好梦想，都希望能够有所作为、有所成就，但是他们依旧是资产阶级学者。由此可知，尽管这“三个伟大的空想主义者”所代表利益的并不是“无产阶级的利益”，但是这“三个伟大的空想主义者”所担负的无比艰巨使命却是致力于“解放全人类”的宏愿，给人们以震撼和惊叹。可以说，圣西门、傅立叶和欧文是在他们所处的那个时代的资产阶级学者群体中极具有远见卓识的学者。他们的思想也是极具远见和超前的。这“三个伟大的空想主义者”在其所处的时代发展状况下，积极关注社会成员的生存和发展状况，十分重视人的能力的培养、开发、使用，提出了一系列改造人、改造社会的“美好梦想”，这在他们所处的那个时代是十分难得的，尽管他们的“美好梦想”最终未能彻底实现，却闪耀着极具启发意义的智慧光芒。

---

① 马克思恩格斯全集：第26卷[M].北京：人民出版社，2014:21.

② 马克思恩格斯全集：第26卷[M].北京：人民出版社，2014:21.

(一)欧文:人的推理能力发展

欧文重视人的能力问题,在《新社会观》中提出了人要具有辨别真伪的“推理能力”。欧文指出,“推理能力”就是一个人“获得观念并加以比较的能力”[①],由于人们在日常生活中会遇到各种各样的观念,而如何对这些繁杂的观念进行有效甄别则是必须回答的问题,“推理能力”是能够对这个问题进行回答的。欧文认为,“推理能力”首先是要获得“观念”,即对人的“观念”进行捕取,并对人所获得的各种“观念”进行“比较”,进而甄别出有效的“观念”,强调要重视人的“推理能力”,积极了解人的“推理能力”的形成条件,要及早对人的“推理能力”进行培养,努力提高人的“推理能力”。

其一,关于“推理能力”的形成条件。欧文指出,“推理能力”是人对自己所接受到的各种“知识”的比较分析,“知识”是人获得“观念”的前提条件,人是从周围事物中接受各种“知识”的,就人所接受的各种“知识”的渠道来说,人主要是从距离人最近的“前辈们的榜样和教导”[②]中得来的,因为“前辈们”有着丰富的“知识”可以传给后辈,“前辈们”为后辈树立了“榜样”,值得后辈继承和发扬,“前辈们”的“教导”对后辈是有益的,因此对于后人来说,必须从前人那里学习“推理能力”。一言以蔽之,人的知识的获取和能力的形成都离不开前人留下的知识、技能、价值观念等各种资源,人需要学习前人留下来的各种知识,这是一种不可缺少的重要的学习。由于人所接受的各种知识是无限的、广泛的,在这些知识中也存在错误和正确之分,人要学会分辨知识的真伪,哪些是真的,哪些是假的。欧文认为,一个人接受知识的过程也是接受观念的过程,知识和观念是联系在一起的,要教会人们识别“自

---

① 欧文选集:第一卷[M].柯象峰,何光来,秦果显译.北京:商务印书馆,1979:59.

② 欧文选集:第一卷[M].柯象峰,何光来,秦果显译.北京:商务印书馆,1979:59.

相矛盾的印象或观念”[①]，“观念”中的“自相矛盾”表明“观念”自身的局限性，意味着有错误的“观念”和正确的“观念”，而对正确的“观念”和错误的“观念”的有效识别也就能够识别出正确的“知识”和错误的“知识”。

其二，关于“推理能力”的培养。欧文指出，推理能力在人的能力发展过程中有着极为重要的作用，这是不言而喻的。如何培养人的推理能力？欧文强调，要从人的幼儿时期开始对人进行推理能力的培养、训练，这样可以在人的早期发展阶段帮助人获得“真实的知识”[②]，“真实的知识”就是正确的知识，就是获得“合乎真理的观念”[③]，“合乎真理的观念”就是正确的观念，也就是说，“真实的知识”和“合乎真理的观念”是等同的，这样就能够帮助人们获得比较能力（包括对各种知识和观念的比较能力）。因此，一个人获得“真实的知识”，也就获得“合乎真理的观念”，才能够识别真理与谬误。欧文对人的“推理能力”的垂爱和青睐，无不说明了“推理能力”是人的一项十分重要的能力，要及早对人进行“推理能力”的培养，这有助于人及早获得“推理能力”，获得正确的知识和正确的观念，而不至于为错误的知识和错误的观念所迷惑。人们只有通过不断学习前人留下的知识和能力，通过不断学习自身所处社会产生的新的知识和能力，不断提高自身区分真假知识与观念和识别真理与谬误的能力，才能够更好适应社会的发展，进而更好发展自己。

（二）傅立叶：人的体力和智力的全面发展

傅立叶对资本主义制度下的人的教育存在的弊端进行了尖锐的批判，

---

① 欧文选集：第一卷[M].柯象峰，何光来，秦果显译.北京：商务印书馆，1979：59.

② 欧文选集：第一卷[M].柯象峰，何光来，秦果显译.北京：商务印书馆，1979：59.

③ 欧文选集：第一卷[M].柯象峰，何光来，秦果显译.北京：商务印书馆，1979：60.

提出了“和谐制度下的教育”[①](或称“和谐制度”)的“协作教育”的一种新的教育理念。通过对资本主义制度下的人的教育状况的细致分析,傅立叶发现了资本主义制度下的人的教育不利于人的发展,也无法实现“人的全面发展”的这一客观现象,为了引起人们对这种有违人的发展的现象的重视,他提出了自己的教育理念,并积极向社会成员推而广之。傅立叶在《和谐制度下的教育》中指出:“协作教育的目的在于实现体力和智力的全面发展”[②],“协作教育”(“符合本性的教育”[③])的教育理念是促进“人的体力和智力的全面发展”的教育理念,“人的体力和智力的全面发展”是“协作教育”这一教育理念的精髓,这与资本主义制度(或称“文明制度”)下的阻碍“人的体力和智力的全面发展”的教育理念形成了极为鲜明的对比,也是对资本主义制度下的人的教育理念的一次抗争。

其一,关于“协作教育”的教育理念的含义。傅立叶指出,“协作教育”的教育理念是“实现人的体力和智力的全面发展”的教育理念,这种教育理念首先是合乎人类的本性,这与资本主义制度下的人的教育理念违背人类的本性是根本不同的,这种教育理念对于“人的体力和智力的全面发展”起着十分重要的作用,而要把这种教育理念转变为现实,就需要把人的教育与人的“生产劳动”[④]结合起来,实现两者的积极互动。傅立叶比较了“文明制度”与“和谐制度”对于人的本性和人的发展的不同作用,看到了“文明制度”下的人的发展的“不文明”,提出必须要采用“和谐制度”下的“协作教育”的教育理念来促进人的发展的强烈主张。

其二,关于“协作教育”的教育理念与人的能力培养。傅立叶指出,“必

---

① 傅立叶选集:第二卷[M].赵俊欣,吴模信,徐知勉,汪文漪译.北京:商务印书馆,1981:2.
② 傅立叶选集:第二卷[M].赵俊欣,吴模信,徐知勉,汪文漪译.北京:商务印书馆,1981:2.
③ 傅立叶选集:第二卷[M].赵俊欣,吴模信,徐知勉,汪文漪译.北京:商务印书馆,1981:3.
④ 傅立叶选集:第二卷[M].赵俊欣,吴模信,徐知勉,汪文漪译.北京:商务印书馆,1981:2.

须从教育开始”[1]对人的能力进行培养,人的能力培养离不开人的教育,要把“协作教育”放在重要位置。教育是人们“首先要加以组织的结构部门”[2],教育是一种组织化的结构性的社会活动,教育是一个十分重要的“部门”,必须要重视教育并应及早对人开展教育。通过进一步对“和谐制度”与“文明制度”(“利己主义”[3]本性)两种不同制度下的人的教育状况进行比较,傅立叶指出,“文明制度”下的教育不仅使人远离健康,损害人的身心健康,而且又把“科学和劳动”[4]分开,导致科学技术与生产劳动的分离和脱节,这是直接违背“符合本性的教育”的根本宗旨的。“和谐制度”下的“协作教育”是把人的本性与人的发展结合起来的,是把教育与劳动结合起来的,是把科学技术与生产劳动结合起来的,这些是资本主义制度下的人的教育理念所不具有的,也无法做到的。

傅立叶“协作教育”的教育理念的核心要义——“人的体力和智力的全面发展”,在傅立叶所处的资本主义制度下,“利己主义”本性的教育理念钳制了“全面发展”的“符合人性”的教育理念,“人的体力和智力的全面发展”是不可能实现的,“人的体力和智力”的发展远远没有超出资本主义制度奴役人的狭隘的活动范围,但是傅立叶毕竟为人类未来社会发展提供了一个全新的“人的体力和智力的全面发展”的教育理念,这是极其难得的,是必须充分肯定的。

(三)圣西门:人的实业能力发展

实业能力问题是圣西门十分关注的。圣西门在《实业家问答》中对实业

---

① 傅立叶选集:第二卷[M].赵俊欣,吴模信,徐知勉,汪文漪译.北京:商务印书馆,1981:2.

② 傅立叶选集:第二卷[M].赵俊欣,吴模信,徐知勉,汪文漪译.北京:商务印书馆,1981:2.

③ 傅立叶选集:第二卷[M].赵俊欣,吴模信,徐知勉,汪文漪译.北京:商务印书馆,1981:7.

④ 傅立叶选集:第二卷[M].赵俊欣,吴模信,徐知勉,汪文漪译.北京:商务印书馆,1981:42.

能力的概念、实业能力的产生、实业能力与实业体系的关系、实业能力与社会成员能力发展的关系等问题进行了重点论述。

其一,实业能力的概念。圣西门指出,有一种能力是“有资格判断其他一切能力的价值和使它们作出最大贡献的力量”①的能力,这种能力就是实业能力。圣西门认为,实业能力是一种有价值的能力和有力量的能力。实业能力同时具有评价标准和尺度这样一种特殊功能,实业能力是衡量“其他一切能力的价值”的标准和尺度,是衡量“其他一切能力做出最大贡献”的标准和尺度。在这里规定了实业能力的评判功能,即评判“一切能力”的价值的功能。实业能力所具有的评判功能表明实业能力的重要性,这种重要性不仅在于其自身所包含的内在的价值和力量,而且还在于其自身所能够不断外展的评价力量,对于社会发展所带来的力量。也就是说,实业能力对于社会发展起着不可或缺的作用。

其二,实业能力的创造者是实业家。实业能力是从哪里产生的呢?实业能力的载体是实业家,是实业家创造了实业能力,在这里规定了实业能力的主体——实业家,即实业能力是由实业家创造出来的。圣西门指出,实业家是“从事生产或向各种社会成员提供一种或数种物质财富以满足他们的需要或生活爱好的人”②,即实业家是通过提供物质财富来满足社会成员需要的人,实业家的出场和实业家所从事的活动为实业能力的生发提供了源动力,实业家作为从事生产劳动和满足社会成员的需要的人,包括“农民、工厂主和商人”③这些主要成员。一是实业家的构成和使命。农民、工厂主、商人等成员共同构成了实业家,受到社会分工影响,这些成员具有明显的专业分工和较强的职业专门性。实业家担负着在各自不同行业内不断进行生产

---

① 圣西门选集:第二卷[M].董果良译.北京:商务印书馆,1982:125.

② 圣西门选集:第二卷[M].董果良译.北京:商务印书馆,1982:51.

③ 圣西门选集:第二卷[M].董果良译.北京:商务印书馆,1982:51.

劳动，不断进行物质财富的积累和不断为社会成员的需要和生活爱好提供产品和服务的重要的使命，这种使命的完成也需要内部成员的共同协作。二是实业家的能力发展。实业家是需要不断发展自身能力以此来不断实现自身所担负的使命的。圣西门指出，实业家在"发展自己的能力、影响和实际力量"[①]等方面取得了很大的成功，实业家作为从事实业活动的与社会成员有着密切联系的人，在社会上也是非常具有影响力的，实业家需要在社会活动中不断拓展自身的活动范围和提高自身的活动能力，实业家高度重视自身能力的发展、自身影响力的发展、自身实际力量的发展，即实业家通过不断发挥自身的能力来努力实现自身的使命。

其三，实业能力在实业体系中位居首位。圣西门指出，"实业体系"[②]是在"一个社会体系行将灭亡"[③]的时候建立起来的"新体系"。"实业体系"的出现离不开"社会体系"，即"实业体系"离不开既有的"社会体系"及其所提供的各种资源，"实业体系"是与"行将灭亡"的旧的"社会体系"比较而言的，是由实业家共同发动建立起来的"新生勃发"的新的"社会体系"。"实业体系"是对旧的"社会体系"的告别和诞生，是一种新生事物。圣西门指出，"实业体系"应当把"实业能力"放在首位，坚持"实业能力"至上的原则，"实业能力"在"实业体系"中的地位和作用是首要性的和关键性的。

其四，实业能力对于社会成员能力发展的影响。在实业家的积极努力下，在"实业体系"的不断扩展下，在"实业能力"的积极带动下，人类的物质财富就会不断聚积起来，社会成员的物质需要和生活爱好会随之发生很大的变化，尤其是在社会成员的能力发挥方面，社会成员的能力发挥随着物质财富的增长而得到了保障，这都是实业能力的功劳。圣西门指出，"人们的

---

① 圣西门选集：第二卷[M].董果良译.北京：商务印书馆，1982：64.

② 圣西门选集：第二卷[M].董果良译.北京：商务印书馆，1982：124.

③ 圣西门选集：第二卷[M].董果良译.北京：商务印书馆，1982：128.

一切能力在新的用途当中得以自由地和充分地发挥"[①],"新的用途"是在"实业体系"和"实业能力"的作用下展现出来的,人们的"一切能力"的"自由地和充分地发挥"有利于巩固"实业体系"和发展"实业能力",由此,社会处于"可以使人们的一切能力不断发挥作用的状态"[②]。因此,人们只有在社会中,只有在社会活动中,其能力的发挥才能够持续不断地存在下去,充满着能力发展的无穷活力。毋庸讳言,人们的"一切能力"的"自由地和充分地发挥"是"实业体系"这种新的"社会体系"的鲜明特征和独特优势。"实业能力"是实业家最基础的能力,是发展实业和实业体系的一个重要的推动力,有助于激活社会成员的能力发展状态,同时可作为衡量社会成员的能力发展的一个标准,即"实业能力"意味着一种"能力评价"和一种"能力标准",以"实业能力"来评价社会成员的能力发展的实际状况,以"实业能力"作为衡量社会成员的能力发展的效能标准,"实业能力"的评价和标准的价值意义得到了体现。

圣西门的设想是十分美好的,然而在资本主义制度下,尽管资本家是十分推崇"实业能力"的,尽管"实业能力"的发展能够给资本家带来更多的利益,但这也仅仅对于处在奴役他人的地位的资本家有利,并不能让每一个社会成员的能力都得到"自由地和充分地发挥",尤其是处在资本家的剥削和压榨下的雇佣工人。也就是说,在资本主义制度下,还没有可供人们的"一切能力不断发挥作用的状态"实现的,但绝不能否认圣西门的"实业能力"思想的价值意义。

通过对德国古典哲学、英国古典政治经济学、英法空想社会主义等代表人物关于人的能力问题的论述的梳理,找寻他们的人的能力的基本思想,可以发现,这些代表人物不仅关注所处时代的发展状况,把所从事的研究与时

① 圣西门选集:第二卷[M].董果良译.北京:商务印书馆,1982:192.

② 圣西门选集:第二卷[M].董果良译.北京:商务印书馆,1982:193.

代发展状况结合起来,而且他们关于人的能力问题的深度思考更是闪烁着智慧的光芒。他们既是学者又是社会活动家,他们关于人的能力问题的基本思想,更是对于人们更好认识人的能力问题提供了十分宝贵的思想资源,也为马克思恩格斯人的能力理论提供了十分珍贵的思想资源。统观这些代表人物关于人的能力问题的基本思想,概括起来主要呈现以下五个特点:

其一,重视"人的理性能力"的培育。这在康德、费希特、黑格尔、费尔巴哈等关于人的能力问题的基本思想中得到了体现。如康德所言,"如若它们是无理性的东西,就叫做物件(Sachen)。与此相反,有理性的东西,叫做人身(Personen)"①。在这里康德区分了"物件"和"人身"的不同之处,人是有理性的人,只有具有理性才能成为"人",人不能没有理性,人没有理性就是"物件",就不能成为"人",所以人必须要有理性,不能成为没有理性的人,在这里对人的理性认识和人的理性能力的重要性进行了十分重要的规定。一是把探究"认识你自己"作为人的能力问题的"第一命题"。承继古希腊哲学"认识你自己"的思想传统,把对人与人自身、人与自然、人与社会等问题纳入"认识你自己"的这一重大命题。通过对"认识你自己"的问题的积极探寻,对人的生存与发展的问题的积极追问,尤其是更加重视对人与自然的关系问题的探讨,而关于"人与自然谁是主宰者?"这一重大问题的探讨一直是"认识你自己"的主线,这也引发了对人的能力问题的思考,即从人作为具有主体性意识的主体出发来探讨"人与自然"的关系。二是把实现"人的理性能力"作为人的能力的"第一能力"。通过不断地加深"认识你自己"的问题的思考,在不断探寻中促进了人的认识能力的发展,而在人的认识能力不断发展的过程中,对能够看得到的"人的现实能力"和看不到的"人的潜在能力"(或称"人的潜能")进行思索,注重加强对人的理论思维能力的探寻,不

---

① [德]康德.道德形而上学原理[M].苗力田译.上海:上海人民出版社,1986:80.

断从日常事物的思考中找出规律。在不断提高人的认识能力的基础上,把“人的理性能力”作为根本追求,出现了“理性至上”的“崇拜”,推崇理性看待问题的思维方式,人只有具备了理性能力,才能够辨别是非、真假、善恶、美丑等,才能够获得真理。

其二,重视人的能力与社会制度改造的结合。这在欧文、傅立叶、圣西门等关于人的能力问题的基本思想中得到了体现,这些代表人物的思想在他们的那个时代无疑是具有一定的超前意识的,是具有一定的前瞻远见的。“超前意识”“前瞻远见”给那个时代的人们带来“新鲜感”和“困惑感”,即感觉很新鲜,但又感觉很困惑,由于长期的思维惯性的作用,在认识层面会存在一定的疑虑甚至抵触,故而往往在当时也很难被广泛地理解和接受,受到来自统治阶级的抵对和民众的误解。这些代表人物通过对他们所处的那个时代的社会制度的剖析和反思,提出了以促进人的能力发展来带动社会发展的独特见解,有些代表人物提出了对社会制度进行直接改造的设想并付诸实施,其社会改造的目的是使社会制度合乎人的本性发展。其中,英法空想社会主义代表人物对资本主义社会制度的批判是最为激烈的,不合乎人的本性发展的社会制度不仅会影响社会成员的身心健康发展,也会阻碍社会的民主、平等、自由。在这种社会制度下,有些人犯下“罪恶”,犯下“罪恶”的人的过错在哪里呢?欧文认为,“过错显然不在于个人,问题在于培育个人的制度有缺点”[①],“罪恶”的根源是社会制度,要消除“罪恶”,首先就要消除产生“罪恶”的社会制度。因此,必须把人的能力与社会制度改造结合起来,促使社会制度合乎人的本性发展的需要,为促进人的本性发展服务。人的能力与社会制度改造的结合也为未来新社会的构架的出场提供了极为珍贵的启发。

---

① [英]欧文选集:第一卷[M].柯象峰,何光来,秦果显译.北京:商务印书馆,1979:35.

其三，重视人的能力的道德性引导。这些代表人物关于人的能力问题的基本思想的一个重要论点就是人的能力必然要趋向于人性完善，这是人的能力发展合规律性和合目的性相统一的必然表现。把促进“人的道德完善”作为人的理性能力的价值取向。如黑格尔所言，“人的规定、人的使命也就在于使自己成为人群中对公共福利有用的和可用的一员”[①]，包括人的理性能力发展在内的人的能力发展都要对“公共福利有用”，而作为社会成员的每一个人都要成为对社会“可用的一员”，要做到维护社会的公共福利和增强自身的社会有用性的使命感。从总体上来看，西方哲学中的仁人志士无不把人的道德完善化，无不把人的真善美作为认识人、发展人的最直接的最重要的价值取向。这些代表人物可以说是西方哲学中的仁人志士的一批优秀代表，如康德的“人类和平”、黑格尔的“人的使命”、费尔巴哈的“完善的人”，亚当·斯密的“道德情操”，空想社会主义代表人物提出的“人的体力和智力的全面发展”等。人的能力发展要追求至善、实现道德化、为公共事业谋福利，把人的自我价值与社会价值结合起来，把人的个人利益与社会利益结合起来，把为公共事业谋福利作为人的能力发展的最大的价值追求，等等，这体现了德国古典哲学、英国古典政治经济学和英法空想社会主义等代表人物的远见卓识以及对人类社会发展的深切的人文关怀。

其四，重视“人的教育”对“人的能力”的助推作用。人的能力如何实现的问题，涉及人的能力的获取方法问题，关于这个问题，德国古典哲学、英国古典政治经济学和英法空想社会主义等代表人物高度重视发挥人的教育的作用，认同通过人的教育来培育人的能力，来唤醒人的“自然的天赋”，从而激发人的“潜在的才能”，来塑造人的“至善的品性”。在资本主义制度下处于受奴役受剥削的命运的人们，在这种受奴役受剥削的命运尚未得到根本

① [德]黑格尔.精神现象学(下卷)[M].贺麟，王玖兴译.北京：商务印书馆，1979：98.

改变的境况下,只有通过人的教育来对受奴役受剥削的人进行能力培养,来不断增强受奴役受剥削的人们的生存能力。在这些代表人物看来,人的教育与人的能力发展的关系极为密切,不论是处在不同年龄阶段和教育阶段的孩童、未成年人等,还是处在不同行业中的成年人、实业家等,人的教育带来的人的技能、才能的提高,以及由此带来生产效率的提高都是可观的。有些教育并不是所有人主动乐于接受的,如理论教育和实践教育的脱节,理论教育的枯燥造成了不能为所有人理解和接受,同时尽管这是一种来自于外部刺激的被动的教育,但是这也恰好为未来社会的到来和未来社会的新人的出现做好了必要的准备。

其五,重视"人的需要"对"人的能力"的需求。休谟、斯密等从政治经济学视角来探讨了人的需要和人的职业对人的能力的需求,人的能力发展是在人的需要的不断发展过程中随之发展的,而人的职业发展也需要人的能力发展能够满足职业岗位所要求的能力条件,人的需要的个体差异性和发展动态性对人的能力发展的呼唤也是呈现出差异性和动态性的,同时人的职业发展的专业性和流动性对人的能力发展提出了更为专业化和灵活性的要求,要求人的能力发展必须与人的职业发展相匹配,必须要为人的职业的变换做好充分的能力储备,即人的职业的变动性需要人的能力发展提供坚实保障,人的需要和人的职业对人的能力发展提出的要求,对于那个时代的人们和后代的人们,包括现时代的人们也是极具启发意义的,"人的需要发展—人的能力发展""人的职业发展—人的能力发展""需要—职业—能力"三者形成了人的发展在人的需要发展、人的职业发展、人的能力发展的三个层面的表现。

人的理性能力的培育、人的能力发展与社会制度改造的结合、人的能力发展的道德性的引导、人的教育发展助推人的能力发展、人的需要发展对人的能力发展的需求等,作为这些代表人物关于人的能力问题的基本思想的重要特点，不仅来源于那个时代的发展状况，有些甚至超越了那个时代的发展状况，而且是对那个时代的发展状况的反映，寄寓着对人类美好生活的一种渴望，虽然有些方案的实施最后以破产而告终，但毕竟是人类追求美好生活的一种主动探索，这种尊崇理性、追求至善、向往美好的企盼都是人类社会发展过程中的丰富展现，无疑为那个时代的人们和以后的人们提供了一种可资借鉴的思想来源，这也显示了这些代表人物的思想的难能可贵。也就是说，德国古典哲学、英国古典政治经济学、英法空想社会主义等代表人物关于人的能力问题的基本思想，不仅反映了他们所处时代发展状况对人的能力所提出的要求，而且反映了他们对后人探究人的能力问题提供了十分宝贵的思想资源。

一方面，思想是时代状况的反映。在这些代表人物所处时代的发展状况中，即处在资本主义发展的不同阶段中，对人的能力问题的关注和重视是一致的，但是对人的能力的侧重点则存在不一致性，如德国古典哲学的代表人物则更侧重于人的理论思维能力问题的研究，英国古典政治经济学的代表人物则更侧重于人的物质经济财富等需要能力发展问题的研究，英法空想社会主义的代表人物更侧重于人的社会发展能力问题的研究，这既与其所处的资本主义发展状况的作用有关，也与其个人关注的领域和研究偏好有关，作为哲学家、经济学家、社会学家的代表人物，关注的领域和研究的偏好显然是不同的。

另一方面，思想是向前发展的。这些代表人物所提出的人的能力问题的论述，直接为同时代的学者探究人的能力问题提供了多种参考资料，更为重要的是为后人关注和探究人的能力问题提供了十分重要的丰富的思想资源，这些代表人物站得高、看得远，他们关于人的能力问题的论断，可以说在一定意义上代表了那个时代的理论水平，随着他们的思想的广泛传播，他们同时代人和后人对其关于人的能力的思想资源进行深入学习借鉴，根据自身的实际需要和特有能力,展开了进一步的研究,或是继承发展,或是批判变革,这也正是人类思想不断向前发展的巨大动力。

德国古典哲学、英国古典政治经济学、英法空想社会主义等代表人物关于人的能力问题的基本思想,为马克思恩格斯进行人的能力问题研究提供了主要的理论资源。马克思恩格斯关于人的能力问题的许多论述中都时不时与这些代表人物关于人的能力问题的基本思想相呼应,更为重要的是,马克思恩格斯在对前人关于人的能力问题的基本思想的深度思考基础上,提出了关于人的能力问题的新的思想,这种思想的提出不是源于一时冲动和心血来潮。也就是说,马克思恩格斯绝不是脱离于他们的前人的思想来独自创造思想的,恰恰相反,马克思恩格斯正是在批判地学习借鉴包括前人的思想在内的时代发展实际状况的现实思想的基础上建立起新思想来的。这种新思想的创建离不开马克思恩格斯对唯物史观的艰辛探索,而把人的能力问题建立在唯物史观科学基础上来研究,也是马克思恩格斯关于人的能力问题的独特之处,这具有划时代的重大意义。

第二章 马克思恩格斯人的能力理论的形成过程

马克思恩格斯开创的唯物史观将人的发展问题与人的能力问题研究推到了一个新的发展阶段。在马克思恩格斯开创的唯物史观的指导下，人的发展问题和人的能力问题不再是悬于空中的抽象物和虚幻物，而是立足于现实的人的活生生的丰富多样的实践活动和现实的人极其生动鲜活的日常生活实际，是看得见、摸得着的，实实在在的，也是能够通过一定的技术手段来进行测量和评价的。也就是说，终于可以立足人的生活实践来进行考察，这在马克思恩格斯以前是不可想象的。马克思恩格斯关于人的能力问题的研究不仅与前人的研究成果密不可分，而且是与马克思恩格斯的成长经历、革命实践、理论探索等分不开的，尤其是马克思恩格斯在领导和参加工人阶级运动的实践过程中，在他们共同合作从事艰苦的理论探索过程中，在对他们所处时代问题的深刻理解和全面把握的前提下，在深度汲取前人的研究成果精华的基础上，共同建立了科学的人的发展理论，这其中也包含着科学的人的能力理论。马克思恩格斯是在领导无产阶级与资产阶级进行斗争的革命实践过程中、在不断地进行革命理论的艰辛探索过程中，逐步提出人的能力理论的。从马克思恩格斯的原著文本中可以深刻感受到，马克思恩格斯人的能力理论与马克思恩格斯开创的唯物史观有着密切的联系，人的能力始终立足于现实的人的物质生产实践的基础上，这是与唯物史观相契合的。马克思恩格斯在对德国古典哲学、英国古典政治经济学、英法空想社会主义中的实践与人的本质、劳动与资本、生产力与社会关系、人的发展与人的解放等“抽象的人”“剥削”“需要”“自由个性”等诸多问题的批判过程中，在对所处时代的发展状况，特别是分析资本家和雇佣工人的不同的处境：资本家掌握着人的能力发展的绝对优势，雇佣工人处在被奴役、被剥削的悲惨命运；资本家可以依靠剥削雇佣工人来获取能力发展的资源，雇佣工人却只能靠贱卖自身的劳动力来维持最基本的生存；资本家的能力发展机会比雇佣工人的能力发展机会要多得多；资本家的财富比雇佣工人的财富要多得多；资本家和雇佣工人的能力两极分化极其严重；等等。马克思恩格斯基于对所处时代的资本主义社会弊端的深刻的批判，展开了包括对人的能力等在内的长期的关注和研究。唯物史观作为一种科学的理论，其形成过程对于人的能力理论的形成过程发挥着至关重要的作用。因此，在唯物史观的科学的世界观和方法论的指导下，最终形成并建立起了人的能力理论，人的能力理论经历了萌芽、初创、成熟等不同阶段，在每一个阶段，马克思恩格斯都对人的能力问题进行了认真细致的研究，从人的能力的主体选择（现实的人）、人的能力的基础保障（物质经济）、人的能力的未来新人（共产主义社会中的全面而自由的发展的人）等方面来阐述人的能力问题。概括来讲，马克思恩格斯是从关注现实的人的生存方面来对人的能力进行初步探索，到关注人的需要的不断满足来提出人的能力的使命论，再到关注人的全面而自由的发展的未来社会构建来完善人的能力体系，即沿着“保障人的基本生存—满足人的需要增长—实现人的全面发展”的演进轨迹，把“现实的人—物质生活—人的能力—自由个性”有机联结起来。

一、马克思恩格斯人的能力理论的萌芽

马克思恩格斯首先是从考察人的能力的前提的“人的问题”来展开人的能力问题探索的，即人的能力的前提的“人”是一个什么样的“人”。德国古典哲学的代表人物黑格尔、费尔巴哈关于人的本质的观点，是一种“抽象的人”的观点，即把人仅仅作为一种“抽象物”来看待，而没有把人作为实践中的“现实的人”来看待，这引起了马克思恩格斯的关注、思考和研究。关于人的本质到底是什么的问题，马克思在《黑格尔法哲学批判》《〈黑格尔法哲学批判〉导言》《1844年经济学哲学手稿》《关于费尔巴哈的提纲》等文本中对黑格尔、费尔巴哈关于人的抽象的本质进行了有力批判，并提出了“现实的人”“主体的人”“人的社会关系”等一系列观点。人的现实性是马克思恩格斯人的能力的主体的人的本质特性，是与黑格尔、费尔巴哈的“抽象的人”有着根本性区别的。马克思恩格斯在对人的本质的探寻过程中揭开了人的能力的主体的人的本质，把人的能力牢牢地建立在了具有现实性的主体的人的基础上。马克思首先把人的能力的主体的人从“抽象”拉回“现实”，确立人的能力的主体是“现实的人”这一基本思想。正是在对“抽象的人”的深刻的批判的基础上对人的能力的“现实的人”的确立，标志着马克思恩格斯人的能力理论的萌芽。

（一）批判人的能力的抽象性

马克思在《黑格尔法哲学批判》《〈黑格尔法哲学批判〉导言》《1844年经济学哲学手稿》中对黑格尔的“抽象的人”进行了批判。

其一，关于“抽象的人”的虚幻的本质。马克思指出黑格尔“以神秘的方

式”[①]把人神秘化,“神秘化”是来自人们对人的“抽象性”的理解,黑格尔提出的“以神秘化的方式”引起了马克思的沉思,于是对黑格尔“神秘化”的“抽象的人”[②]的“自我意识的异化”[③]的思想进行了批判。“自我意识的异化”是来自人们对“自我意识虚假化”的认知,就其实质而言,“神秘化”的“抽象的人”是具有“自我意识的异化”的虚幻的人,在“自我意识异化”的作用下的人的本质不是在于人的现实性上,而是在于超出人的现实性上的外在虚幻的映像。在马克思看来,“抽象的人”是对人的本质的一种虚幻的反映,人的本质不是在人的幻想中实现的,人的幻想是无法实现人的本质的,人的本质只能是在人的“真正的现实性”[④]上才能实现。人不是“抽象的人”。马克思指出:“人不是抽象的蛰居于世界之外的存在物”[⑤],没有任何人可以脱离世界而独立存在,人不是虚幻的,而是现实的,人是不能独立于世界之外的,人是围绕自身转动的,也就是说,人是从人自身出发的,而“抽象的人”所虚构的人的思想、观念、意识等是一种“抽象而不切实际的思维”[⑥],“抽象的人”的思维是“抽象性”“不切实际”的,这是一种虚假的思维。

其二,关于“抽象的人”的能力的趋向。马克思指出,“抽象的人”的能力也是一种虚幻的能力,只能存在于想象中,而“抽象的人”的能力只有远离虚幻,放弃对虚幻的幻想,要能够真正立足于人的现实性上。为了克服对“抽象的人”的能力的虚幻的幻想,马克思指出,人的“享受和享受能力”[⑦]“实践能力”[⑧]证明了人的根本就是人本身,人的本质就是人本身,人的能力寓于人

① 马克思恩格斯全集:第3卷[M].北京:人民出版社,2002:31.
② 马克思恩格斯全集:第3卷[M].北京:人民出版社,2002:50.
③ 马克思恩格斯全集:第3卷[M].北京:人民出版社,2002:321.
④ 马克思恩格斯全集:第3卷[M].北京:人民出版社,2002:199.
⑤ 马克思恩格斯全集:第3卷[M].北京:人民出版社,2002:199.
⑥ 马克思恩格斯全集:第3卷[M].北京:人民出版社,2002:207.
⑦ 马克思恩格斯全集:第3卷[M].北京:人民出版社,2002:101.
⑧ 马克思恩格斯全集:第3卷[M].北京:人民出版社,2002:207.

本身之中，这说明了人的能力从来没有脱离人本身而存在，即便“抽象的人”的虚幻的能力也是离不开对人本身的幻想的，“实践能力”是在现实的人的实践活动中生成的，这是“抽象的人”的能力所不具有的。马克思指出：“光是思想力求成为现实是不够的，现实本身应当力求趋向思想。”[①]“现实与思想”的关系问题也是现实的人必须予以回答的问题，“思想”来源于“现实”，“现实”作用于“思想”，“思想”与“现实”不能割裂，否则就是“抽象而不切实际的思维”，抛弃“抽象的人”的能力，包括抛弃“抽象的人”的“思想力”，这迫切需要有一场像人的革命和人的解放的这样一种社会变革，也就是说，人的革命和人的解放需要物质基础，人只有在社会的实际生活的物质生产中，才能够产生“普遍解放的需要和能力”[②]，而这种“需要和能力”不是“抽象的人”所能拥有的，但是这种“需要和能力”的重要性也不得不迫使“抽象的人”的能力进行转向，这也正是“抽象的人”趋向于“现实本身”的那样一种能力，因为这种能力是达到人的解放的必要基础。马克思对“抽象的人”的“抽象性”的批判，为揭开人的真正的本质开辟了道路，这意味着“抽象的人”的存在势必为一种“现实性”的“人”的存在所代替，而这种“现实性”的“人”的存在到底是一种怎样的存在，这是马克思继续探索的问题。

（二）揭示人的能力的现实性

马克思在《关于费尔巴哈的提纲》中对费尔巴哈的“抽象物”[③]的人的本质概念的抽象性进行了批判，确立了人的本质概念的实践性，即人的本质“在其现实性上，它是一切社会关系的总和”[④]。人的本质概念的实践性是人

---

① 马克思恩格斯全集：第3卷[M].北京：人民出版社，2002：209.

② 马克思恩格斯全集：第3卷[M].北京：人民出版社，2002：213.

③ 马克思恩格斯文集：第一卷[M].北京：人民出版社，2009：501.

④ 马克思恩格斯文集：第一卷[M].北京：人民出版社，2009：501.

在实践活动中生成的人的"一切社会关系"的结晶,在这里提出的把人的本质建立在实践基础上,也正是对前人"抽象的人"的一种有力的回应。同时把实践作为检验人的思维的正确与否的标准和尺度,以实践作为人的本质及人的思维的评价标尺,主要是对环境和教育与人的密切关系问题进行了分析。

其一,关于人的本质的概念。前人关于人的本质的概念问题的探讨并没有让马克思满意和信服,马克思提出了自己的见解,马克思在《关于费尔巴哈的提纲》的第八条中指出:"全部社会生活在本质上是实践的。"[①]"全部社会生活"的本质是"实践",具有实践性,这是马克思的回答。在这里,马克思规定了包括人的社会生活在内的人的全部社会生活的本质不是超实践的,而是扎根于实践的。在这里马克思已经对"抽象的人"的虚幻的本质进行了彻底否定,明确提出了作为人的本质的社会关系的总和也是实践的,这种实践的社会关系是来自人的社会生活的,这与"抽象的人"所寄寓虚幻的世界是截然不同的,它无法体现人的真正的本质。

其二,关于人的本质的使命。前人关于人的本质的使命问题的探讨多是从"解释世界"来展开的,尤其是哲学家更重视如何去"解释世界",马克思对这个问题也作出了自己的回答。马克思在《关于费尔巴哈的提纲》的第十一条中指出:"哲学家们只是用不同的方式解释世界,问题在于改变世界。"[②]"问题在于改变世界"——这一震撼人世的著名宣言,正面回应了前人的那种偏爱"解释世界"的情愫,这是对人的本质的概念的再次阐明,哲学家担负着"解释世界"的使命,也担负着"改变世界"的使命,而"改变世界"是比"解释世界"更为重要的使命,如果一味沉湎于"解释世界",一味喜爱书斋式的"解释世界",而不是走向"改变世界",那么这有违哲学家的真正使命,因为

① 马克思恩格斯文集:第一卷[M].北京:人民出版社,2009:501.

② 马克思恩格斯文集:第一卷[M].北京:人民出版社,2009:502.

哲学家担负着“改变世界”的使命，昭示着哲学家要深入社会生活，更加重视在社会实践中找寻“改变世界”的方法和路径，这也是与人的真正的本质相吻合的。一方面人的本质是真正建立在社会实践活动基础上了，具有坚实的物质性、现实性，另一方面人的本质所担负的“解释世界”“改变世界”的双重使命对人的能力提出了更高的要求，要更加重视人的“改变世界”的能力，融入社会生活的能力。人的本质不再是“抽象性”了，而是作为一种有着厚实的社会生活基础的现实性的能力，这表明人的本质是人在社会生活中的一种现实性的力量的体现。

在这一时期，马克思恩格斯主要是考察人的能力的“抽象的人”的虚幻的本质特性，确立了现实性是人的本质特性，也是人的能力的本质特性的观念。可以说，人的能力的本质特性的确立，标志着马克思恩格斯人的能力理论的萌芽。在黑格尔和费尔巴哈那里，人的本质的宗教化、神秘化、抽象化等被彻底破除，把人安放在现实的物质实践活动基础上，让人在物质实践活动中，不断认识自己的本质力量，不断提升自身的生存与发展的能力，为维持人的基本生存提供能力保障，而人的能力离不开人的物质实践活动，这与那种把人的力量寄希望于神灵和上帝的恩赐的理念是有着根本区别的，这种根本区别也体现了马克思恩格斯对人的本质的现实特性的理解。人的本质的现实特性，为理解人的能力提供了科学的理论基础，人的能力不再是虚无缥缈、远离人世的神秘的事物，而是与每一个人的现实生活、生存需要、社会关系等紧密联系在一起的，实实在在的，看得见摸得着的人的本质力量的表征。马克思恩格斯把人从虚幻的天国拉进现实的人世，人的能力也就与“抽象的人”划清了界线，与人的物质实践活动紧紧地联系在一起，与人的社会关系的发展紧紧地联系在一起。

二、马克思恩格斯人的能力理论的初创

对前人的研究成果的“清算”，在马克思恩格斯看来，是一个学者必须要经过的“环节”，马克思恩格斯十分关注德国哲学的意识形态问题，指出为了把“我们从前的哲学信仰清算一下”[①]，“清算”是一种批判式的学习，是一种开拓性的努力，即马克思恩格斯把他们的学说与德国哲学的过去的学说进行一次彻底的“清算”。马克思恩格斯重视从哲学观层面对问题的把握，只有具有了科学的哲学观，才能够更好展开对问题的探索。为此，马克思恩格斯合写了《德意志意识形态》。马克思恩格斯在《德意志意识形态》中也对人的能力问题进行了大量论述。在关于人的能力发展的重要性方面，马克思恩格斯指出：“任何人的职责、使命、任务就是全面地发展自己的一切能力，其中也包括思维的能力。”[②]在这里，马克思恩格斯把人的能力发展作为人的一项重要的职责、使命、任务来看待，指明了人的能力发展对于人的发展的重要性，而特别强调“思维的能力”，哲学家“解释世界”和“改变世界”是离不开“思维的能力”的，“思维的能力”于人的发展作用巨大。在关于人的能力发展的可能性或条件性方面，马克思恩格斯指出：“个人的全面发展，只有到了外部世界对个人才能的实际发展所起的推动作用为个人本身所驾驭的时候，才不再是理想、职责等等。”[③]关于“个人的全面发展”应该具备什么样的条件的问题，马克思恩格斯重申了人只有拥有了对外部世界的驾驭能力才能够真正实现人的全面发展，强调了“个人才能的实际发展”对于“个人的全面发展”所起着十分积极的作用。也就是说，人的能力全面发展是实现人的全面发展的重要前提。在关于人的能力发展的原则性方面，马克思恩格斯

---

① 马克思恩格斯全集：第31卷[M].北京：人民出版社，1998：414.

② 马克思恩格斯全集：第3卷[M].北京：人民出版社，1960：330.

③ 马克思恩格斯全集：第3卷[M].北京：人民出版社，1960：330.

在《共产党宣言》中提出了“每个人的自由发展是一切人的自由发展的条件”[1]，“自由发展”于“每个人”“一切人”的发展的作用在这里得到最直接的阐明，“自由发展”这是一条极其重要的原则，把“自由发展”作为人的发展的一条基本原则，把人的能力的自由发展作为人的能力发展的一条基本原则，这为人的发展和人的能力发展提出了明确的规定，这也是马克思恩格斯人的能力理论得到了初步明确性呈现的标识。

（一）确立人的能力的物质基础

人的能力不是毫无条件的，而是有着坚实的物质条件基础的。马克思恩格斯在《德意志意识形态》《共产主义原理》《雇佣劳动与资本》等著作中对人的能力的条件进行了深入分析。

其一，关于人的“全面的生产能力”获得的条件，马克思恩格斯指出，只有在世界性交往中，人才能获得利用“全球的这种全面的生产（人们的创造）的能力”[2]，人的“全面的生产的能力”（人的创造的能力）的生成离不开人的交往，是人的交往的产物和结果，人在具有非全球性、局限性的范围内，是无法获得“全面的生产能力”的，人的能力的全面发展也无从谈起，人的“全面的生产能力”的获得必然要求人打破局限性的活动范围，要在更加广阔的范围和交往中获得动力。

其二，关于人的“生产力”占有的条件，马克思恩格斯指出，对人的“生产力”的占有是“同物质生产工具相适应的个人才能的发挥”[3]相匹配的，“适应”要求“物质生产工具”和“个人才能”做到互相适应，“生产力”与“个人才能”在互相适应的条件下，才能够实现人的“生产力”的占有，而为了实现对

① 马克思恩格斯文集：第二卷[M].北京：人民出版社，2009：53.

② 马克思恩格斯文集：第一卷[M].北京：人民出版社，2009：541-542.

③ 马克思恩格斯文集：第一卷[M].北京：人民出版社，2009：581.

人的“生产力”的占有，人的能力必须要达到一定程度，马克思恩格斯指出，“无产阶级为实现这种占有所必需的能力得到发展”①，“占有”的实现离不开“能力”的发展，强调无产阶级必须要具备占有人的“生产力”的能力，同时只有占有人的“生产力”才能够更好促进人的能力发展。

恩格斯在《共产主义原理》中指出，在新的社会制度下，“每一个社会成员都能够完全自由地发展和发挥他的全部力量和才能”②，共产主义社会的成员完全实现了自身的“力量和才能”的发展和发挥，而这是旧社会无法实现的，旧社会不具备实现“力量和才能”完全发展和发挥的这种可能，在这里新的社会制度就是未来共产主义社会，每一个社会成员的才能都可以得到自由发展和自由发挥。马克思在《雇佣劳动与资本》中对劳动力、生产关系和社会关系、资本等问题进行了论述。

其一，关于劳动力。马克思指出，“劳动力的表现即劳动是工人本身的生命活动”③，劳动能力是工人生命活动在劳动中的体现，也就是说，工人自身的生命活动是通过工人的劳动力来表现的，劳动力本身成为工人的生命活动，即工人的生命活动促进劳动能力的生长，工人的劳动能力发展反作用于工人的生命活动。换句话说，人的生命活动是通过人的劳动力表现出来的，雇佣工人依靠出卖劳动力来获得收入，维持生存，出卖劳动力也是雇佣工人获得收入的唯一来源，并以此来维持自身的基本生存和生命活动。一言以蔽之，劳动力就是人的生命活动的能力。但是资本家对雇佣工人的劳动力的价格进行了限制，只允许雇佣工人获得保持最基本生存的收入，并以此来减少购买劳动力的生产费用。

其二，关于生产关系。马克思指出，社会性生产是建立在“一定的方式

① 马克思恩格斯文集：第一卷[M].北京：人民出版社，2009：581.

② 马克思恩格斯文集：第一卷[M].北京：人民出版社，2009：683.

③ 马克思恩格斯文集：第一卷[M].北京：人民出版社，2009：716.

共同活动和互相交换其活动”[①]的基础上的，共同活动和互相交换是社会性生产的前提条件，社会性生产是人们相互之间发生“一定的联系和关系”“社会联系和社会关系”[②]，社会性生产富有“联系性”和“关系性”的特性，社会性生产的社会联系和社会关系也就构成了一定的社会生产关系，也就是说，社会中的“各个人借以进行生产的社会关系，即社会生产关系”[③]，社会关系构成社会生产关系，而“生产关系总合起来就构成所谓社会关系，构成所谓社会”[④]，社会是各种关系的集合体。简言之，生产关系就是社会生产关系，是在人的社会性生产过程中形成的，而社会就是人的社会生产关系的产物，是处于不断发展变化阶段和过程中的，人在社会关系上的社会性生产也是人类社会历史发展的基础，人类社会历史发展也是处于不断发展变化过程中的。

其三，关于资本。马克思指出，“资本也是一种社会生产关系”[⑤]，资本绝不是“物”那么简单，资本也是一种处在人的社会性生产基础上的社会生产关系，也是一种生产关系，是社会生产关系的产物。资本包括“生活资料、劳动工具和原料”“物质产品”“交换价值”[⑥]，而就资本的本质而言，资本是“一些商品即交换价值的总和”[⑦]，这些商品是雇佣工人的劳动能力的产品，资本正是依靠交换直接的、雇佣工人的活劳动能力来不断获得自身并不断增大自身的。也就是说，资本是“活劳动”，“是替积累起来的劳动充当保存并增加其交换价值的手段”[⑧]，是雇佣工人使用自身的活劳动能力来为资本家持

① 马克思恩格斯文集：第一卷[M].北京：人民出版社，2009：724.
② 马克思恩格斯文集：第一卷[M].北京：人民出版社，2009：724.
③ 马克思恩格斯文集：第一卷[M].北京：人民出版社，2009：724.
④ 马克思恩格斯文集：第一卷[M].北京：人民出版社，2009：724.
⑤ 马克思恩格斯文集：第一卷[M].北京：人民出版社，2009：724.
⑥ 马克思恩格斯文集：第一卷[M].北京：人民出版社，2009：725.
⑦ 马克思恩格斯文集：第一卷[M].北京：人民出版社，2009：725.
⑧ 马克思恩格斯文集：第一卷[M].北京：人民出版社，2009：726.

续创造利润的手段，同时雇佣工人迫不得已把劳动再生产的力量让给了资本家，这为资本家进一步剥削和奴役雇佣工人提供了有利条件。概言之，资本是一种具有交换价值的社会生产关系。在资本的作用下，分工让雇佣工人变成了“简单的、单调的生产力，这种生产力不需要投入紧张的体力或智力”[①]，分工带给雇佣工人的生产劳动是被迫的和不快乐的，造成了雇佣工人之间的竞争更加激烈，同时分工也带来了机器的使用，雇佣工人的处境更加艰难，出现了雇佣工人破坏机器以抵抗资本家剥削的现象。总之，资本增加了资本家奴役雇佣工人的力量，也促进了无产阶级的成长。劳动力、生产关系和社会关系、资本等问题无一不涉及人的能力发展所具有的物质性，也就是说，人的能力发展过程是人在劳动生产过程中所构建起来的生产关系或社会关系，进而形成资本的这样一个物质性生成过程。

（二）提出人的能力的自由原则

人的能力的物质基础的确立为进一步思考人的能力的原则边界提供了前提条件，人的能力有没有一个原则规定性呢？马克思恩格斯在《共产党宣言》中对资产阶级的历史性作用和劳动者的独立性等问题进行了分析，提出了人的能力的自由原则。

1.关于资产阶级的历史性作用

马克思恩格斯指出，资产阶级把“人的尊严变成了交换价值”[②]，“人的尊严”物化成了商品，具有了“交换价值”，把人与人之间的关系变成了金钱关系，资产阶级还对生产工具、生产关系和社会关系进行了革命，“开拓了世界市场，使一切国家的生产和消费都成为世界性的了”[③]，资产阶级的积极作用

---

① 马克思恩格斯文集：第一卷[M].北京：人民出版社，2009：739.

② 马克思恩格斯文集：第二卷[M].北京：人民出版社，2009：34.

③ 马克思恩格斯文集：第二卷[M].北京：人民出版社，2009：35.

表现之一就是促进“世界市场”的逐步生成，世界性生产和消费变成了现实，促进了人与人之间的世界性交往和世界性联系，最为重要的是资产阶级创造了巨大的生产力，这是资产阶级的先进性表现。同时资产阶级也创造了巨大的贫富差距，资产阶级从不把雇佣工人当成生产力发展服务的目的，而是把雇佣工人当作为资产阶级生产力服务的手段，在这里把目的和手段给颠倒了，这促进了无产阶级的队伍壮大和力量团结。随着无产阶级队伍的不断发展壮大和革命斗争力量的不断凝聚强大，“资产阶级的灭亡和无产阶级的胜利是同样不可避免的”[①]。“不可避免”的提出是对资产阶级深刻剖析所得出的必然结论，这种剖析是对资产阶级的一种科学的审判，随着资产阶级的先进性的渐渐丧失，资产阶级自身的落后性也渐渐表现出来。

2.关于劳动者的独立性

马克思恩格斯指出，劳动者在资产阶级社会里是没有“独立性和个性”[②]的，资产阶级社会不存在劳动者“独立性和个性”的土壤，要实现劳动者的独立性和个性，只有在未来共产主义社会里，因为只有在未来共产主义社会里，劳动者的“个性、独立性和自由”[③]才能够得到实现并不断发展，“个性、独立性和自由”是人的需要和人的权利的必不可少的内容。马克思恩格斯提出了未来共产主义社会“每个人的自由发展是一切人的自由发展的条件”[④]的基本原则，为劳动者的“个性、独立性和自由”的实现提供了重要的原则性规定，“每个人的自由发展”包括每个人的能力的自由发展，每个人的能力的自由发展正是“每个人的自由发展”的题中应有之义。马克思恩格斯规定了人的能力的“自由原则”，具有重要的指导意义。人的能力的“自由原则”的

① 马克思恩格斯文集：第二卷[M].北京：人民出版社，2009：43.

② 马克思恩格斯文集：第二卷[M].北京：人民出版社，2009：46.

③ 马克思恩格斯文集：第二卷[M].北京：人民出版社，2009：47.

④ 马克思恩格斯文集：第二卷[M].北京：人民出版社，2009：53.

确立，不仅直接反映了资本主义社会奴役人、阻碍人的能力发展，而且直指资本主义社会有着不利于人的能力自由发展的环境，预示着必将有一种能够促进人的能力自由发展的社会来取代资本主义社会，这个社会就是共产主义社会。

从《德意志意识形态》到《共产党宣言》，马克思恩格斯对人的社会特性、人与社会生产力的关系、资本与劳动的关系、人的个性与自由、人的能力与人的发展关系等许多问题进行了精辟论述，这些都是建立在马克思恩格斯共同开创的唯物史观的基础上的。马克思恩格斯规定了人的能力的物质基础和基本原则，标志着马克思恩格斯人的能力理论的初步形成。人的能力发展离不开人的物质性生产活动，而人从事物质性生产活动为人的精神性生产活动提供了条件，两者交互作用，且共同指向促进“每个人的自由发展”的未来社会新人的培育的目标追求，这是与马克思恩格斯对“抽象的人”“抽象物”的抽象性的深刻批判和人的本质的现实性的确证有着密切关系的。

三、马克思恩格斯人的能力理论的成熟

通过对德国古典哲学、英国古典政治经济学、英法空想社会主义中的人的本质、人的社会关系、人的劳动能力、社会生产力、人的全面发展、人的自由发展等问题的思考，马克思更加关注、重视、展开对政治经济学问题的研究，并通过对政治经济学问题的研究，来为人的能力问题提供更加科学的理论支撑。马克思在《〈政治经济学批判〉序言》中简要回顾了“自己研究政治经济学的经过”[①]，可以看出，马克思是沿着“法律—哲学和历史学—经济学”这一具体演进过程来从事研究工作的，而面对“第一次遇到要对所谓物质利

---

① 马克思恩格斯全集：第31卷[M].北京：人民出版社，1998：411.

益发表意见的难事”[①]等诸多经济方面的问题,这些问题表明马克思在初触政治经济学问题的时候是存在疑惑的,在那个时候马克思自己还不能对经济问题作出自信的准确的回答。那次经历极大促使马克思要对自己以往的研究工作进行深刻反思,并逐步开始关注、重视、展开对经济问题的研究工作。在《1857—1858年经济学手稿》《1861—1863年经济学手稿》《资本论》等著作中,马克思对人的发展与人的能力发展的阶段问题、人的劳动能力问题、共产主义社会人的能力发展图景等人的能力发展问题进行了更为深入的阐述,这些关于人的能力问题的阐述体现了马克思恩格斯对人的能力问题的思考更加深入,对资本主义社会的认识更加深刻,特别是在《资本论》中对人的劳动能力问题的探讨,为深刻认识资本主义社会奴役人的本性提供了更为鲜明的、有力的论证。

(一)划分人的能力发展的三个阶段

人的能力发展的阶段问题无疑是蕴含在人的发展阶段问题之中的,马克思恩格斯考察了人的发展的阶段问题,人的能力发展的阶段的历史脉络也清晰地呈现出来。马克思在《〈政治经济学批判〉导言》中对生产、分配、交换、消费等与人的能力发展相关问题进行了分析。

1.关于人的能力发展的双重发展

在对生产与消费的关系分析过程中,马克思指出,生产也是消费,生产是主体和客体的双重性质的消费,“个人在生产过程中发展自己的能力”[②],这里规定了人的能力发展的条件——生产过程,人的能力是在生产过程中形成和发展的,人在生产过程中也消费着人的能力,“能力是一种个人才能

① 马克思恩格斯全集:第31卷[M].北京:人民出版社,1998:411.

② 马克思恩格斯全集:第30卷[M].北京:人民出版社,1995:31.

的发展,生产力的发展”[①],人的能力发展表现为双重发展:一个是人自身才能的发展,人的才能就是人的能力聚合,人的能力就是人的才能的要素,人的能力发展与人的才能发展是人的发展的能力表现;一个是人的生产力的发展,人的能力就是人的生产力,人的生产力是由人的能力表现出来的,人的能力发展不断推动生产力的发展。而人的生产力的发展与人的才能的发展是交互作用的,这都是人的能力的表现。由上可知,人的能力是在人的生产过程中生成的,人的能力发展就是人的才能和人的生产力的发展。

2.关于人的能力的发展阶段问题

马克思提出了关于人的发展的“三个阶段”的重要论述,为人的能力发展提供了科学理论指导。一是人的能力发展的前提性。人的能力发展离不开人的社会关系,关于人的社会关系问题,马克思指出:“在交换价值上,人的社会关系转化为物的社会关系;人的能力转化为物的能力。”[②]人的社会关系在交换价值存在的基础上,就会表现为一种物的社会关系,而人的本质也将由人的本质转化为物的本质,人的能力在这里进行了物的能力的转化。交换价值在资本主义社会普遍盛行,人的社会关系和社会联系直接表现为交换价值,出现了以“物的社会关系”来支配的“人的社会关系”的普遍现象,由此商品和货币具有了支配人的社会关系的能力,资本具有了统治人的能力。二是人的能力发展的阶段性。人的发展的“三个阶段”内含着人的能力发展的阶段性。人的发展、人的社会关系的发展都离不开人所处的社会形态。马克思深入分析了“个人以物的形式占有社会权力”[③]的社会形态。这种社会形态是建立在“物的形式”及其“占有社会权力”的基础上的,这意味着物在社会中占据重要地位,物具有占有社会权力的能力,而个人的存在,

① 马克思恩格斯全集:第31卷[M].北京:人民出版社,1998:107.
② 马克思恩格斯全集:第30卷[M].北京:人民出版社,1995:107.
③ 马克思恩格斯全集:第30卷[M].北京:人民出版社,1995:107.

个人在社会上的立足,需要个人依靠物的力量来占有社会权力,这在资本主义社会表现得极为显著。通过分析这种社会形态对人的社会关系和人的发展的影响,马克思提出了人的发展要经历"人的依赖关系""物的依赖性为基础的人的独立性""自由个性"[①]等"三个阶段"的经典的论述,"依赖于人"—"依赖于物"—"自由个性"的三个发展阶段是人的发展不可逾越的阶段,人的能力发展也内嵌于这三个发展阶段中。"依赖"的存在说明人的发展还不是自由的发展,而"自由"才是人的发展的原则,这个原则不是一步到位的,而是经过了长期的"依赖"过程后才得以实现的,人的能力发展是人的发展的必需要素,也同样经历着"依赖性""独立性""自由个性"等"三个阶段"。

在人的能力发展的阶段性问题上,马克思着重对人的能力体系、人的能力发展的片面性、人的能力发展与人的自由个性的关系等问题进行了论述。一是关于人的能力体系。马克思提出了"全面的能力的体系"[②],这种能力体系是对人的能力的系统化的直接表述。"全面的能力的体系"是以"物的依赖性为基础的人的独立性"的社会形态下的产物,反映了人的能力所具有的一定的全面性和系统性,是走向人的"自由个性"的必经步骤和关键环节。二是关于人的能力发展的片面性。马克思指出,分工作为一种有专业划分的协作形式,是能够将雇佣工人组织起来,提高社会生产力的,但是它带给雇佣工人的劳动能力发展的片面性也是显而易见的。分工带给雇佣工人的一大鲜明的损害是雇佣工人的"劳动能力变成了完全片面的职能"[③],分工的的确确带给雇佣工人发展某一方面能力的便利,但是单方面能力的发展不能促使雇佣工人成为全面发展的人,这导致雇佣工人只能充当资本家生产"总

① 马克思恩格斯全集:第30卷[M].北京:人民出版社,1995:107-108.

② 马克思恩格斯全集:第30卷[M].北京:人民出版社,1995:107.

③ 马克思恩格斯全集:第32卷[M].北京:人民出版社,1998:319.

机构”的“一个简单的零件”[①],这是雇佣工人能力单一性的结果。雇佣工人成为资本家依靠机器提高劳动生产力的一个单一的零件,雇佣工人使用机器来完成资本家的生产任务,雇佣工人在对机器的熟练使用过程中生成了使用某一种机器的特有的技能,由于这种特有的技能与机器紧紧联系在一起,使得雇佣工人的“技能已转移到机器上”[②],雇佣工人只能通过使用某一种机器才能够体现出自身的技能。因此,雇佣工人的发展的片面性十分显著。分工和机器都赋予雇佣工人“劳动能力以片面性”[③],给雇佣工人的能力发展带来了严重损害,即能力发展的片面性存在,让雇佣工人成为能力发展的“片面人”。三是关于人的能力发展与人的自由个性的关系。马克思指出,要实现“全面发展的个人”[④],实现人的个性,人的能力发展必须要“达到一定的程度和全面性”[⑤],人的能力发展是实现人的“自由个性”的前提条件,没有人的能力的发展,人的个性就无从谈起,人的个性发展也是人的能力发展的个性化表现。每一个人的个性不同,因此每一个人的能力发展也充满着个性化色彩。在资本主义社会,人的能力发展是建立在交换价值基础上的,这种生产是人的社会关系和人的能力的“普遍性和全面性”[⑥]的前提条件,交换价值反映的是人的能力的交换属性,不同人的不同能力通过交换来实现其存在价值,尽管这种交换价值会促使人的能力的流动性增强,人的需要得到了一定满足的可能,但是在不改变资本主义社会根本性质的条件下,人的能力发展无法实现人的自由个性,由此人的能力发展的片面,人的自由个性的缺失,带来的片面人的普遍存在恰是资本主义社会的普遍现象。

---

① 马克思恩格斯全集:第32卷[M].北京:人民出版社,1998:319.
② 马克思恩格斯全集:第32卷[M].北京:人民出版社,1998:376.
③ 马克思恩格斯全集:第36卷[M].北京:人民出版社,2015:335.
④ 马克思恩格斯全集:第30卷[M].北京:人民出版社,1995:112.
⑤ 马克思恩格斯全集:第30卷[M].北京:人民出版社,1995:112.
⑥ 马克思恩格斯全集:第30卷[M].北京:人民出版社,1995:112.

(二)描绘人的能力发展的未来图景

人类未来新社会到底是什么样子的呢?前人有很多对人类未来新社会的预想和描述,而马克思恩格斯也对人类未来新社会作出了回答。马克思恩格斯在《资本论》《哥达纲领批判》《反杜林论》《自然辩证法》等著作中有许多关于人的能力问题的论述,包括人的能力发展的未来走向、人的能力全面发展的基础条件、人的生产劳动与人的能力发展的关系等。

1.人的能力全面发展是人的能力发展的未来走向

马克思指出,资本主义社会的大工业生产势必会带来"承认劳动者尽可能多方面发展能力是现代生产的规律"[①],"多方面发展能力"的这一个规律是大工业生产的必然要求,大工业生产的生产资料和生产目标的实现是建立在各种岗位劳动者能力得以熟练发展的基础上的,在资本主义社会,要承认劳动者"多方面发展能力"是为资产阶级服务的,尤其是发展劳动者的劳动能力,要承认为了适应这种生产规律,大工业生产就必须用"全面发展的个人"代替"局部的个人",就必须让劳动者的"先天的和后天的各种能力"[②]得到发展,劳动者的先天的能力和后天的能力的发展是与大工业生产联系在一起的,以此来更好地适应不同劳动需求,推动生产力发展。但以上承认也仅仅是承认而已,资本家愿不愿意劳动者的能力得到全面发展则是另外一回事情,但不具有现实的可能性,这种承认可以说只是一种美好的梦想,这种梦想是美好的但也是无法实现的。资本家剥削雇佣工人劳动能力是毋庸置疑的事实,雇佣工人无法实现"多方面发展能力"也是毋庸置疑的事实,由此要实现劳动者"先天的和后天的各种能力"的全面发展,工业发展就必须走向更新的社会形态,这是资本主义社会大工业发展逃避不了的必然选

---

① 马克思恩格斯全集:第43卷[M].北京:人民出版社,2016:515.

② 马克思恩格斯全集:第43卷[M].北京:人民出版社,2016:515.

择，这意味着资本主义生产方式的解体是必然要到来的，代表人类未来发展的共产主义社会是必然要到来的。马克思恩格斯对资本主义社会和共产主义社会两种不同社会制度中的人的能力发展的状况进行了对比，其中对共产主义社会人的能力发展的图景进行了初步描绘，指出人的能力发展必然要趋向于全面发展，这是人的能力发展的必然规律。

2. 人的能力发展的全面性需要具备基础条件

马克思在《哥达纲领批判》中对人的劳动能力、共产主义社会阶段等问题进行了分析，指出“劳动本身不过是一种自然力即人的劳动力的表现”[①]，劳动与人的劳动能力的关系在这里得到了鲜明表述，劳动的实质是人的劳动能力，由于劳动者有着不同等的个人天赋，因此劳动者也就有着不同等的劳动能力、工作能力，人的能力发展的差异性是客观存在的，在共产主义社会高级阶段，人的脑力劳动和体力劳动的对立不再存在，“个人的全面发展”“生产力也增长起来”“集体财富的一切源泉都充分涌流”[②]，在那个时候，“各尽所能，按需分配”[③]才能真正实现。在这里规定了人的能力发展的全面性的基础条件：社会生产力与集体财富，这是人的能力发展的全面性得以实现的物质基础，社会生产力必须要快速持续的发展，集体财富必须要全面充分的涌流，按照每一个社会成员的需要来分配仍需要每一个社会成员尽责尽力，这依然需要每一个社会成员的自身能力的发展和发挥，而人的全面发展也标志着人的能力发展的全面性。恩格斯在《反杜林论》《自然辩证法》中提出了人具有多方面的能力，如人的“体能和智能”[④]的综合能力，人的“思维能

---

① 马克思恩格斯全集：第25卷[M].北京：人民出版社，2001：8.

② 马克思恩格斯全集：第25卷[M].北京：人民出版社，2001：20.

③ 马克思恩格斯全集：第25卷[M].北京：人民出版社，2001：20.

④ 马克思恩格斯全集：第26卷[M].北京：人民出版社，2014：311.

力”[①]，人的“抽象能力和推理能力”[②]等“不同形式的能力”[③]，人的能力是多种多样的，人的能力的表现形式是丰富多彩的，人的能力发展的每一种形式都是人的全面发展的一种表现，人的能力发展的全面性意味着人的能力发展的诸多形式的综合性发展。

3.关于人的能力发展与人的生产劳动的关系

恩格斯指出，“生产劳动给每一个人提供全面发展和表现自己的全部能力”[④]，每一个人都离不开生产劳动，每一个人都希望发展和表现自己的能力，每一个人都希望赢得他人的尊重，人的能力的发展不是在空的想象中生成的，而是在生产劳动中生成的，生产劳动与人的能力发展息息相关，生产劳动与每一个人的日常生活紧密相联，生产劳动依旧是促进人的能力发展的必备条件和关键动力，每一个人都不能脱离生产劳动而获得自身能力的发展，每一个人只有在生产劳动中才能“发展和表现”自己的能力，人的能力发展是在人的生产劳动过程中发展起来的。人的能力全面发展需要特定的条件，只能在共产主义社会才能够得到全面体现。在共产主义社会，人们对生产劳动的性质和功能有了全新的认识，原来人们处于生产劳动的奴役之下的状况得到了彻底改变，生产劳动不再是束缚人的、奴役人的手段，而是解放人的、发展人的手段，“生产劳动就从一种负担变成一种快乐”[⑤]，旧社会中的生产劳动往往是被迫的活动和不快乐的活动，未来新社会的生产劳动成为人们自觉意识的自主的快乐的活动，人们不再把从事生产劳动当作一件无法带来乐趣的活动，在那个时候，人的自主性生产劳动就是一种快乐的生产劳动。人的能力全面发展依然需要人的生产劳动，而在未来共产主义

① 马克思恩格斯全集：第26卷[M].北京：人民出版社，2014:466.
② 马克思恩格斯全集：第26卷[M].北京：人民出版社，2014:763.
③ 马克思恩格斯全集：第26卷[M].北京：人民出版社，2014:481.
④ 马克思恩格斯全集：第26卷[M].北京：人民出版社，2014:311.
⑤ 马克思恩格斯全集：第26卷[M].北京：人民出版社，2014:311.

社会,人的生产劳动是人的一种高度自觉意识的,自主性、创造性的,富有乐趣的生产劳动。

综上所述,在这一时期,马克思恩格斯着重对人的能力发展与生产力发展、人的发展的关系进行了阐述,并提出了人的发展"三个阶段"的重要思想,以人的发展"三个阶段"来对人的能力发展进行了确证,即人的能力发展是人的发展"三个阶段"的一条主线贯穿其中,人的能力发展是构成"全面的能力的体系"的基本要素,是实现人的全面发展的动力,人的自由个性的实现要求人的能力得到全面而自由的发展,这是人的自由个性得以实现的根本前提条件。总之,马克思恩格斯人的能力理论在《资本论》正式问世后,进入了成熟发展时期,这一时期的鲜明特征就是把推动劳动者的劳动能力发展与推动人类社会历史发展紧密联系在一起,提出人的能力走向全面发展是人的生产劳动的一次新的飞跃,生产劳动与人的能力发展实现了全面充分融合。

通过考察马克思恩格斯人的能力理论的形成过程,可以看到有一条清晰的演进脉络,马克思恩格斯是从对"抽象的人""抽象物"的批判开始的,对他们原来的"哲学信仰"进行了彻底"清算",提出人的能力的"自由原则",勾勒了人类未来新社会的"三个阶段"和人的全面而自由的发展的未来新社会的图景,把人的能力问题与现实的人的实践活动彻底地结合在了一起。"现实的人"从事着物质生产活动,发展着自身的能力,在资本主义旧社会中人的能力发展的"自由原则"尚不能得到全面的贯彻实施,只有在人类未来新社会才可以实现每一个人的能力的全面而自由的发展。随着"从批判抽象到回归现实""从确立基础到提出原则""从发展阶段到未来社会"的"逻辑线"的不断展开,马克思恩格斯人的能力理论内嵌于他们所开创的唯物史观中。坚持用唯物史观来对人的能力问题展开研究是有理有据的,是可取可行的。唯物史观强调现实的人的物质基础,倡导现实的人的能力的全面发展更好促进现实的人的全面发展，而对社会生产力的发展提出了高的要求，但也考虑到了人的能力发展与社会生产力发展之间的关系问题，人类向往“自由发展”，向往过上“自由人”的生活，这都是离不开人类的整体能力的发展的，因此通过对人的能力问题的高度关注和深入研究，马克思恩格斯人的能力理论不仅得到了他们那个时代的社会成员的注意，而且也得到了有关资产阶级学者的关注，这也是马克思恩格斯人的能力理论能够在广大民众中得到传播并为众多学者所重视而独具特色的地方所在。总之，对哲学、经济学、社会历史发展理论等问题的研究，推动了马克思恩格斯对人的能力问题的更深入的认识和理解，这也是马克思恩格斯人的能力理论得以逐步形成的过程。毋庸讳言，在不改变资本主义生产方式的前提下，在不动摇资本主义制度的前提下，雇佣工人的劳动能力只能是资本家的利益“发动机”和财富“收割机”，而雇佣工人的片面性和局限性的发展，所遭受到的资本家的奴役和剥削，同时带来了雇佣工人的革命觉醒和理论自觉，与资本家展开斗争，解放包括无产阶级在内的整个人类，既需要在立足于资本主义社会既有的生产力基础上，更需要无产阶级不断提升理论思维能力，以更先进的科学的革命理论和更有力的实际的革命运动，不断创造解放无产阶级的有利时机，这就极为需要无产阶级把发展自身的能力作为实现这一革命任务的坚实的物质保障和撬动未来新社会到来的杠杆，而马克思恩格斯人的能力理论的应运而生也为无产阶级发展能力提供了有力的理论武器和斗争法宝。

第三章　马克思恩格斯人的能力理论的核心内容

通过对马克思恩格斯人的能力理论的形成过程的考察,我们更深刻地感受到人的能力问题是马克思恩格斯高度关注的一个十分重要的问题,马克思恩格斯高度重视把人的能力与人的发展紧密联系起来。马克思恩格斯关于人的能力问题的论述是十分丰富的,这些论述散见于马克思恩格斯的有关著作中。如《1844年经济学哲学手稿》《关于费尔巴哈的提纲》《德意志意识形态》《共产党宣言》《1857—1858年经济学手稿》《1861—1863年经济学手稿》《资本论》《哥达纲领批判》《反杜林论》《自然辩证法》《家庭、私有制和国家的起源》《路德维希·费尔巴哈和德国古典哲学的终结》等原著文本。其中,"主体能力""劳动能力""本质力量""全面的能力的体系"等方面是马克思恩格斯关于人的能力问题的论述中的几个十分重要的"能力点",给人以无比深刻的智慧启迪。

马克思恩格斯关于人的能力的定义是多向度的,通过对马克思恩格斯关于人的能力问题的论述的梳理,可以归纳出马克思恩格斯关于"人的能力"的基本概念。不难发现,马克思恩格斯关于人的能力问题的论述,是把有目的有意识的从事物质生产活动的"现实的个人"作为出发点的,把"现实的个人"的实践活动作为人的能力的源泉,人的能力与"现实的个人"及其

“有生命的个人的存在”和“生产物质生活本身”有着密切联系。从“现实的个人”出发，探讨人的能力、人的劳动能力、人的本质力量、人的全面的能力的体系（或称人的能力体系）等基本概念，对这些基本概念进行界定，从而更好地把握人的能力的核心内容，更好地理解人的能力的本质，更有利于从整体上来认识和理解马克思恩格斯人的能力理论的基本框架。马克思恩格斯关于人的能力问题的论述，构织成了“现实的个人—劳动能力—本质力量—能力体系”的“总的联系”。首先，要界定人的能力的概念、明确回答人的能力的本源是什么？人的能力来自哪里？什么是人的能力？就马克思恩格斯关于人的能力问题的重要论述而言，概括来讲，人的能力是指现实的人在具体的劳动生产（人的物质生产活动、精神生产活动、人口生产活动等）中生成和运用自身的体力智力的内在力（人的自身力），以及新发明、新创造的外在力（人发明的机器等人的自身力的延伸），等诸多“力量”的总和。人的能力是现实的人获取生存与发展权利，以及推进自身全面发展和社会全面进步的重要动力。其次，要界定人的劳动能力的概念，人的劳动能力是人的能力的最基础的要素，人的劳动能力是人在具体的劳动生产过程中获得的能力，人的一切发展都是建立在人所具有的劳动能力的基础上的，也就是说，人必须是能够独立自主地掌握（包括占有和使用）自己的劳动能力的人，人的劳动能力是人的能力中最基础的、最根本的、最重要的能力，要重视人的劳动能力的主体性特质研究，充分发挥主体的人在人的劳动生产过程中的主体作用。再次，要界定人的本质力量的概念，人的本质力量体现了人的能力的本质，人的能力的创造性特质是极为重要的，人的能力及发展与动物的能力及发展的最本质的区别就是，人的能力及发展所具有的自主性、能动性、创造性诸方面的特质，这是人的能力的可持续性发展和创造性发展的最关键的动力。最后，要探索人的全面的能力的体系的整体性概念和人的全面的能力的体系的构建，人的全面的能力的体系具有逐次进阶的趋向，要把握好不同阶段的发展任务。把人的全面的能力的体系融入人的全面发展体系中,更加重视对人的全面的能力的全面性系统性的应用。人的能力还要遵循人的能力发展规律与人类社会发展规律,使人的能力合乎人的发展和社会发展的规律性和目的性,要保持两者同向而行和高度统一,人的能力对人类社会发展的助推作用主要表现在人的能力所蕴含的能动性功能。也就是说,人的能力对人类历史发展起着带动和引领的作用。

一、人的能力

马克思恩格斯关于人的能力问题的论述,离不开他们关于人的能力问题的论断,人的能力到底是什么?人的能力有哪些类型?人的能力与人的发展的关系是什么?要回答这一系列问题,都需要对人的能力问题进行一个前提性考察,也就是说,需要对人的能力的概念、内容、特征等方面进行梳理,以便为研究人的能力问题廓清疑惑。因此,人的能力问题在马克思恩格斯人的能力理论中是一个十分重要的问题。人的能力("能力"有时也称作"才能""力量""能量"等)是以现实的人的实践活动为前提的。现实的人是有血有肉的活生生的人,是有目的、有意识地从事实践活动的且具有一定实践经验的人。在实践活动过程中,现实的人具有十分鲜明的生成性特质。从现实的人的生成性来看,人的能力是现实的人的对象性活动的实践生成和经验积累,也就是说,人的能力是现实的人在具体实践活动中产生的,人的能力反映着现实的人所具有的一定的实践经验。

马克思恩格斯立足现实的人的实践活动,主要是从人的物质生产实践活动的角度来对人的能力进行论述的。这些论述概括起来讲,包括三个方面的内容:一是作为人的体能和智能总和的人的劳动能力(或称劳动力,主要包括物质生产能力、精神生产能力、人口生产能力、理论思维能力等方面的能力)，二是作为人的普遍性的、联系性的能量发挥的人的本质力量(或称创造力，主要是指人的革新创造能力，包括人在生产力和社会关系等方面的能力)，三是构建人的能力体系的能力(或称联合力、集体力，主要是指人的全面而自由的发展的能力，在资本主义社会和共产主义第一阶段还处在一种未能达到全面而自由的发展的状态，在共产主义高级阶段才能达到全面而自由的发展的状态)。人的能力还具有目的性、经验性、差异性等特征，这从现实的人所处的不同发展阶段的目标追求、经验积累、个性发展等方面得到验证，马克思恩格斯还积极鼓励无产阶级把发展包括理论思维能力在内的全面的能力作为一项重要的职责、使命、任务。

(一)人的力量的总和

在马克思恩格斯著作中，人的能力的含义是十分丰富的，马克思恩格斯关于人的能力的论述是十分广泛的，如人的劳动能力、人的本质力量、全面的能力的体系、个人能力、个人才能、个人本身力量、个人本身的才能、个人的全面发展的生产力、作为目的本身的人类能力、类能力、人类全部力量、全部能量和才能等等。这些关于人的能力的论述，可以归纳为至少三个基本类型：一是满足人的需要的能力，主要是指人不断发展社会生产力的能力，包括人的劳动能力、个人本身力量、个人本身的才能、个人的全面发展的生产力等；二是发挥人的本质力量的能力，主要是指人不断发展社会关系的能力，包括人的本质力量、作为目的本身的人类能力、类能力、人类全部力量、全部能量和才能等；三是构建人的能力体系的能力，主要是指人不断实现自由个性的能力，包括全面的能力的体系、个人能力的全面性、个人才能的全面发展等。这三种能力类型与人的劳动能力、人的本质力量、人的全面的能力体系等是相对应的。

1.关于满足人的需要的能力

“需要不同，为了满足这些需要而必须完成各种工作的个人能力也不同”[①]，人的需要的满足离不开人的实践活动，人在不同的实践活动中表现出不同的能力，同样为满足人的不同需要提供条件，人的需要与人的能力是密切联系的。人的需要是不一样的，满足人的需要的能力也是不一样的，人的需要的多样性，必然要求满足人的需要的能力是多样性的。

首先，人的需要能力是保障人的生命存在和人类历史存在的最基本的能力。马克思恩格斯在《德意志意识形态》中指出，人类历史的“第一个前提”是有生命的人的存在，有生命的人的存在就是有血有肉的活生生的人的存在，有生命的人的存在的“第一个前提”是人必须能够生活，人必须能够生活“首先就需要吃喝住穿以及其他一些东西”[②]，人必须能够生活的“第一个历史活动”就是生产满足人的“吃喝住穿以及其他一些东西”的“第一个需要”的资料，即“生产物质生活本身”[③]。“生产物质生活本身”是人为了维持生活必须“每日每时从事的历史活动，是一切历史的基本条件”[④]，“基本条件”意味着人是有“最底线”的需要条件的，也就是说，没有这个“最底线”的实现，人就无法正常进行历史活动，人每天的“吃喝住穿”等最基本的生存需要是一刻也不能耽搁的，没有这最基本的生存需要的满足，人就无法生存和继续从事生产劳动。在这里马克思恩格斯用“第一个”来强调了“生产物质生活”的极端重要性，而人的“吃喝住穿以及其他一些东西”则是人的最基本的生存需要，在满足了人的最基本的生存需要的基础上，人才可以去发掘和创造更多的新的需要，或者说，人只有不再为“吃喝住穿”等最基本的生存需要

① 马克思恩格斯全集：第32卷[M].北京：人民出版社，1998：322-323.

② 马克思恩格斯文集：第一卷[M].北京：人民出版社，2009：531.

③ 马克思恩格斯文集：第一卷[M].北京：人民出版社，2009：531.

④ 马克思恩格斯文集：第一卷[M].北京：人民出版社，2009：531.

而担忧犯愁的时候,才有继续更新需要的需要,并以此不断推动人的需要的发展。因此,人必须有满足这种最基本的生存需要的能力。

其次,人的需要能力具有十分鲜明的社会性质。马克思指出,人的需要能力的生产来源和衡量尺度都具有社会性质,因为人的需要能力是人在社会实践活动过程中生产出来的,人的需要能力是以社会作为衡量尺度的。一是人的需要能力的产生源泉是社会实践活动,"我们的需要和享受是由社会产生的"[①],人的需要和享受都是人的社会实践活动的产物,离不开社会实践活动的供给,人的需要能力来源于社会实践活动;二是人的需要能力的衡量尺度是社会,"我们在衡量需要和享受时是以社会为尺度"[②],社会实践活动带来了人的需要和人的享受,必然是作为评价人的需要和人的享受的标准的,人的需要能力以社会为评价尺度;三是人的需要能力的根本性质是社会性质,"我们的需要和享受具有社会性质"[③],社会实践活动给人的需要和人的享受带来了社会层面的最大程度的力量保障,人的需要能力是一种社会性的需要能力。也就是说,人的需要和人的享受都是源于社会的,都是以社会作为衡量尺度的,"社会"对人的需要和人的享受起着生成的和评价的重要作用。由此可知,人的需要能力是无法离开社会而独立存在的,是具有显著社会性质的。

最后,人的需要能力是一种动态性的能力。人的需要能力是处在不断发展变化的过程中的,而不是静止状态或者一旦满足就停止不前了,对于现实的人来说,一种需要得到满足,另一种新的需要又随之而来,这样需要就会不断向前更新,需要和享受的不断产生对人的能力的不断产生的要求也是同样的。马克思恩格斯指出,在人的"吃喝住穿以及其他一切东西"的"第一个需要"得到满足的基础上,随着人的需要活动的进一步发展和满足人的

---

①②③　马克思恩格斯文集:第一卷[M].北京:人民出版社,2009:729.

需要活动的工具的进一步更新，而满足人的需要活动的工具的进一步更新在刺激人的需要不断更新中发挥着重要的推动作用，又引起了人的“新的需要”[①]，这包括精神生产生活的需要和生命生产生活的需要、理论思维生活的需要等方面的需要，而生命生产生活的需要又造就了自然关系和社会关系的双重关系需要，就人的生命生产生活的需要的社会关系的需要而言，“社会关系”是“许多个人的共同活动”[②]的产物，“社会关系”是人的社会性活动的结果，这种“许多个人的共同活动”的方式构织成了“生产力”，而“生产力”是人们之间的物质的联系，这种联系同样是由人所造成的“需要和生产方式决定的”[③]，“需要和生产方式”同人一样处于不断的发展变化之中。总之，满足人的需要的能力表明了人有谋取自身和周围各种关系的需要，而满足人的需要的第一个前提是人的“物质生产活动”，建立在这个基础之上的其他活动，都是从各个方面来满足人的各种需要的。满足人的需要的能力是人在深刻的自我意识下的一种积极的实践活动所必需的能力，是与人的本质密不可分的，是对人的欲望的一种强烈表达和具体明示。在现实中，人的需要已经呈现出目的性、多样性、阶段性，与生存资料、享受资料、发展资料相联的生存需要、享受需要、发展需要等各种需要更加彰显和突出。

2.关于发挥人的本质力量的能力

在《关于费尔巴哈的提纲》《1844年经济学哲学手稿》《德意志意识形态》等著作中都有对人的本质力量的论述。从满足人的需要的能力可以看出，人的需要能力的形成和发展是人在社会实践活动中得以实现的，人在社会实践活动中才能够不断丰富和发展自身的社会联系和社会关系，更好地满足自身需要，同时带动更新的更多的需要的生成和发展。人的本质力量的

---

① 马克思恩格斯文集：第一卷[M].北京：人民出版社，2009：531.

② 马克思恩格斯文集：第一卷[M].北京：人民出版社，2009：532.

③ 马克思恩格斯文集：第一卷[M].北京：人民出版社，2009：533.

能力也是在社会实践活动中得以生成和不断发挥的。

首先,人的本质力量是由人的"物质条件"("生产的物质条件")决定的。马克思恩格斯指出:"……个人是什么样的,这取决于他们进行生产的物质条件。"[①]"生产的物质条件"对个人的表现内容和形式起着决定性作用,在这里,"个人是什么样的"表现为"人的状况"——"人的生活状况"——"人的生产的物质条件"三个方面的关系。"人的状况"表现为"人的生活状况","人的生活状况"表现为"人的生产的状况","人的生产的状况"由"人的生产的物质条件"决定,"人的生产状况"表现为"人的生产什么"和"人的怎样生产","人的生产什么"和"人的怎样生产"反映着"人是什么样"的,"人是什么样"的是人的本质力量的反映,人的本质力量就是反映"人是什么样"的,人所具有的本质力量不仅在人的生产状况、人的生活状况中得到体现,而且受制于人的生产状况、人的生活状况。这些都是由"人的生产的物质条件"决定的。概言之,在"人的生产的物质条件"下的人的物质生产的目的(生命的目的、生产的目的、生活的目的等)和方式(繁衍方式、生产方式、生活方式等)对于人的本质力量的生成有着重要影响,发挥着决定性作用,人的本质力量的能力可以生产出"生产力",这种"生产力"是人的物质生产的重要构成。

其次,人的本质力量是现实的人的"一切社会关系"的总和。马克思指出,人的本质"在其现实性上,它是一切社会关系的总和"[②],人的本质力量的能力是现实的人才具有的能力,是人的"一切社会关系"的"集合",是人在一定的"物质条件"基础上的各种关系的"聚成"。人的本质力量的能力是人的多样性的社会关系的"合力",人的多样性的"社会关系"给人的本质力量的能力增添多样性的元素,不断推动着人的本质力量的能力的发挥和革新。尤其是人在社会交往过程中,人的社会关系的范围不断扩大,人的创造的现

---

① 马克思恩格斯文集:第一卷[M].北京:人民出版社,2009:520.

② 马克思恩格斯文集:第一卷[M].北京:人民出版社,2009:501.

实能力和潜在能力也被激活、开发,这种创造的现实能力和潜在能力也在不断充实着人的物质生产生活的内容,不断推动着人的物质生产生活的发展。

最后,人的本质力量的能力是人对人自身的“全面的本质”的占有。马克思指出:“人以一种全面的方式,就是说,作为一个完整的人,占有自己的全面的本质。”[①]“全面的方式”“完整的人”“全面的本质”这三者从“人的活动方式”“人的整体个性”“人的本质特质”等方面阐述了人的本质力量的能力的现实性、全面性、社会性等特征。人的本质力量是人作为一个“完整的人”,对自身的“全面占有”,这包括对人的物质生产、人的精神生产、人的生命生产、人的社会关系等方面的“全面占有”,这种“全面占有”是对人的本质力量的“全面占有”,是“人的现实的实现”[②],由于“人的现实的实现”是人的现实的各种活动的实现,而人的现实的各种活动的表现是多种多样的,包括人的现实的各种活动的能动性和受动性的普遍存在,人的本质力量的能力所呈现出的多种多样的能力要求必须对人的本质力量“按人的方式来理解”[③],即要从人的物质生产、人的精神生产、人的生命生产、人的社会关系等各个方面来理解,这样才能够全面把握人的本质力量的现实性、能动性、受动性等特性,才能够更全面地发挥人的本质力量的能力。

3.关于构建人的能力体系的能力

马克思恩格斯把致力于实现每一个人的“自由个性”解放和发展作为革命实践运动和思想理论探索的奋斗目标和价值追求。马克思恩格斯在《共产党宣言》中明确指出:“代替那存在着阶级和阶级对立的资产阶级旧社会的,将是这样一个联合体,在那里,每个人的自由发展是一切人的自由发展

① 马克思恩格斯文集:第一卷[M].北京:人民出版社,2009:189.
② 马克思恩格斯文集:第一卷[M].北京:人民出版社,2009:189.
③ 马克思恩格斯文集:第一卷[M].北京:人民出版社,2009:189.

的条件。”[①]资产阶级旧社会弊端累累,资产阶级旧社会是不能实现人的全面而自由发展的,只有在未来的共产主义社会才能实现,在这样的“联合体”中,“每个人的自由发展”是其最鲜明的标志,“每个人的自由发展”同时意味着每个人的“自由个性”的实现具备了基本条件,在这样的基本条件具备的前提下,每个人的“自由个性”解放和发展才能得到最终实现。

首先,人的“自由个性”解放和发展是在现实的革命实践运动中逐步达成的。马克思恩格斯不认为可以简单一步就能达到人的“自由个性”解放和发展,共产主义社会是需要经过不同发展阶段的长期的艰苦的过程才能达到的,人的“自由个性”解放和发展与共产主义社会的实现必须要在现实中不断推进才行。马克思恩格斯在《德意志意识形态》中指出:“‘解放’是一种历史活动,不是思想活动,‘解放’是由历史的关系,是由工业状况、商业状况、农业状况、交往状况促成的。”[②]“解放”是一种工业、商业、农业、交往等多方面的现实性活动,这种现实性活动的实现需要将人的多方面活动联系起来,也就是说,需要人的社会性活动的“联合”。人的“自由个性”解放和发展是人类社会发展的一种历史活动,这种历史活动是一种建立在人类物质生产活动基础上的人类的社会生产力的发展、人类的多样性社会关系的拓展、人类的各种各样的需要得到不断满足等诸多活动的基础上的,这种历史活动同时受到来自工业、商业、农业、交往等多方面因素的影响。马克思在《哥达纲领批判》中对共产主义社会是从资本主义社会中产生出来的客观事实作出了科学界定,明确提出“共产主义社会第一阶段”“共产主义社会高级阶段”[③]是共产主义社会的两个不同阶段,“第一阶段”带着资本主义社会的“痕迹”,还存在着资本主义社会的“弊病”,“高级阶段”则是全新的社会,是包含

① 马克思恩格斯文集:第二卷[M].北京:人民出版社,2009:53.

② 马克思恩格斯文集:第一卷[M].北京:人民出版社,2009:527.

③ 马克思恩格斯全集:第25卷[M].北京:人民出版社,2001:19-20.

着生产力得到不断增长、集体财富得到充分涌流、每一个人都得到全面而自由的发展等要素在内的新社会。

其次,人的"自由个性"解放和发展要求必须科学认识和把握人的劳动。资本主义社会和共产主义社会关于人的劳动的看法是不一样的。资本主义社会看待人的劳动是以"'按能力计报酬'这个以我们目前的制度为基础的不正确的原理"[①]为依据的,资本主义社会奉行"能力报酬观"并不符合人的全面而自由发展的共产主义社会基本原则,故而是"不正确的",但是这种"能力报酬观"毕竟为激发人的全面而自由的发展的强烈愿望提供了它所具有的历史性的作用和意义。共产主义社会看待人的劳动,是以"'按需分配'这样一个原理"[②]为依据的,"按需分配观"不再因人的能力有差别而在分配上也有差别,它克服了资产阶级旧社会的弊端,它的实现离不开共产主义社会以前社会生产力的积累,这也正是人的全面而自由的发展的生动体现。资本主义社会看待人的劳动的"原理"是把人的劳动能力的不同作为人的收入报酬的不同的依据,把人的劳动能力作为一种可自由买卖的商品来进行交换;共产主义社会看待人的劳动的"原理"是把人的劳动能力作为达到人的全面而自由的发展的动力来进行充分调动和发挥。马克思恩格斯深刻批判了资本主义社会看待人的劳动的"原理",积极倡导共产主义社会看待人的劳动的"原理",马克思恩格斯在共产主义社会与资本主义社会两种不同社会中关于人的能力与人的需要的关系问题上得到了重申。马克思恩格斯指出,共产主义社会以"研究人的本性为基础的实际信念,即人们的头脑和智力的差别,根本不应引起胃和肉体需要的差别"[③],"人的本性"是马克思恩格斯高度关注的,在这里"人的本性"是人追求全面而自由发展的"本性",而

---

① 马克思恩格斯全集:第3卷[M].北京:人民出版社,1960:637-638.

② 马克思恩格斯全集:第3卷[M].北京:人民出版社,1960:638.

③ 马克思恩格斯全集:第3卷[M].北京:人民出版社,1960:637.

人的能力的差别是不能影响人所获取合法权利的，这保证了每一个人都有获得全面而自由发展的条件和机会，为促进社会公平正义具有积极效应。也就是说，共产主义社会不赞同人的劳动能力的差别会造成人的需要的不平等，强调“劳动上的差别不会引起在占有和消费方面的任何不平等，任何特权”[①]，“特权”就是“不平等”的表现，“劳动能力特权”是造成资本家和雇佣工人之间矛盾对立和激化的一个重大因素，资本家依靠其获得的先天“能力优势”来奴役和剥削雇佣工人，获得了“占有和消费”方面的绝对优势，掌握着“占有和消费”方面的绝对话语，这对雇佣工人来说，是极其不公正的，是必须要抗争的。在马克思恩格斯看来，人的劳动能力的差别绝不能造成人的“占有和消费”方面的不平等，绝不能造成人的特权存在，在共产主义社会，人的能力和人的需要不存在不平等现象，人的劳动能力和人的占有与消费不存在不平等现象，更不存在人的特权现象。在共产主义社会不允许存在不平等现象和特权，而在资本主义社会这些却是普遍存在着的，马克思恩格斯指出，资本主义社会拉大了资本家与雇佣工人在脑力劳动和体力劳动等“人的劳动”上的差别，造成社会成员之间贫富差距扩大，维护资产阶级的特权和“发展的垄断权”[②]，资产阶级对“发展的垄断权”的牢牢占据，造成了人的劳动能力与人的需要、占有与消费、生存与发展等方面的严重的不平等现象。解决资本主义社会严重的不平等现象的唯一方法，就是人类社会要积极走向共产主义社会。马克思指出，只有在“共产主义社会高级阶段”，人的劳动才能够完全克服“脑力劳动和体力劳动的对立”，“……完全超出资产阶级权利的狭隘眼界，社会才能在自己的旗帜上写上：各尽所能，按需分配！”[③]资产阶级固然在人类历史上发挥了一定积极作用，但是就其本质来

① 马克思恩格斯全集：第3卷[M].北京：人民出版社，1960：638.

② 马克思恩格斯全集：第3卷[M].北京：人民出版社，1960：507.

③ 马克思恩格斯全集：第25卷[M].北京：人民出版社，2001：20.

说,这种积极作用的发挥是维护极少数人的利益的,是为极少数人服务的,这显然是一种“狭隘眼界”,显然是与绝大多数人的利益对立的,这也受到了人们的强烈批判,在共产主义社会,人的脑力、体力等劳动不再存在对立,而是交互融通的,人的劳动能力不再存在因差别所带来的占有与消费等不平等现象,而是根据社会成员的需要进行合理的分配,人的劳动的公平正义是人的“自由个性”的体现。因此,认清资本主义社会和共产主义社会关于人的劳动的看法的区别所在,对人的劳动有一个科学的清晰的认识和把握,是促进人的“自由个性”解放和发展的关键一环。

最后,人的“自由个性”解放和发展离不开人的能力发展。人的“自由个性”解放和发展要求人的能力发展必须达到一定的普遍性和全面性。人的“自由个性”解放和发展不是人的“片面能力的一定的自足的发展”[①],人的能力的片面性发展是人的一种自我满足的发展,这种“自足的发展”是一种“片面的发展”,这种发展是不符合人的全面而自由的发展的基本原则的,同时人的能力的片面发展不符合人的“自由个性”的基本要求,要满足这一基本要求,人的“能力的发展就要达到一定的程度和全面性”[②],人的能力发展是有一个“临界值”的,即“一定的程度和全面性”,人的“自由个性”发展离不开人的能力的全面发展,而人的能力的全面发展才是符合人的“自由个性”的基本要求的,人的“自由个性”要求人的能力的普遍性发展和全面性发展。对于人的能力发展的全面性而言,人的能力发展的全面性不是“想象的或设想的全面性,而是他的现实联系和观念联系的全面性”[③],“想象”的发展和“设想”的发展是不切实际的,也是不能够实现人的全面而自由的发展的,而“现实联系”才是人的全面而自由的发展的可行举措,人的能力发展的全面

---

① 马克思恩格斯全集:第30卷[M].北京:人民出版社,1995:491.

② 马克思恩格斯全集:第30卷[M].北京:人民出版社,1995:112.

③ 马克思恩格斯全集:第30卷[M].北京:人民出版社,1995:541.

性是人的一种观念层面的全面发展意识和现实层面的全面发展事实，就是人的观念和现实的高度一致的人的能力的全面发展，这也体现了人的本质力量发展的全面性。人的“自由个性”解放和发展与人的能力的全面性发展是有机融通的，是人的物质生产生活的丰富性、人类社会关系的全面性、人的需要的多样性、人的“全面的能力的体系”[①]的系统性、人类社会制度的公平正义性、人类社会财富的共有性等共同作用和发展的结果。只有每一个人的能力得到了普遍性发展和全面性发展，每一个人的“自由个性”解放和发展才得到了真正实现，只有到那个时候，每一个人才能真正过上“今天干这事，明天干那事，上午打猎，下午捕鱼，傍晚从事畜牧，晚饭后从事批判”[②]的“自由人”[③]的生活，“打猎”“捕鱼”“畜牧”“批判”等“自由人”的活动是人们所向往的美好生活，这种生活就是共产主义社会中人的“自由个性”的生活。从马克思恩格斯的唯物史观角度来看，人的能力作为人的实践活动生成的整体力量的统称，是人在与自然、社会、人自身等长期交互作用，以及人的物质、精神、人口、思维等生产生活过程中逐步形成和积累起来的，人的经验性的、发展性的、思想性的，包括人的智力和体力、繁衍能力、理论思维能力等人的基本力量在内的人的一切力量的总和，同时人的能力是一种不断发展变化的力量。人的能力与人的实际生活过程紧密相联和互相作用的现实存在于人的劳动能力中得到了最鲜明的体现，因为人的劳动能力是与每一个人的日常生活联系最紧密的，人的衣食住行等活动都是人的劳动能力的外显，这是不言而喻的。

---

① 马克思恩格斯全集：第30卷[M].北京：人民出版社，1995：107.

② 马克思恩格斯文集：第一卷[M].北京：人民出版社，2009：537.

③ 马克思恩格斯全集：第44卷[M].北京：人民出版社，2001：96.

(二)人的能力的实践性发展

在关于人的问题的世界观上,概括来讲,存在着从实践来看人的“实践世界观”和从抽象来看人的“抽象世界观”的两种世界观。马克思恩格斯观察和研究人的问题是从人的具体的实践活动出发的,并把人的实践活动看作是处在不断发展过程中的。马克思在《关于费尔巴哈的提纲》中指出,应从“感性的人的活动”“实践”“主体方面”[①]去理解人的问题,在这里与那种“抽象的人的活动”有着本质性的区别,把人的活动看作一种感性的、实践的、主体的活动,同时指出对于“人的思维是否具有客观的真理性”[②]的问题更要从人的“实践”来进行理解,人的思维的“客观的真理性”的检验标准是什么呢? 由上可知,绝不是“抽象的人的活动”,而是人的现实的实践活动。换言之,人的思维的客观性和真理性是需要通过人的感性的、实践的、主体的活动来理解,这是一种“实践世界观”(或称“实践性世界观”“能动性世界观”)。

这种“实践世界观”是对“意识至上”“精神至上”“宗教至上”等“抽象世界观”所宣扬的“抽象人”和“抽象物”等荒谬论点的全面的、彻底的批判。“抽象世界观”的一个显著特点就是把意识、精神、宗教等作为人类历史的产生和发展的前提,它不仅把“意识的统治”“精神的统治”“宗教的统治”[③]等当成了历史研究的前提,而且笃信意识、精神、宗教等是它的“哲学论战”胜利的强大武器。也就是说,它把“现实的宗教”作为研究的出发点,它认为一切东西的“意识的”“精神的”“宗教的”一切产物虽然是人的“真正枷锁”和“真正羁绊”,但只要与“意识的”“精神的”“宗教的”等这些幻想进行斗争,就可以

---

① 马克思恩格斯文集:第一卷[M].北京:人民出版社,2009:499.

② 马克思恩格斯文集:第一卷[M].北京:人民出版社,2009:500.

③ 马克思恩格斯文集:第一卷[M].北京:人民出版社,2009:515.

消除束缚人的一切限制。“抽象世界观”认为人与人之间的关系、人的一切举止行为、人所受到的束缚和限制，都是人的“意识的”“精神的”“宗教的”产物，只要改变“意识的”“精神的”“宗教的”等要求，用另一种新的“意识的方式”来解释“存在的东西”就可以了，并把它自身作为具有世界历史意义的重大发现，同时这种“抽象世界观”在“联系问题”上也存在两个重大问题：一个是没有提出关于“哲学”“现实”[①]之间的“联系问题”，一个是没有提出关于“批判”“物质环境”[②]之间的“联系问题”。

这两个“联系问题”，概括讲来，主要是两个问题：一个是理论与现实的联系问题，在这个问题上，两者是脱节的；一个是精神与物质的联系问题（或思维与存在的联系问题），在这个问题上，两者同样是脱节的。面对“抽象世界观”所存在的理论研究的前提性“虚幻”和联系性“缺失”，“实践世界观”对此进行了深刻的批判，这种从实践的世界观、能动的世界观来看人的问题的思维方式和实践方式的确立，又进一步促使对人类历史的产生与实践的主体的人的关系展开进一步思考。马克思恩格斯指出，人类历史的产生需要具备一个“现实的前提”，即“现实的个人”[③]，也就是说，在“实践世界观”下，人的发展、人的能力发展等人的问题研究的前提必须是一个“现实的前提”，而不是一个“虚幻的前提”，这个“现实的前提”就是“现实的个人”。而“现实的个人”又包含两个前提：一个前提是“有生命的个人的存在”[④]，即作为具有活生命存在的自然的人，具有自然属性；一个前提是“生产物质生活本身”[⑤]，即作为具有活劳动存在的社会的人，具有社会属性。这两个前提的主体都是人，人是人类历史的产生的主体，具有能动性。

① 马克思恩格斯文集：第一卷[M].北京：人民出版社，2009:516.
② 马克思恩格斯文集：第一卷[M].北京：人民出版社，2009:516.
③ 马克思恩格斯全集：第3卷[M].北京：人民出版社，1960:23.
④ 马克思恩格斯全集：第3卷[M].北京：人民出版社，1960:23.
⑤ 马克思恩格斯全集：第3卷[M].北京：人民出版社，1960:31.

这两个前提都归属于“实践世界观”。马克思恩格斯关于人的能力和人的能力发展的界定具有鲜明的实践性，这表现在两个方面：一方面，人的能力形成和发展有着一定的前提条件。这个前提条件就是现实的人的存在。现实的人的存在，不同于抽象的人，“现实的个人”是有生命的人，是处于发展过程中的人，是具有社会特性的人，是人的能力存在和人的能力发展的前提和载体。作为人类历史的第一个前提的“有生命的个人的存在”，也是“现实的个人”的存在的第一个前提，人类一切实践活动都是通过具有生命生长力的“现实的个人”来展开的。人的能力发展必须建立在“现实的个人”的基础上，这就确立了人的能力发展的能动性和发展性的特性。人的能力因人的生命存在而生机勃勃、丰富多样、精彩纷呈，人的能力就是人的生命力的绽放，是人的生命在具体实践活动中的一种能动性反映。人的能力在人的生命成长和发展过程中不断生长、逐步完善和开拓创造，展现了人的能力的发展状态，而每一个人的生命成长和发展过程都是人的能力得以存在和持续发展的最根本的载体，这种载体正在谱写着有特殊情感印记的生命之歌。有意识的、有生命的、处在发展过程中的“现实的个人”的本质到底是什么？关于这个问题有着不同的认识。

在对人的本质的认识上，存在着“上帝的人”“精神的人”“意识的人”“宗教的人”等诸多抽象的认识，这些关于人的本质的认识，都认为人是来自外在抽象环境的，是受到外在抽象力量控制的，人的精神和人的意识是人之外的事物所具有的，不随人的生命的结束而消亡，这是一种对人的本质的虚幻的认识。而“实践世界观”在对人的本质的认识上提出了划时代的思想，指出人的本质是“一切社会关系的总和”[①]。马克思恩格斯关于人的本质的科学论断的提出，为人类正确认识人自身和人周围的事物及其关系提供了科

① 马克思恩格斯文集：第一卷[M].北京：人民出版社，2009：501.

学指导。把人的本质规定为“一切社会关系的总和”,也就为人的能力的发展提供了前提和条件,社会关系的生成是人的能力发展的重要结果,人的能力发展也促进了社会关系的丰富和发展。有意识的有生命的处在发展过程中的人作为有生命的个人存在,在个体生活实践和发展过程中不断积累经验和提升能力,也在不断推动着社会的发展,个体的生命存在总是与群体的生命存在一同处在不断的发展过程中的,实现着人与社会的密切的双向互动。

另一方面,人的能力的形成和发展离不开现实的人的实践活动。“现实的个人”的存在首先是物质生活存在,即“现实的个人”是在自身所处的物质生活中存在的,“现实的个人”是从事生活资料生产和人类自身生产等生产物质生活的人。“现实的个人”在从事着物的生产和人的生产过程中,维持着“现实的个人”的基本生存和种族的繁衍及延续,在生产物质生活中,还不断创造出新的生产资料和生活资料及各种新的需要。人的生活资料生产是指向人的生存和生活需要的生产,人类自身生产是指向人的种族繁衍和延续需要的生产。物质资料生产为人类自身生产提供物质基础,人类自身生产为物质资料生产提供更加多样的条件和动力,特别是保持劳动力的条件。“现实的个人”的两种生产物质生活本身就是“现实的个人”的能力发展的一种作用的结果,也是对人的能力发展的一种有力推动。因为在生产物质生活的过程中,人的能力自然也得到了一定的发展,而且是朝着不同的方面发展,人的生产物质生活有多少种,人的能力发展就会有多少种。生活资料生产和人类自身生产共同组成了物质生活生产的“硬核”,极大地推动了社会生产力的发展,特别是生活资料生产的生产工具的改良和创新,既为满足人的最基本生存需要提供了有力保证,也为实现人的多样化的新需要提供了新的可能,同时为人类自身生产提供了物质条件和保障。先进生产工具的使用,专门劳动力投入到生活资料生产中,不仅极大解放了人的手和大脑,人可以在保证生活资料生产的基础上，不断为人口生产提供更多的自由时间，为保证人种的数量和质量建立了强大的“安全网”，而且生活资料生产的质量和效益也得到了强有力的人力支持。随着先进生产工具在专门劳动力手中得到广泛应用，以及先进生产技术转化为现实生产力的进程日益加快，高素质能力强的劳动力在生活资料生产过程中发挥着主力军、生力军的重要带头示范作用，其自主性、创造性的意识和能力也越来越强。概括而言，生活资料生产和人类自身生产为物质生活生产提供了坚实的物的支持和人的支持。“有生命的个人的存在”和“生产物质生活本身”是人的能力的最根本最重要的前提，没有活生生的人的存在，没有物质生产的不断发展，人的能力就成了空谈，人的能力就成了虚幻，建立在现实的人和物质生活生产基础上的人的能力，具有了最坚实的物质基础和人力基础。也就是说，关于人的能力问题研究彻底脱离了以往“抽象世界观”的束缚羁绊，走上了科学的“实践世界观”的光明大道。“实践世界观”理解人的问题，就是从现实的人出发，从人的物质生活生产实际出发，即以唯物史观为根本指导思想的关于人的问题的阐发。现实的人是“以一定的方式进行生产活动的一定的个人，发生一定的社会关系和政治关系”①的人，现实的人作为从事生产活动的社会中的人，也就是说，现实的人只有在生产活动中，才能产生各种社会关系，只有在各种社会关系中才能作为现实的人存在，而物质生活生产是现实的人的必需生产，“社会结构和国家总是从一定的个人的生活过程中产生的”②，社会结构和国家作用着现实的人，现实的人是生产出社会经济结构、社会政治结构、社会意识结构、社会能力结构等社会结构的人，社会结构是现实的人的物质生活生产的结果。人的能力就是在现实的人所创造的社会关系和社会结构中逐步发展起来的，社会关系和社会结构为人的能力发展提供了

① 马克思恩格斯文集：第一卷[M].北京：人民出版社，2009:523-524.

② 马克思恩格斯文集：第一卷[M].北京：人民出版社，2009:524.

活动条件。“人，作为人类历史的经常前提，也是人类历史的经常的产物和结果，而人只有作为自己本身的产物和结果才成为前提”[①]，现实的人是现实的人的自身的产物和结果，这种产物和结果来自现实的人的历史活动，现实的人的前提是要认清“自己本身”从哪里来的这个问题，同时要认清现实的人对于“人类历史”所具有的作用是什么这个问题。现实的人是人类历史的前提、动力、目的，现实的人追求的人类历史的目的就是现实的人的自身的目的，现实的人只有真正驾驭了自身，才能真正成为人类历史的动力、目的，而这就恰恰为人的能力发展提供了契机，只有能够实现自身能力全面而自由的发展的人。也就是说，能够在未来社会中自由驾驭自身活动，并能够不断在这些活动中不断发展自身能力的人，才能更好为社会整体能力发展贡献自身的力量，真正成为人类历史的动力、目的，而这一目标的实现，尤其需要人在实践活动中不断解放和发展自身的能力，这正是人的能力实践性发展的意蕴所在。

二、人的劳动能力

如前所述，在阐述人的能力的时候，首先要谈到人的劳动能力，人的劳动能力是人的生命存在和参加社会性活动，以及获得不断发展的基础性的能力，也就是说，在人的能力的范畴中，人的劳动能力是人的能力的基础。人的能力是怎样显示出来的呢？马克思指出：“每个人必须劳动……使自己的能力显示出来”[②]，人只有劳动才能生存下来，人只有劳动才能展示自己的能力，才能发展自己的能力。人首先要通过劳动来使自身的能力得到彰显，也就是说，人的劳动能力是人在具体的生产劳动过程中显示出来的。同时

① 马克思恩格斯全集：第26卷（第三册）[M].北京：人民出版社，1974：545.

② 马克思恩格斯全集：第44卷[M].北京：人民出版社，1982：160.

“生产劳动给每一个人提供全面发展和表现自己的全部能力”[①]的机会,生产劳动的一个十分重要的作用和价值就是能够为人的能力发展提供条件,人不是生产劳动的绝缘体,人不从事生产劳动就无法真正实现“全面发展”和“全部能力”。具体来讲,人的生产劳动生成了人的能力,人的“全部能力”的“全面发展和表现”是在人的生产劳动中得以实现的,人的生产劳动是人的“全部能力”的发展的根本前提,而人的“全部能力”的“全面发展和表现”也推动着人的生产劳动的发展。

人的劳动能力的价值是怎样显示出来的呢?马克思指出,只有在人的生产劳动过程中被使用、被实现,才能体现出人的劳动能力的“创造价值的能力”[②],人的能力发展就是人不断创造价值的能力发展,人也是在“生产过程中发展自己的能力”[③]的,人的创造价值的能力是在生产过程中不断持续下去的,人在生产过程中从事着不同类型生产劳动,就会产生不同类型的劳动能力,“每一特殊种类的劳动都要求劳动能力的某种发展”[④],人所从事的生产劳动不同,其获得的劳动能力不同,生产劳动对人的劳动能力发展的要求也不同,这对人的生产劳动提出了要促进某一种类型的劳动能力的深入发展和发展不同类型的劳动能力,以适应人的生产劳动需要的新要求,而从事那些“特殊的生产劳动”的人必须具有“特殊的劳动能力”。因此,人的劳动能力需要人在生产劳动中得以产生,并在生产劳动中得到发展,人的劳动能力的产生和发展都是离不开人的生产劳动的。人的劳动能力是人的能力中最基本的能力,起着基础性作用,是人维持人自身最基本生存需要的最基本的条件,在劳动能力基础上的其他的能力及其发展,都是人的劳动能力的

① 马克思恩格斯全集:第26卷[M].北京:人民出版社,2014:311.
② 马克思恩格斯全集:第46卷[M].北京:人民出版社,2003:428.
③ 马克思恩格斯全集:第30卷[M].北京:人民出版社,1995:31.
④ 马克思恩格斯全集:第49卷[M].北京:人民出版社,1982:72.

多样化形态的体现。人的劳动能力经历了一系列演进过程,体现了人的能力(包括人的劳动、人的社会关系、人的需要、人的交往、人的个性等)的主体性特质,人的劳动能力的主体性特质是人与动物的区别所在,人的劳动能力是处在不断发展过程中的能力。人的劳动能力在于创造,这也是人能够持续发展自身能力的重要推力,人的劳动能力的发展也是人的发展的一种状态。

(一)人的体力和智力的总和

马克思恩格斯关于人的劳动能力的论述非常广泛。马克思在《资本论》中对人的劳动能力进行了界定,指出:"我们把劳动力或劳动能力,理解为一个人的身体即活的人体中存在的、每当他生产某种使用价值时就运用的体力和智力的总和。"[①]在这里,马克思明确提出了"劳动力""劳动能力"的基本概念,这也是关于"劳动力""劳动能力"的经典论断,明确指出了"劳动力""劳动能力"的存在条件(活生命的现实的人)、发展环境(各种生产劳动)、价值意义(可发挥的使用价值)等内容,把"劳动力""劳动能力"的基本概念彻底地建立在唯物史观基础上,让人们认识到"劳动力""劳动能力"并不是虚无缥缈的,而是实实在在的且与每一个人密切相关的。一般而言,人的劳动能力是存在于有生命的人之中的,是有生命的人生产某种使用价值时所运用的"体力和智力的总和"。"劳动首先是人和自然之间的过程,是人以自身的活动来中介、调整和控制人和自然之间的物质变换的过程。"[②]人的劳动能力离不开人的劳动这是不言而喻的,人的劳动是联系人与人自身、人与社会、人与自然之间关系的主线,是一种"物质变换",特别强调的是,人的劳动起始于人与自然的互动关系,主要是人与自然之间的"物质变换"的互动关系,人首先是从自然中获得维持生存的物质来源的。从人的劳动能力的演

---

① 马克思恩格斯全集:第44卷[M].北京:人民出版社,2001:195.

② 马克思恩格斯全集:第44卷[M].北京:人民出版社,2001:207-208.

进过程来看,人的劳动能力发展经历了漫长的曲折的发展过程,恩格斯在《劳动在从猿到人的转变中的作用》中,系统阐述了劳动对人的能力发展的作用及人的劳动能力的形成和发展过程。“劳动是整个人类生活的第一个基本条件”[①],人类的各项发明创造就是来自人的劳动,劳动创造了人,为满足人的生存与发展需要提供了“第一个基本条件”。人在劳动中发现了人自身的能力,也发展了人自身,发展了人自身的能力,人也只有在劳动中才能更好地认识自己。人的劳动能力首先体现出来的是人的体力和脑力,这是由于劳动在从猿到人的转变过程中对人的体力和脑力的形成和发展起着首要的而且是十分巨大的推动作用。在人类远古时期,劳动在从猿到人的转变过程中起着非常重要的作用,猿转变为人的过程就是人的劳动能力不断形成和发展的过程。从猿到人转变的第一步起,劳动就开始发挥作用了。其一,在从猿到人转变的初期,猿手的主要作用是用来摘取和抓住食物与利用和改造自然物件来抵御来自自然界和其他动物的侵犯。在劳动中,猿能够学会把石头做成石刀,开始用两条腿行走,这发展了猿的手脚并用能力。其二,随着猿的手和脚有了分工,以及猿的手的逐渐灵巧,并伴随着猿的听觉器官的相应的完善化,猿的语言逐渐发展起来,猿逐渐转变为人,人的说话能力得到了发展。其三,随着劳动内容的丰富,猿脑的发育伴随着感觉器官的完善化,猿脑逐渐过渡到人脑,人的抽象能力和推理能力等思维能力得到发展并增强,人的脑力得到前所未有的提升。这样,在劳动的过程中,在从猿到人的转变过程中,人的体力和脑力都实现了新的发展,以人的体力和脑力的发展为标志的人的劳动能力也随之发展起来。人的劳动能力从低级到高级发展的过程,以及人的体力和脑力的发展过程,经历了一系列的转变,人的劳动能力发展按照如下顺序:

---

① 马克思恩格斯文集:第九卷[M].北京:人民出版社,2009:550.

首先是人的体力的发展,主要是人的手脚并用能力,人的手力和脚力一起使用起来。随着手力和脚力的增强,人的活动范围得到了扩展,人与人的沟通交流的需要更加强烈,这时人的语言能力进一步扩展,人的说话能力和表达能力进一步发展。在广泛交流沟通活动中,人的脑力进一步扩展,人的智力的发展和适应环境的能力得到增强。随着人的体力、语言能力、脑力的发展,人的手、说话器官、脑等发育到更加高级阶段,人的抽象能力和推理能力等作为人的高级的思维能力进一步扩展。人的体力、语言力、脑能力等发展不是彼此割裂的,而是密切交互的,在共同作用下一起发展起来的。通过对劳动对猿转变为人的巨大作用的分析,足见人的劳动能力对于人的能力发展起着重要的推动作用,猿的手脚分离,促使人发展了手脚并用的能力,体力和脑力得到了初步发展,在劳动中人的听觉器官和感觉器官不断发达起来,人的语言能力和抽象能力以及推理能力也不断增强,人的能力将在劳动能力的基础上朝着全面能力的方向发展。从人与动物的区别来看,正是劳动把人与动物直接区别开来,这是因为"人类社会区别于猿群的特征在我们看来又是什么呢?是劳动"[①]。劳动是人类社会与动物社会的本质区别,劳动把"人类社会"和"猿群"划分出来,是"人类社会"与"猿群"的区别所在,或者说是"人类社会"与"动物世界"的区别所在。劳动作为人与动物的分界线,主要表现在三个方面:一是人可以从事各种各样的丰富多彩的生产劳动,二是人可以有意识有目的地进行生产活动来满足自身的各种需要,三是人可以发挥主动性改造客观世界来更好服务人的发展。首先,就人可以从事生产劳动而言,人的生活资料生产直接将人与动物区别开来。"人类社会和动物界的本质区别在于,动物最多是采集,而人则从事生产。"[②] 人类社会与动物社会的区别是劳动的结果,这种劳动的结果对于人类社会和动物社

① 马克思恩格斯全集:第26卷[M].北京:人民出版社,2014:764.

② 马克思恩格斯文集:第十卷[M].北京:人民出版社,2009:412.

会是截然不同的，因为动物不能从事生产，人能够从事生产，“当人开始生产自己的生活资料，即迈出由他们的肉体组织所决定的这一步的时候，人本身就开始把自己和动物区别开来”[①]。人的生产活动是动物所不能具有的，特别是人类社会的科技领域和工业领域等各项发明创造活动，动物不能由自己的身体决定自己的生活资料，人能够由自己的身体决定自己的生活资料，人能够生产自己的生活资料，动物却不能生产自己的生活资料；人能够生产物质生活资料和精神生活资料，而动物却无法生产出来，而人获取的生活资料的方式更多是通过制造新的劳动工具来不断改进获取生活资料的手段。同时动物的生产是受肉体需要支配的、片面的、狭隘的、单一的生产，人的生产是自由的、全面的、广泛的、多样的生产。

其次，就人可以有意识有目的地进行生产活动而言，人的有意识有目的的生产活动直接将人与动物区别开来。“有意识的生命活动把人同动物的生命活动直接区别开来。”[②]人的活动是有意识有目的的活动，自觉的意识和明确的目的是人的活动的鲜明特点，动物的生命活动和动物自身是不能分开的，而人的生命活动可以成为人自己的意志和自己的意志的对象，是一种有意识的生命活动。这种生命活动能够让人不断远离“纯粹动物状态的动物”[③]，由于人也是动物，是一种高级动物，因此人也是带有动物的“兽性”的，通过促使人根据自身的需要，发挥自身的主动性和自主性来进行创造性劳动，这样就促使人从动物界的狭隘的生存条件中脱离出来，离开“纯粹动物状态的动物”越远，人就越能“有意识地自己创造自己的历史”[④]，人类社会历史是人类远离人的那种“动物状态”而亲近人的那种“社会状态”的产物和

① 马克思恩格斯文集：第一卷[M].北京：人民出版社，2009：519.
② 马克思恩格斯文集：第一卷[M].北京：人民出版社，2009：162.
③ 马克思恩格斯全集：第26卷[M].北京：人民出版社，2014：464.
④ 马克思恩格斯全集：第26卷[M].北京：人民出版社，2014：479.

结果。

最后,就人可以发挥主动性改造客观世界而言,人的行动可以带来自然界的变化。"一句话,动物仅仅利用外部自然界,简单地通过自身的存在在自然界中引起变化;而人则通过他所作出的改变来使自然界为自己的目的服务,来支配自然界。这便是人同其他动物的最终的本质的差别,而造成这一差别的又是劳动。"[①]在对自然界发挥作用的方面,动物对自然界发挥的作用显然不如人对自然界发挥的作用那样的明显,人可以创造出自然界没有的事物来对自然界实施作用,动物却无法做到这一点,而人与动物的区别更在于人的劳动是可以不断地发挥人的创意性和创造性能力的活动,或者说,人能够借助已经创造出来的新事物来展开新的活动,进而再创造出新的事物,这种创新活动直接带动着人的活动不断向前发展,实现人的活动的创新性。由于人的活动特别重视创新,因此人的活动的新鲜感和生动感得到了源源不断的呈现,人类社会丰富多彩的事物也正是人的活动的结晶。人能够让自然界为自己服务,能够支配自然界,这是人与动物的"最终的本质的差别",这种差别是劳动带来的。但是需要注意的是,人类对自然界的支配的错误行为会造成自然界对人类的惩罚,因此人在主动改造客观世界的同时需要对人的意识、思想等进行规制,这样才能够做到人与自然的和谐共生与发展,但是人改造客观世界的劳动直接把人与动物区别开来了。因此,生产劳动是人类社会与动物社会的区别所在,劳动在促使人从自然界提升出来和融入人类社会中发挥了积极作用,动物不能从自然界中脱离出来,离不开自然界,人同样离不开自然界,但是不能否定人与动物及自然界可以和谐相处,而动物社会融入人类社会也是需要人的劳动才能实现的,因为人的生产劳动,为人的生存和发展提供最基本的保障,为动物社会与人类社会的融通

---

① 马克思恩格斯全集:第26卷[M].北京:人民出版社,2014:768.

提供了条件。

(二)人的劳动能力的主体性发展

人类社会的历史首先是一个有着前提的“主体的人”[①]的历史,也就是说,人类社会的历史是由“主体的人”开创的,有着鲜明的主体特质,打下了深深的人的活动烙印。从人的劳动能力发展过程来看,人的劳动能力是人们主动适应环境、维持基本生存,并不断朝着更高级阶段发展的能动实践活动过程的结果。马克思指出,人的劳动能力是一项“主体的人”“创造价值的活动(作为一种能力)”[②],“创造价值的力量”[③],“创造价值”是人的劳动能力的主体性发展的重要目标,人的劳动能力是可以创造出价值的力量,是由主体的人创造出来的,能够创造出价值的主体的人的活动就体现了人的劳动能力的价值。人的劳动能力作为“主体的人”“创造价值的活动”,“创造价值的力量”是有一定前提的,这涉及人的劳动能力与人的劳动的关系问题,即“劳动能力的实际使用就是劳动”[④]。劳动通过劳动能力来确证和表现,人的劳动能力只有在人的实际活动中得到了使用才能算作人的劳动,在人的劳动能力在人的实际活动中没有得到使用之前,只是作为一种“潜力”存在的,只有把人的劳动能力“转让”出去,或者说把人的劳动能力“出卖”出去,人的劳动能力的“能力价值”才能得到真正的体现。在马克思看来,这种情况在资本主义社会表现得特别明显,尤其是在资本家与雇佣工人的关系上面,雇佣工人的劳动能力不“出卖”给资本家,就丧失了“能力价值”,资本家获取了雇佣工人的劳动能力的“创造价值的能力”用来为自己的“纯粹私人的目

① 马克思恩格斯全集:第3卷[M].北京:人民出版社,2002:316.

② 马克思恩格斯全集:第47卷[M].北京:人民出版社,1979:40.

③ 马克思恩格斯全集:第22卷[M].北京:人民出版社,1965:242.

④ 马克思恩格斯全集:第32卷[M].北京:人民出版社,1998:58.

的"[①]的需要服务，即为赚取丰厚的剩余价值服务，而不亲自从事实际生产劳动，通过购买雇佣工人的劳动能力，雇佣工人的劳动能力就成为资本主义生产劳动的前提，这个前提是资本家用来赚取剩余价值的前提。人的劳动能力在其具体发展过程中，表现出了鲜明的主体性特质，这种主体性特质是人的自然性和社会性的有机结合，人的能力就是"活的主体的能力"[②]，也就是说，"主体的人"的"主体的能力"就是人的能力。人的能力和人的能力发展的主体是有生命的人，人的劳动能力的主体性特质，意味着人的劳动与人类社会历史发展需要发挥"主体的人"的能动性，需要"主体的人"释放其社会性的最大效能。更重要的是，人的劳动能力的主体性是"主体的人"的一种创造性表现。其一，人是来自自然界的，人"直接地是自然存在物"[③]，人是具有自然力的、生命力的、能动的"自然存在物"。每一个人都有着不同的天赋、才能、需要、欲望等，这是人自身作为人的存在的必然存在物，人是能动性的存在物。同时人还是具有肉体的、感性的、对象性的存在物，受到一定条件的制约、限制、管控，是一种受动性的存在物。人作为自然界的一分子，离不开对自然界的认识和改造，在对自然界的认识过程中，也是认识能力发展的过程，在对自然界的改造过程中，也是对自身能力的改造过程。"主体是人，客体是自然"[④]，主体是人确定了人在人与自然之间关系中的地位，人是发挥主体作用的，在人认识和改造自然界的过程中，需要发挥"主体的人"对"客体的自然"的主体功能，处理好人与自然的主客体的关系、认识人对自然界改造过程中的人的主体负效应的客观存在、找寻人类与自然界的和谐道路等问题，这里涉及"人类与自然的和解以及人类本身的和解"[⑤]的两大问

① 马克思恩格斯全集：第46卷[M].北京：人民出版社，2003：428.
② 马克思恩格斯全集：第47卷[M].北京：人民出版社，1979：40.
③ 马克思恩格斯全集：第3卷[M].北京：人民出版社，2002：324.
④ 马克思恩格斯全集：第30卷[M].北京：人民出版社，1995：26.
⑤ 马克思恩格斯全集：第3卷[M].北京：人民出版社，2002：449.

题，这两大问题尤为重要的是人类与自然界的和解，这需要人类的主体与自然界的客体两者之间的关系的协调。其二，人是在社会中从事活动的，人“作为社会存在物”[①]，人在社会中从事生产资料、生活资料、享受资料、发展资料等的生产，这些资料的生产是有意识的有目的的生产，是经过深思熟虑的生产，虽然有时也可能凭一时激情而去生产，或者说是人的理性因素和非理性因素共同作用的活动，是人追求某种目的的生产。随着人逐渐远离人的“自然性”“动物性”“低级性”“未开化性”，人对外部世界的作用就越发具有“社会性”“文明性”“高级性”。由于“主体，即社会”[②]，社会是由人交互而成的主体，人的交互联系构成了社会这个主体，而人作为“社会存在物”，在社会生活中，人成为社会的一员，实现了个体生活和社会生活的有机交融，进而使自身充分具有了“社会性”，才能够真正获得人的意义，从而成为真正意义上的人。社会是人的主体意识觉醒和主体能力形成的重要载体，人的劳动能力的主体性发挥需要在社会活动中得到张扬和发展，人的劳动能力的自然属性和社会属性归根到底是为人的能力发展的社会性服务的。因为人的劳动能力所具有的自然性和社会性，特别是人的能力的社会性发展，也就是说，人的劳动能力要在社会中不断的发展，使人的劳动能力不再处于“纯粹动物状态”[③]，而是成为具有生机勃勃的社会性的结果，这样才能够更有力地体现出人的劳动能力的主体特质，人只有在社会中才能够提升适应社会发展和引领社会发展的能力。人的劳动能力的主体性是人的能力区别于动物的根本所在，人的劳动能力意味着人作为一种具有主体性存在的社会中的人能够自觉意识到自身的社会性存在，这也为人的劳动能力远离“纯粹动物状态”，充分融入人的现实社会生活中，大力促进人的有意识的有目

---

① 马克思恩格斯全集：第3卷[M].北京：人民出版社，2002：101.

② 马克思恩格斯全集：第30卷[M].北京：人民出版社，1995：43.

③ 马克思恩格斯全集：第26卷[M].北京：人民出版社，2014：464.

的的有计划的有创造的活动提供了良好的环境和巨大的动力。人的劳动能力也是人在社会化劳动生产中所形成的社会整体的劳动能力的重要组成部分,这也为人能够自觉以社会成员的身份,作为现实社会活动的主体,积极地参与社会化活动提供了条件。可知,人的劳动能力的主体性发展与人的社会性存在,与人参加社会化活动是紧紧地联系在一起的,因此从这个意义上来讲,人的劳动能力的主体性发展也是人的能力发展所具有的社会属性的一种表现方式。

三、人的本质力量

马克思恩格斯高度重视人的劳动能力发展,不仅是因为人的劳动能力是维持人的基本生存和保障人的种族繁衍的最根本的条件,是创造和发展社会生产力的源动力,而且是因为人的劳动能力还蕴藏着激发人的本质力量的强大动能。也就是说,人的劳动能力在促进社会生产力的发展过程中,促进了人的本质力量的发展。作为人的一种能动性的能力,劳动能力是与人的本质力量相得益彰的。具体来讲,人的劳动能力发展为促进社会生产力的发展提供了条件和动力。人在具体劳动过程中,其交往能力普遍发展,特别是人的世界性交往得以发展,在交通工具的革新和创造的推动下,铁路、航海、航空、通信等工具的不断革新和完善,人跨出了地域范围的限制,走向了更加广阔和开放的外部世界。随着人与人之间的社会联系与社会关系的逐步建立和发展,人的认识能力和实践能力愈益增强,对外部世界的认识视野更加开阔,改造世界的实践能力增强了,更加有力地促使人的本质力量的释放,人的本质力量的释放是人的劳动能力的发展结果,也反过来推动人的劳动能力发展的深化,进而对于推动社会生产力的发展产生了重要作用。人的劳动能力发展带动社会生产力的发展,促使人对自身的本质力量认识得更加深刻,从而更好发挥人的本质力量,为满足人的多样化发展和层出不穷的新需要提供更加有力的能力支持。马克思恩格斯正是通过对人的劳动能力的关注和研究,进一步引导出人的本质力量的重要性的。人的本质力量到底是什么?马克思在《关于费尔巴哈的提纲》中认为,“人的本质不是单个人所固有的抽象物,在其现实性上,它是一切社会关系的总和”[①],在这里彻底批判了“抽象的人”的错误之说,彻底确立了“现实的人”的正确之说,即人是现实的人而不是抽象的人,人不是独立的单个的个人,而是处在联系中的社会中的人。

从人的本质来讲,人的能力发展就是人的本质力量的发展,人的本质力量作为人的对象性活动,即对象性的现实,就是处于社会中的人的本质力量的现实。人的劳动能力实现了“客体化的劳动”和“主体的人”的有机结合,人的劳动能力已经显示了人的本质力量,建立在人的劳动能力基础上的人的整体的本质力量是人的能力发展的“硬核”。“只有当对象对人来说成为社会的对象,人本身对自己来说成为社会的存在物,而社会在这个对象中对人来说成为本质的时候,这种情况才是可能的。”[②]人的本质是人的社会性的体现,人的活动对象是社会性的对象,人作为社会的一分子,在社会中才能体现人的本质。也就是说,人只有在社会性活动中才能确证人的本质,人的社会性活动正是人的本质产生的源泉。人的劳动能力的主体性发展必须在人的本质力量发挥的社会中,才能够进一步延伸和深化,进一步发挥出人的创造性劳动,进一步让“人的本质力量的现实”[③]得到更为充分的释放,人的本质力量拥有的是现实的力量,而不是抽象的力量,这是与人的本质的社会性有着直接的、密切的联系的。人的本质力量是人在人的对象性活动中产生

---

① 马克思恩格斯文集:第一卷[M].北京:人民出版社,2009:501.

② 马克思恩格斯全集:第3卷[M].北京:人民出版社,2002:304.

③ 马克思恩格斯全集:第3卷[M].北京:人民出版社,2002:304.

和发展起来的，人的本质力量具有显著的创造性，这是人类社会历史得以不断向前发展的不可或缺的关键动力。人的能力发展的创造性特质推动着人的能力发展既需要有一定的能力规模的积累，更需要有更深层次的能力质量的保障。人的本质不是人的胡子、血液、抽象的肉体的本性，而是人的“社会特质”[①]，人的本质力量需要从人的社会特质中去寻找，人的本质力量也寓于人的社会关系中，以及人与人之间的交往过程中。

（一）人的一切社会关系的总和

现实的人的一切活动，以及一切关系的产生都是与社会分不开的，都是与社会有着紧密联系的，人只有在社会中才能形成各种社会关系，人只有通过各种社会关系才能够表现自身的存在，社会对于人的社会关系的产生和发展发挥着极为重要的作用，但是到底什么是社会？围绕着这个问题，马克思恩格斯对“社会”进行了深入分析，提出了“社会”的经典论断，指出：“社会——不管其形式如何——是什么呢？是人们交互活动的产物。”[②]作为人们彼此交互活动的产物的社会，在其本来意义上就具有现实性。人的本质是一切社会关系的总和，马克思恩格斯侧重从人的物质生产活动方面来阐释作为人的本质的社会关系。“人们按照自己的物质生产率建立相应的社会关系”[③]，人们的社会关系的建立也是人们的物质生产的结果，也具有社会性。“社会关系的含义在这里是指许多个人的共同活动”[④]，社会关系是由每一个人的共同的活动生成的，也体现了其社会性特质，许多个人的共同活动与一定的共同活动方式、一定的社会阶段联系着，而“这种共同活动方式本

① 马克思恩格斯全集：第3卷[M].北京：人民出版社，2002：29.

② 马克思恩格斯全集：第47卷[M].北京：人民出版社，2004：440.

③ 马克思恩格斯文集：第一卷[M].北京：人民出版社，2009：603.

④ 马克思恩格斯文集：第一卷[M].北京：人民出版社，2009：532.

身就是‘生产力’”[①]，人们的交互活动以一种“共同活动方式”来生成了“生产力”，这种“生产力”具有十分鲜明的社会性。人只有在物质生产活动中才能够建立起社会关系和生产力，人只有参加由许多个人组成的共同活动才能够不断发展社会关系和生产力，而“生产关系总合起来就构成所谓社会关系，构成所谓社会，并且是构成一个处于一定历史发展阶段上的社会”[②]，社会和社会关系都是历史发展阶段上的反映，具有历史性，或者说，人的社会关系处在不断的发展过程中，具有鲜明的阶段性。

其一，社会关系和生产力是人的本质力量的体现，也就是说，人的本质力量是人在社会关系和生产力两个方面的能动性体现。“生产力和社会关系——这二者是社会个人的发展的不同方面”[③]，人的发展包括人的生产力发展和人的社会关系发展，也就是人的本质力量发展。人的本质是一切社会关系的总和，人不能脱离社会生产而获得自身的本质力量。社会关系是人类物质生产的产物，人的本质力量是人在物质生活生产及社会关系中所生成、发展和强化的人的创造力，也是一种现实社会力量，更是一种“世界历史性的力量”[④]。人的本质力量凸显了生产力对人的能力发展的影响，也对人的社会关系的发展发挥着重要影响，人的本质力量是人在社会活动中的社会关系和生产力的合力的结果，人的社会活动的“对象性的现实”[⑤]，是人的现实和人的本质力量的现实，也是使人自身的本质力量成为现实的前提。也就是说，人的社会活动让人把人自身作为“对象化”，使人自身具有了“对象的性质”和“本质力量的性质”，这种“对象化”的社会活动具有人的本质力量的独特性，也是人的本质力量的“对象性的、现实的、活生生的存在的独特

---

① 马克思恩格斯文集：第1卷[M].北京：人民出版社，2009：532-533.

② 马克思恩格斯文集：第1卷[M].北京：人民出版社，2009：724.

③ 马克思恩格斯全集：第31卷[M].北京：人民出版社，1998：101.

④ 马克思恩格斯全集：第3卷[M].北京：人民出版社，2002：293.

⑤ 马克思恩格斯全集：第3卷[M].北京：人民出版社，2002：304.

方式”[①]。这说明人的本质力量是以一种十分鲜明的现实性方式存在的，人的“对象化”是人的本质力量的确证，是人的“本质力量作为一种主体能力自为地存在”[②]，人的本质力量是一种“主体能力”，这个主体就是现实的人，也是现实的人的能力的反映，这种本质力量的丰富性、全面性、独特性、个体性、深刻性等特性，都是人在社会活动中创造出来的，是人的实践力量。作为人的社会活动的一项重大成果的工业的出现和发展，“工业的历史和工业的已经生成的对象性的存在，是一本打开了的关于人的本质力量的书”[③]，人类所开创的工业领域和工业发展的历史都是人的本质力量在现实活动过程中的体现和结果，人类工业历史就是人类本质力量发展历史。“人的本质力量的书”，首先是人的劳动造就了工业的产生，这本书也是容易被感知和理解的，而自然科学的发展加速了工业进入人的日常生活，工业也成为了人的日常生活的一大基础，作为这种感性的和人性的人的本质力量，也促进了人的自我认识的发展，如语言能力、交往能力、情感能力等。“社会关系和生产力密切相联。随着新生产力的获得，人们改变自己的生产方式，随着生产方式即谋生的方式的改变，人们也就会改变自己的一切社会关系。”[④]人的社会关系发展和生产力发展是与人的发展相联的，这种相联是内嵌于人的现实性活动中的，是人的本质力量的外显，对于人的生存方式和发展模式也具有十分重要的作用力。人的社会关系的改变与人的生产力的改变是密切相联的。

其二，人的本质力量的觉醒和发展与人的劳动，尤其是与社会分工的作用密不可分。社会分工强调每一个人都具有潜在的可以应用于社会生产，

---

① 马克思恩格斯全集：第3卷[M].北京：人民出版社，2002：305.

② 马克思恩格斯全集：第3卷[M].北京：人民出版社，2002：305.

③ 马克思恩格斯全集：第3卷[M].北京：人民出版社，2002：306.

④ 马克思恩格斯文集：第一卷[M].北京：人民出版社，2009：602.

创造出巨大社会财富的能量。社会分工为人设定了所在的活动范围和岗位工种,人在一定的范围和部门内从事着生产活动。人的本质力量的发挥与人所处的社会状况有着密切联系。如在前资本主义社会和资本主义社会中,人的本质力量的发挥是为统治阶级和统治阶级追逐资本私欲服务的,在资本主义社会中,“……资本……像吸血鬼一样,不断地吮吸活劳动作为自己的灵魂……”[①]把资本比作吸血鬼是一种十分形象的比喻,这凸显了资本对劳动者的剥削的特质,资本家依托资本来对雇佣工人进行剥削,更多的是满足资产阶级的“财富至上”“金钱至上”的自私需要的,资本家是很少去关注最底层的人和绝大多数人的需要的。尤其是作为社会底层的贫困的人们,他们的物质生活生产主要是满足基本生存需要和维持种族繁衍。

其三,在未来共产主义社会中,人的本质力量才可以得到自由发挥,而人的本质力量是为全体社会成员服务的,这种本质力量是一种共有共享的力量,实现了个体需要与社会需要的整体的有效的满足,更多的是为了满足共同体或集体的公共需要。对于个人来说,人“不是抽象的蛰居于世界之外的存在物”[②],“抽象的人”不是人的本质的反映,人处在人与人的社会交往过程中、人与社会的直接联系中、人自身的发展过程中,是人的一种不断发展变化的状态,这种发展状态与社会的发展联系在一起,是人类从自然界中自觉走出来,自觉从事改造客观世界的自我意识的实践活动。人的本质力量是人的本质的“现实的生成”[③],是人的需要、利益、财富、尊严、自由等方面真正的实现,是人对自我的一种占有方式,是人的现实的能力和潜在的能力的体现。对于社会来说,人的本质力量是人成为社会人的条件,是人在社会中依旧保持自我的一个条件,是人在社会中对自我的一种肯定方式,是人创造

① 马克思恩格斯全集:第31卷[M].北京:人民出版社,1998:36.

② 马克思恩格斯全集:第3卷[M].北京:人民出版社,2002:199.

③ 马克思恩格斯全集:第3卷[M].北京:人民出版社,2002:331.

人类历史的现实性活动，是人的实践力量。“工业的历史和工业的已经生成的对象性的存在”[①]，工业就是人的本质力量的表现，这正是人的本质力量的发展结果，是人的本质力量的真实写照。特别是工业的迅猛发展，极大地证明了人的本质力量的强大，人以其自身的本质力量，创造了新发明，开辟了新航道，打开了新市场，促进了新交往等等，都使得人的本质力量的广度和深度得以巩固和提升。

其四，人的本质力量表现在人作为现实的人所具有的一切品性：一方面，人的需要的满足和发展，以及人的发展愿景的实现，都是需要人自主发挥人的本质力量来达成的。另一方面，人在社会中的物质活动、精神活动、政治生活、社会生活，以及人的尊严和权利的维护、人的社会责任和义务的履行等也需要人的本质力量的发挥。人的本质力量既外显了人的劳动能力，也推动着人内在所具有的，以及未得到全面开发的潜能的进一步外显。人的本质力量的继续发展，将不断推动人的本质力量更加全面地显示出来，推动对人类社会发展产生巨大作用的工业的进一步发展，推动国与国之间、民族与民族之间、人与人之间的大范围交往，创造更大的社会生产力和文化精神作品，满足人和社会发展的需要，尤其是要积极发挥人的本质力量的创造性，提高人的本质力量的发展质量。

（二）人的本质力量的创造性发展

人在社会生活中具有一定的自由性，从人的“社会自由这一前提出发，创造人类存在的一切条件”[②]，创造是人的本质力量的明证，因为动物是不具有创造性的，人的“社会自由”为人开展自主性的物质生产活动提供了前提条件，同时赋予人的能力发展的创造性的可能条件。人的能力发展就是人

① 马克思恩格斯全集：第3卷[M].北京：人民出版社，2002：306.

② 马克思恩格斯全集：第3卷[M].北京：人民出版社，2002：212.

的本质力量的发展,有着个性化和创造性的特性,在人对自身认识的不断深入的推动下,人的能力发展甚至可以创造出奇迹,从一个阶段跳跃到另一个阶段。

其一,人的本质力量的创造性体现在人的能力发挥带来的人的财富的积累和发展。人的财富的创造首要表现为人的能力发展作为生产力发展的重要元素的发展。也就是说,人的能力发展是作为一种生产力发展的,人的本质力量(首先表现为人的劳动能力)就是“个人生产力”,分工把不同岗位工种的人联系在一起形成“合力”,这种“合力”组成了“社会生产力”。在分工条件下,“整个社会和社会的每个成员创造大量可以自由支配的时间”[①],“自由时间”为人的本质力量发展提供了有利条件,人拥有了可以支配的自由时间,就可以更好去发展自己的能力,增强人的本质力量,人的本质力量的充分发展带动了“个人生产力的充分发展”“社会生产力的充分发展”[②],“个人生产力”和“社会生产力”是不可分割的“生产力”,就其实质而言,都是人的本质力量的映现,人的本质力量是人的生产力,是可以创造财富的,“因为真正的财富就是所有个人的发达的生产力”[③]。那么什么是人的“真正的财富”?人的“真正的财富”是人的“发达的生产力”,是人的发达的能力,人的本质力量的充分发展,即“个人的充分发展又作为最大的生产力反作用于劳动生产力”[④],人的本质力量是人的发达的能力,是一种“发达的生产力”,人的能力的充分发展就是人的最大的生产力,就是人可以用来创造的最大财富。“我们的能力是我们唯一的原始财富。”[⑤]人的“原始财富”也是人的能力,即人的发达的能力,人的能力可以用来生产各种产品,这些产品就是财

---

① 马克思恩格斯全集:第31卷[M].北京:人民出版社,1998:103.

② 马克思恩格斯全集:第31卷[M].北京:人民出版社,1998:103.

③ 马克思恩格斯全集:第31卷[M].北京:人民出版社,1998:104.

④ 马克思恩格斯全集:第31卷[M].北京:人民出版社,1998:108.

⑤ 马克思恩格斯全集:第49卷[M].北京:人民出版社,1982:120.

富。通过不断发展人的能力，人的本质力量在物质生产中得到展示，人就会创造出财富来。概言之，“人的发达的能力”“人的发达的生产力”“人的发达的财富”都是人的本质力量的作用的结果。

其二，人的本质力量的创造性体现在人与动物的区别，并由于区别而带来了一系列创造性的表现。人与动物的本质区别恰恰就在于人的活动富含着独特的创造性，人的创造性也是人脱离动物界，走向人的自然界和人的社会关系生成的重要前提，是人的本质力量的“新的显现”“新的充实”[①]。人的能力发展的创造性主要是在人的物质生活生产和精神生活生产中生成和表现出来的，创造出了新的物质产品和精神产品，来满足人的物质需要、精神需要、享受需要、发展需要等多样化的需要。一是在物质生活生产中，人的生产工具的改变、生产思维的变革、生产联系的改变、生产需要的改变、生产语言的改变等等都促使人的物质生产能力发生改变，人自身也会发生改变，人将会炼造出新的生产品质，形成新的生产力量和新的生产方式、新的生产需要等等。也就是说，人怎样生产，生产什么，都会给人的本质力量发展带来影响，人的本质力量发展的创造性直接改变着人的生产生活的物质条件。这其中，人在技术方面的创造性的生产活动，带来了技术的变革，为人的发展提供更加先进的和多样的技术工具，加速了人的物质生活生产的进程。二是在精神生活生产中，人的创造性发挥空间更大，哲学的沉思、文学的批判、艺术的想象等等都为人的能力的创造性发挥提供了可能。人的抽象能力、推理能力、预判能力等思维能力的创造性发展，推动了人的思想、理论、学说等更新和发展。特别是在前人的启蒙思想和思想解放运动的作用下，人的自我意识觉醒，人的道德观念水平得到了提高，人对真善美追求的欲望愈发强烈，人类的精神文明朝着更加美好的未来迈进。在物质生活生产和

---

① 马克思恩格斯全集：第3卷[M].北京：人民出版社，2002：339.

精神生活生产的创造性活动中,人在工具发明方面取得了新进展,如汽车、铁路、飞机、轮船、电报机、电话机等交通工具、通信工具的不断改进,新发明所带来的人与人之间的交往的便捷,超越了地域的局限,同时为人们物质生活生产和精神生活生产提供了"直通车",更是验证了人的本质力量的创造能力的强大,人的想象力和现实力的深度融合,极大激发了人的本质力量的活力,加强了人与人之间的情感、价值、财富等的对话和联系,在人的创造性的实践活动作用下,人的本质力量以其更加精彩纷呈的性格和飞速迅猛的步伐诠释着人类社会发展的宏伟前景。毋庸置疑,人类社会的一切新发明、新技术、新思想等都是人运用自身的本质力量不断创造出来的新产物,都显示出人的能力发展所具有的强大的创造性。

四、人的能力体系

关于人的发展的阶段问题,马克思指出:"人的依赖关系(起初完全是自然发生的),是最初的社会形式,在这种形式下,人的生产能力只是在狭小的范围内和孤立的地点上发展着。以物的依赖性为基础的人的独立性,是第二大形式,在这种形式下,才形成普遍的社会物质变换、全面的关系、多方面的需要以及全面的能力的体系。建立在个人全面发展和他们共同的、社会的生产能力成为从属于他们的社会财富这一基础上的自由个性,是第三个阶段。"[①]马克思提出的人的发展的"三个阶段"的经典论断,为深刻认识人类社会发展阶段问题提供了科学理论指导,指明了人的发展是与不同的"关系"联系在一起的,这种"关系"的创造主体是现实的人,现实的人在创造"关系"的实践活动中,也在不断发展着自身的能力。人的能力发展离不开人的

① 马克思恩格斯全集:第30卷[M].北京:人民出版社,1995:107-108.

"关系"的发展,这种"关系"是根植于人的社会性活动中的。在人的发展的"人的依赖""物的依赖""自由个性"等不同发展阶段,人的能力发展也随之有所不同,尤其是在"物的依赖""自由个性"阶段,人的能力发展的重要性更加凸显,这不仅是因为人的能力发展为社会的物质变换、社会的关系发展、社会的需要满足、社会的财富生成等起着推动作用,还因为人的能力发展,特别是人的能力的全面发展必然要求人的能力发展的形成能力体系,也就是说,人的能力发展不是孤立的、静止的、封闭的发展,而是在一定的联系、变化、开放的系统化过程中发展的。人的劳动能力赋予人生存的最低限度能力支撑,为人的发展提供了前进动力,这是人的能力发展的最根本的存在方式,是人的能力发展的根基。人的能力体系是以唯物史观为指导的,以实现人的全面而自由的发展目的的能力体系。在马克思恩格斯的唯物史观视域下,所关注的人的能力发展是人的整体能力发展的系统化过程,也就是说,人的能力发展是一种全面性系统性的能力发展过程,这直接构成了人的能力体系,把人的能力体系纳入人的全面发展体系中也是极为必要的。人的能力体系是以劳动能力为基础的涵盖人的物质生产、精神生产、人口生产和理论思维等在内的全面发展的体系。

(一)人的全面的能力的体系

马克思恩格斯对人的劳动能力高度重视,论述了各种不同形式的能力,这些不同形式的能力共同构成了人的能力体系的"基本盘"。人的能力体系特指以人的劳动能力作为基础性和决定性"构件"的"全面的能力的体系"[①],包括物质生产能力、精神生产能力、人口生产能力、理论思维能力等基本内容,这也是全面发展的人所应具有的最基本的能力。

---

① 马克思恩格斯全集:第30卷[M].北京:人民出版社,1995:107.

其一,从人的能力体系的宏观框架来看。人的劳动能力包括物质生产能力(生产、支付、消费、交换、分配等)、精神生产能力(政治、法律、道德、宗教、艺术、哲学等)、人口生产能力(促进人口增长和保证人口数量的繁殖能力等)、理论思维能力(批判能力、推理能力、审美能力、洞察能力、鉴别能力、表达能力、判断能力、理解能力、分辨能力、认识能力、创造能力、欣赏能力、管理能力、军事能力等)等。人的物质生产能力能够在人的物质生活的生产方式作用下制约着整个社会生活、政治生活和精神生活的过程。人的精神生产能力主要是人在物质生产生活过程中从事精神生产生活的能力。人的人口生产能力主要是人为维持物质生产活动和精神生产活动而进行人口繁殖和后代抚育的能力,用来保证人自身和社会的可持续发展,特别是要确保人口增长对人的能力的保存和发展。人的理论思维能力是人的高级能力,也是人区别于其他动物的特有能力,人具有现实批判能力和思想创造能力等多样性的能力,能够更好为人的生存和发展服务,这是人的鲜明的特殊的能力。此外,在共产主义社会还有人的自由个性的能力和人的自我实现的能力,即社会全体成员的全面才能和力量得到全面发展,社会的每一个成员都能完全自由地发展和发挥人的全部才能和力量。

其二,从人的能力体系的内在关系来看。人的能力体系包括三个基本关系:一是物质生产与精神生产和人口生产的关系,物质生产活动包括生活资料的生产(食物、衣服、住房以及为此所必需的工具的生产)和人自身的生产(种的繁衍或生命的生产),为人的精神生产和人口生产的展开和发展提供物质条件,支配着人的精神生产和人口生产,人的精神生产和人口生产也反作用于人的物质生产。二是人的理论思维能力受到物质生产和精神生产的影响,物质生产和精神生产对人的理论思维能力的形成与发展发挥着直接的制约作用,人的理论思维能力反作用于人的物质生产和精神生产,并在发挥人的创造能力的正向的能动性下,可以加速物质生产和精神生产的发展进程。反之，将为人的物质生产和精神生产制造一定的阻碍。三是物质生产能力、精神生产能力、人口生产能力和理论思维能力作为人的能力体系的四个“构件”，并不是分裂开来的，而是同时存在着，相互发挥着作用，最终目标是实现人的解放的“自由个性的能力”。因此，以劳动能力和生产能力作为基础性和决定性“构件”的人的“全面的能力体系”是人的能力体系的直接概括。

(二)人的能力体系的全面性发展

马克思恩格斯提出的人的能力体系是对人的能力及其发展的一种全面性、系统性把握，能够更为直观地认识人的能力发展的过程和要素，这种能力体系可以看作人的一种能力发展观。“全面发展的个人……能力的发展就要达到一定的程度和全面性”[①]，人的全面发展离不开人的能力的全面发展，一定是在人的能力得到全面发展的基础上才能实现的，没有人的能力的全面发展，就没有人的全面发展。“个人关系和个人能力的普遍性和全面性”[②]要求人的能力发展需要全面性发展，人的各种关系的普遍性发展和各种能力的全面性发展，都是人的能力体系的全面性发展的确证和表现。人的能力体系是客观存在的，而以人的“能力”为主线的人的能力体系也正是人的全面发展所要求的前提条件。具体来讲，人的能力体系是以人的劳动能力和生产能力为基础的能力体系，人的劳动能力和人的生产能力是人在物质生活生产过程中逐渐发展起来的，是人的实践活动的结晶。人的能力发展是人在认识世界和改造世界的过程中对自身的本质力量的深刻体认，是人不断对人自身的潜能和能力的找寻、培育、确证、发挥，把头脑中的想法，通过具体实践活动来检验、修正、否定、实现的一系列复杂性活动的交互作用。

---

① 马克思恩格斯全集：第30卷[M].北京：人民出版社，1995：112.

② 马克思恩格斯全集：第30卷[M].北京：人民出版社，1995：112.

人的能力发展所特有的实践创造性，也使人的能力体系具有了十分鲜明的系统性。

其一，人的能力体系作为一个能力系统，从底部的实践活动到中部的各种能力的生成和发挥作用，再到顶部的未来共产主义社会中的人的全面而自由的发展的具有自由个性的新人，都是立足于人的实践创造的整个活动的，这意味着，人的能力体系是建立在坚实的物质基础之上的，有着稳固的物质根基，有着显著的系统性。

其二，人的能力体系结构在不断的优化，从人的生产活动出发，人的各种生产活动也在不断激发着人对知识、能力、情感、利益、价值观等方面的审视和追求，在看似远离物质领域的思想领域，人的能力发展也是离不开物质领域的支撑的，因为人的意识、思想、道德、宗教等意识形态都是人的实践活动的产物。正如“人在怎样的程度上学会改变自然界，人的智力就在怎样的程度上发展起来”[①]一样，人在怎样的程度上适应和改造外部环境，人的能力就在怎样的程度上得到提高和发展，人的能力体系也就在怎样的程度上得以优化和完善，进而为促进人的发展和推动社会进步提供实践动力。人的生产生活本身就是一个内含着物质生产活动、精神生产活动、人口生产活动等多方位的整体性生产活动，彼此之间是紧密联系的。

其三，从人的能力发展的进程来看，人的能力发展从最基本的生存能力(穿衣、吃饭、住房等)开始，逐步扩展到人的享受、发展等具有多样性的能力需要，构成了人的能力发展的“低级→高级”“生存→享受→发展”“单一→多样”等进阶的图景，这种进阶的图景也是人的能力体系的系统性表达。人的能力体系特别强调人的劳动能力的基础性和根本性，人的劳动能力是人的能力体系的所有要素的核心要素，以此为根基的能力体系，可以为人更加重

---

① 马克思恩格斯全集：第26卷[M].北京：人民出版社，2014：556.

视劳动,尊重劳动,发展劳动教育,珍惜劳动成果,更加深刻理解"劳动光荣"的深刻意蕴提供科学理论指导。人的能力体系是人的发展体系的不可或缺的组成部分,担负着重要的使命,那就是致力于促进人的能力的全面发展,塑造能力得到全面发展的新人,让每一个人都能够感受到自身能力的激励作用,让每一个人都能够感受到要在劳动过程中,积极地树立主动作为、努力成才、奉献社会的责任感,同时积极培育富有生机的、向善文明的、人的能力的全面发展的和谐环境,为人的能力体系的可持续发展供给动能。

马克思恩格斯规定了人的能力的基本概念,特别是关于人的劳动能力的经典论断,包括人的劳动能力、人的本质力量、人的能力体系等核心内容的人的能力理论无疑为人的能力发展提供了独特的理论参照。需要强调的是,人的劳动能力、人的本质力量、人的能力体系等三方面内容不是彼此割裂、互相孤立的,而是环环相扣和有机交融的,而是都归属于人的能力这个宏观的整体的范畴。人的劳动能力确认了人的能力发展的动力,即人的一切能力发展都是建立在人的劳动能力基础之上的,人的能力发展是在巩固和发展人的劳动能力的根基上的人的多方面的具有自主性、能动性、创造性等特性的能力的发展。人的能力发展与动物的能力发展有着本质的区别,就是在于人的能力的创造性发展,人的能力发展是一种的有意识、有目的的发展,以人的劳动能力为根基底座,以人的本质力量发展为价值追求,以实现的人的全面而自由的发展的人的能力体系的建立,作为人的能力发展的"结果",是作为一条主线贯穿于人的能力发展的整个过程之中的。人的能力的自然存在和社会存在都反映着人的能力发展的主体特性,而人在社会中的活动,从事着人的对象性的社会化的活动,正是人自身的本质力量的主体性的彰显,人的能力显然内含着人的主体性的"对象性的本质力量",也内含着人的对象性的“本质力量的主体性”[1]，这意味着人的能力发展具有显著的主体自觉性。人的能力发展的主体性也通过人的能力发展的能动性、创造性等特性反映出来，作为主体的人的能力的发展正是人的劳动能力发展所带来的人的本质力量的强化和提升，同时为未来社会新人的能力的全面而自由的发展指明了方向，提供了条件。人的劳动能力所具有的社会属性促使人的普遍交往的发展，人的普遍交往所形成的社会关系也反过来为人的劳动能力发展提供动力，在人的本质力量发展的巨大作用下，人的能力体系逐步建立、革新、发展，但是，这绝不能脱离人的劳动能力——这一最基础的能力的发展——这个条件和前提。总之，人的劳动能力发展在人的能力发展过程中始终是起着最基础作用的。在生产资料被全体社会成员所占有和使用的未来社会里，人的能力的全面而自由的发展也就会得以实现，到那时人的能力发展将开启新的发展征程，人的能力发展也将进入一种全新的发展状态，人的本质力量也将以全新的面貌表现出来。

---

① 马克思恩格斯全集：第3卷[M].北京：人民出版社，2002：324.

第四章　马克思恩格斯人的能力理论的基本特征

马克思恩格斯关于人的能力的核心内容的规定，是现实的人的劳动能力、本质力量、能力体系的概括和总结。人的能力离不开人的生产劳动，反映着人的社会关系的本质特性，逐步走向人的全面而自由的发展的能力体系的构建，是与现实的人的现实的社会性的活动紧紧相连的。

马克思恩格斯人的能力理论，与前人关于人的能力的论断有着显著的区别，那就是马克思恩格斯始终把人的能力置于人的实践活动的整个发展过程之中的实践性，始终把人的能力与人的主体性、自觉性实践活动紧密结合的创造性，始终把人的能力作为促进人的全面而自由的发展的重要动力的全面性。不论是人的劳动能力、人的本质力量、人的能力体系，都是与现实的人的实践活动紧密联系在一起的，这三者的逻辑关系十分鲜明，而就其中任何一项内容，其本身也有着十分鲜明的内在逻辑。概括来讲，就是遵循着“现实的人—人的劳动实践—人的本质力量—人的全面的能力—人的自由个性”这一逻辑展开的，包括实践生成特性、综合创造特性、全面发展特性等基本特征，其中实践生成特性是位居统领地位和发挥引领作用的。就其具体内容来讲，人的劳动能力体现了人的能力的实践生成特性，人的本质力量体现了人的能力的综合创造特性，人的能力体系体现了人的能力的全面发展特性。人的能力的实践生成特性与人所参与的社会分工和人所拥有的自由时间有着密切联系，人总是需要有一些能够自我支配的时间且在一定的场所范围的规定前提下参加具体实践活动的；人的能力的综合创造特性与人所从事的交往活动和人所进行的科学技术发明活动有着密切联系，人的社会性要求人不仅要积极参加社会交往，而且要不断扩展社会交往范围，人类的科学技术革命的不断发展映现着人的创造性能力和推动着人的创造性能力的发展；人的能力的全面发展特性与人所接受的教育和人所隶属的共同体有着密切联系，人的能力离不开人的教育活动，离不开人所在的由人共同组成的彼此交融的共同体的发展环境，不同共同体的发展环境对于人的能力也产生着不同的影响。马克思恩格斯人的能力理论所蕴含的这些基本特征，反映了马克思恩格斯立足于社会实践活动，服务于人的创造性才能的培养和发挥，着眼于人的全面而自由的发展的未来方向等远见卓识和高瞻远瞩，同时马克思恩格斯人的能力理论能够不断随着时代发展变化而发展变化，呈现出了与时俱进的发展性和创造性的发展图景。通过对马克思恩格斯人的能力理论的基本特征的分析和了解，能够更全面地把握马克思恩格斯人的能力理论的独特意蕴。

一、立足人的劳动能力培育的实践生成特性

人的能力是现实的人融入世界历史的实践活动的一个不断发展的过程。现实的人（有血有肉的人、活生生的人、社会联系的人）是人的能力的主体，“历史不过是追求着自己目的的人的活动而已。”[①]历史是由现实的人创造的，现实的人是历史的亲历者，历史的产生和发展恰是现实的人的主体活

① 马克思恩格斯文集：第一卷[M].北京：人民出版社，2009：295.

动的结果，是现实的人追求一定目的的实践活动的结果。"整个所谓世界历史不外是人通过人的劳动而诞生的过程，是自然界对人来说的生成过程"[①]，历史是人类的一种生成性活动过程，现实的人的劳动实践创生了历史，现实的人的劳动是包括人的自然活动和社会活动等多方面的劳动实践，人的劳动实践活动是创造世界历史的源动力，人的能力的形成和发展都是以现实的人的实践活动为出发点的，实践活动是现实的人得以生存和发展的前提条件，而现实的人首先是作为一种从事劳动实践活动的人出场的。也就是说，现实的人在具体的劳动实践活动中不断促使自身的能力得到发挥和进一步发展，同时在具体的劳动实践活动中发现自身的其他各种潜在能力，而在具体的劳动实践中，才能够发掘这种潜在能力，并通过不断的劳动实践活动来强化和拓展人的能力的深度和广度，不论是就人的某一种能力而言或是就人的能力的活动范围而言，达到巩固自身的优势能力发展和在劳动实践活动的丰富的经验积累的基础上发展自身其他方面的能力。"历史的全部运动，既是它的现实的产生活动……又是它的被理解和被认识到的生成运动"[②]，历史的现实性和生成性是不可分离的，这种生成性也说明了人的能力的属性，现实的人创造的历史是在既有的条件下继续展开的历史活动，是在理解和认识了历史规律的条件下继续发展的历史活动，这里包含着对原有历史活动的继承和对现实历史活动的实施以及对未来历史活动的构思等一系列复杂的活动，这种复杂的活动是现实的人的主动性在实践中的一种生成发展。在人的劳动实践过程中，也就是人类不断创造历史的过程中，人的能力始终是不断"生成运动"的，人的能力是处于一种"生成过程"中的，这种"生成过程"随着人的劳动实践的变动而变动，是一种"能力生成"。在人的劳动实践过程中的"能力生成"，这是马克思恩格斯人的能力理论的最根本

---

① 马克思恩格斯全集：第3卷[M].北京：人民出版社，2002：310.

② 马克思恩格斯全集：第3卷[M].北京：人民出版社，2002：297.

的特性——实践生成之“能力生成”。概言之,人的能力是现实的人的劳动实践活动的产物,是一种实践生成过程,并且处于一种动态的发展过程之中。

(一)人的能力是人的劳动实践活动的产物

人的能力,特别是人的劳动能力是与现实的人的劳动实践活动联系最为密切的能力。现实的人在具体劳动实践过程中,在追求自身的及外在的不同需要的满足的驱动下,从事着不同类型的不同对象性的活动,这种不同类型的不同对象性的活动是有着一定目的的,促使自身从自然界中提升出来,进入了属人的世界。在人从动物界提升出来的过程中,劳动实践活动发挥着决定性的作用。劳动实践活动直接推动着人要摆脱自然界的控制,就必须在劳动实践活动中不断提升自身的能力,无论是个体的能力,还是集体或者共同体的能力,只有人的能力提升了,才能够尽最大力量来应对来自自然界的挑战,才能够保存自身生命的存在和延续。在结成部落、联盟、国家等各类形式的共同体的状况下,个体的能力逐渐被集体或共同体的能力所管控,即个体在集体或共同体中,依靠集体或共同体的强大的保障作用和合力作用,在更广阔的范围和更广泛的领域从事更新的和更多的劳动实践活动,来为集体或共同体的整体的利益服务,人的能力也正是在人的劳动实践活动中得到萌发、生长、成熟,经过一系列发展变化过程,最终形成了人的普遍具有的一般能力和人所特有的个性能力的格局。人的实践活动更多的是在一定的社会分工范围内从事的具体的实践活动,社会分工为人的能力发展提供了最基本的条件和前提。社会分工是随着人类的生产活动范围和活动能力的发展而逐步发展起来的,是人类的实践活动的产物,其所带来的最直接的和最深远的影响就是带来了人类职业的划分和推动了人的能力发展的专业化属性日益增强。毋庸置疑,人的能力发展与社会分工有着直接的密切联系,社会分工是人的能力发展的必然结果,人的能力发展受到社会分工的制约,两者相互作用。自从人类社会有了社会分工以后,人们的活动范围就被限制在了一定的区域内,尤其是旧的社会分工把人束缚在固定的工作岗位中,极大地束缚了人的能力发展。在资本主义社会,因由旧的社会分工造成人的能力发展的狭隘化和片面性,也受到了世人的批判,这是旧的社会分工所不能克服的弊端,旧的社会分工造成了"商品占有者的劳动成为单方面的,又使他的需要成为多方面的"[①]劳动与需求之间的矛盾现象,资本家的占有是唯一的,即对雇佣工人的占有进而从中榨取和满足自己多方面的需要,这种依靠奴役他人劳动来满足自身需要的不公正的矛盾现象广泛存在于资本主义社会,这种矛盾现象也为不同职业规定了不同的实践活动范围和内容。社会分工带来了职业的划分,在人类社会分工的演进过程中,出现了三种专门的职业,第一种是在原始社会分工中产生的游牧部落,游牧部落从原始野蛮人群中分离出来后,就以畜牧为主要工作,家庭成员和部落成员都有着擅长畜牧的非凡能力,形成了畜牧职业,但是这种职业对人的驾驭能力提出了高的要求,比如要熟练骑马,能够长距离放牧,精通畜牧工具的使用等能力。第二种是在奴隶社会和封建社会分工中产生的手工业和农业的两大职业,手工业对人的工艺技能有着高要求,每一个人都要是工艺高手,才能够加速工作进程,农业中的农民对农具的操作能力是极为重要的,要有一大批能够熟练使用农具的农民。第三种是在资本主义社会分工中产生的新的职业,是"一个不再从事生产而只从事产品交换的阶级——商人"[②],在这里规定了商人所从事的活动内容,商人的能力比从事畜牧业、手工业和农业等职业的人的能力更复杂,商人虽不从事直接的生产劳动,但是生产劳动的成果要转化为满足更多人的需要的生产力,就需要有能够推动

① 马克思恩格斯全集:第44卷[M].北京:人民出版社,2001:127.

② 马克思恩格斯文集:第四卷[M].北京:人民出版社,2009:185.

两者有效结合的能力，而商人的出现就可以为实现这种结合牵线搭桥，商人要有交流、谈判、理财、管理等能力，商人往往会有属于自己的经营场所和员工，并不断为达到经营目标而努力。三次大分工所带来的三种不同职业，对于从事不同职业的人的能力要求也不一样，对人的能力有一般的能力、特殊的能力、简单的能力、复杂的能力、分析的能力、综合的能力等各种能力要求。但有一个显著的特点，就是在“分工→职业”的作用下，人的能力发展的专业性愈发增强，这为提高劳动效率有着很大助力，但也出现了“能力差异”“能力差距”，即因分工造成的不同人的能力之间的差异和差距，在职业工作的胜任方面表现最为明显。总之，人的一切活动的开展，参与社会中的活动，都是从社会分工开始的，社会分工为每一个人规定了活动范围和工作场所，划分了各种各样的专门化和专业化的职业，安排了职业活动内容，提出了职业活动目标等，社会分工直接决定着人的能力的发展方向，即人为了在自身活动范围内做好自身的工作，必须按照工作所要求的必须具备的技能、技巧去学习和掌握适应工作要求的东西。也就是说，要提高适应所在行业、领域、部门等要求的专业能力。然而在旧的社会分工所设定的特定的范围内，人的能力发展被限制了，但是人可以发展自身的某一个专业技能，成为某一领域的“能人”，这对于推动提高劳动生产率和推动生产力发展是有利的。但是人的活动范围被限制在固定的工种、岗位、部门、行业等方面，人的能力的全面性发展是受到一定限制的，旧的社会分工不被废除，人就不能超出社会分工所规定的范围，而人就只能在其所在范围内不断发展其专门化、专业化、固定化的能力，这样导致了人的能力发展的片面化现象。

（二）人的能力发展是人的自由时间的生成性发展

人的能力是人的劳动实践活动的产物，人的劳动实践活动是一种处于发展过程中的，由低级到高级逐步发展的过程，人的能力发展也处在这种发展的过程中，而这种发展过程具有显著的实践生成特性，这也恰恰意味着人的能力发展是一种实践生成的过程。人的能力发展不是处在静止的、孤立的发展状态的，只要人的劳动实践活动不断为人的生存和发展发挥着作用，人的能力发展也就会处在不断的生成过程中。随着人的实践内容和形式的丰富性和多样化，人的能力发展的内容和形式也会更加丰富多样。人自身作为自然界中有目的有意识的能动性的自然精华，随着自然界的四季变化及天地间的沧海桑田，人的能力发展也经历着不同寻常的变革。在人的具体的实践活动过程中，在人的节约时间腾出更多自由时间的条件下，人的能力发展所具有的那种实践生成性更加鲜明厚重。“时间是人类发展的空间。一个人如果没有自己处置的自由时间，一生中除睡眠饮食等纯生理上必需的间断以外，都是替资本家服务，那么，他就还不如一头载重的牲畜。”①受到资本家奴役和剥削的雇佣工人，被资本家看作“载重的牲畜”，这是对雇佣工人人格尊严的侮辱，雇佣工人没有自己发展自身能力的“自由时间”，雇佣工人的“自由时间”就是为资本家劳作的时间，这个时间也被资本家所掌控，但是人的能力发展需要一定的空间，人需要有自己的“自由时间”。

一方面人的能力发展是在具体的实践活动中逐渐展开的，不存在那种脱离实践活动而获得能力的人，另一方面在时间充裕的条件下，也就是当人有了一定的自由时间，这就为人的能力发展提供了更加自由的发展空间。而人的能力发展与人所处的活动空间和拥有的自由时间是密切联系的，在人的能力发展的具体实践活动中，特别是人的自由时间为人的能力发展提供的无限广阔的空间中，更加体现出人的能力发展的生成性特性，因为时间本身就是一种“处于不断的流动中，处于不息的运动和变化中”②，“不断的流动”“不息的运动”是时间特有的属性，时间是处在时刻运动过程中的，说明

---

① 马克思恩格斯全集：第21卷[M].北京：人民出版社，2003：204.

② 马克思恩格斯全集：第26卷[M].北京：人民出版社，2014：475.

时间具有不可逆性,这也意味着时间是一种稀缺资源,时间就是生产力。“真正的经济——节约——是劳动时间的节约(生产费用的最低限度——和降到最低限度)。而这种节约就等于发展生产力。”[①]如前所述,资本家占用雇佣工人的“自由时间”来为资本家的生产力发展服务,使资本家以剥削雇佣工人的“自由时间”发财致富,节约劳动时间可以促进生产力的发展,这需要处理好个人与社会的节约劳动时间的态度和行为的关系问题。一方面,个人需要节约劳动时间,只有个人除花费在“睡眠饮食”必需的时间外,还把时间用来参加实践活动,用来发展自身的能力,这需要养成一种节约时间的习惯。另一方面,社会需要节约劳动时间,社会节约劳动时间具有十分巨大的意义,社会作为个人的联合体,承担着社会成员生存与发展的责无旁贷的重要任务,社会要在物质生产的各个环节对时间进行规划设计,“社会必须合乎目的地分配自己的时间,才能实现符合社会全部需要的生产”[②],合乎社会成员共同利益的时间分配才能够有助于社会成员需要的生产和满足。社会只有节约大量劳动时间,才能够为社会成员提供更加多的自由时间来发展自身的能力,社会节约劳动时间可带来整个社会的集体或共同体的能力的大发展,是一种集体或共同体的合力的发展。节约劳动时间为人的能力发展提供了空间,也是人的能力发展的生成性的重要保障,人在时间中不断培养发展自身能力。随着时间的发展,人自身的能力也在不断地舒展延伸。

在这里我们需要对人所处不同社会中的劳动时间的状况进行考察。人的劳动时间与人的自由时间在共产主义社会以前的社会形态中,是存在着一定对立的。人的劳动时间越多,人的自由时间就越少,人的能力发展就会受到阻碍,而人的自由时间越多,人的能力发展的时间就越多。因为劳动时间节约了,就会增加自由时间,由此也就增加了“使个人得到充分发展的时

---

① 马克思恩格斯全集:第31卷[M].北京:人民出版社,1998:107.

② 马克思恩格斯全集:第30卷[M].北京:人民出版社,1995:123.

间”[①],这样就可以为人的能力发展提供时间保证。人拥有了一定的自由时间,或者人通过努力腾出了自由时间,就能够为发展自身的道德力、智力、体力、审美力等方面能力创造条件,在大范围缩减劳动时间的前提下,人会为自身的艺术、科学、道德等方面“腾出了时间和创造了手段”[②],来发展自身在这些方面的兴趣爱好和才能技艺。在共产主义社会里,人的自由时间就会多起来,“所有自由时间都是供自由发展的时间”[③]。自由时间包括人的闲暇时间和从事高级创造性活动的时间,因此人可以充分利用自由时间在无限广阔的范围,无拘无束地发展自己的兴趣、才能等等。自由时间成为人的能力发展的尺度,人在获得自由时间的过程中,也在发展着自身的能力,一切争取自由时间来发展自身能力的行为也需要与人对时间的重要价值有全面科学的估量,这样才能够让每一个人都感受到自由时间对于促进人的能力发展所具有的那种巨大的能量,才能够珍视自由时间,在自由时间里不遗余力地发展自身的能力,这当然也会促使人对他人的自由时间更加尊重和理解。全社会成员达成了节约劳动时间和赢得自由时间来发展自身才能的普遍共识,整个社会的自由时间就会增多,人的能力就会得到更为全面的发展。

二、注重人的本质力量发展的综合创造特性

人的本质力量是人的能力的一项核心内容,作为现实的人的“一切社会关系的总和”,人的本质力量发展无疑是人的“一切社会关系的总和”的发展。人的社会关系不是单线性的,而是多线性的,不是单方面的,而是多方

① 马克思恩格斯全集:第31卷[M].北京:人民出版社,1998:107-108.
② 马克思恩格斯全集:第31卷[M].北京:人民出版社,1998:101.
③ 马克思恩格斯全集:第31卷[M].北京:人民出版社,1998:23.

面的,是人的各种社会联系的综合,而人的社会关系在一定条件下可以创造出更多的社会关系,这是人的本质力量所特有的能力,动物是无法做到的。“如果我的生活不是我自己的创造,那么我的生活就必定在自身之外有这样一个根源”,“创造是一个很难从人民意识中排除的观念”。[①]人是富有创造性的社会存在物,只有具有创造性的生活才是人的生活,创造是人的基本品质和根本素养,创造是人的本质力量的特性。从人的本质力量发展来看,人的能力的综合创造特性是置于对人的“自身的自然中沉睡着的潜力”[②]的唤醒和发挥的过程中的,是置于人的外在的广泛的交往过程中的,是置于人不断进行科学技术革新的过程中的。人的自身内部存在着无穷的能力,需要人对自身的“沉睡着的潜力”的唤醒和发挥,人的广泛的交往,人在科学技术方面的不断革新,既体现了人的能力的内在创造性,也体现了人的能力的外在开拓性,即人的能力的内部的和外部的有机融合。一方面,在人对自身的“沉睡着的潜力”的唤醒和发挥过程中,可以更加深入地认识人自身和理解人所蕴藏的潜力,为发挥这种潜力创设条件。另一方面,在人的广泛的交往过程中,可以从各方面不断学习借鉴吸收有益的经验和成果,不断拓展和丰富自身的能力视野。在人的科学技术的积极革新过程中,随着人的内在潜力的挖掘和释放,可以开发出更新的产品,不断满足人的需要,也不断推动人的创造能力的可持续发展。人的广泛的交往过程就是人不断综合各方面能力的发展过程,人的科学技术革新的过程就是人的能力创造性发挥的过程。人的劳动实践活动是在人与自然、人与他人、人与社会、部落与部落、联盟与联盟、国家与国家等交往活动中完成的,人的劳动实践活动已经超越了人自身所在的狭隘的且有局限性的活动范围,同时交往也促进了全球化兴起和发展,资产阶级的进步作用的形成和发挥也是与资产阶级的广泛的交

---

① 马克思恩格斯全集:第3卷[M].北京:人民出版社,2002:309.

② 马克思恩格斯全集:第23卷[M].北京:人民出版社,1972:202.

往有着密切的联系的,“资产阶级,由于开拓了世界市场,使一切国家的生产和消费都成为世界性的了”[①]。在这里,马克思对资产阶级的进步作用进行了阐述,资产阶级的这种进步作用,尤其离不开资产阶级在交通工具上的不断革新,“新的交通工具——铁路和海船——现在已经在国际范围内应用起来;它们事实上创造了以前只是潜在的世界市场”[②],资产阶级在交通工具方面的开拓有助于促进“世界市场”的形成,而交通工具的不断革新直接加速了人的世界性交往时代的到来。世界性的交往直接造成了“两个迫使”:一是“迫使一切民族——如果它们不想灭亡的话——采用资产阶级的生产方式”[③],即新的生产方式被广泛采用,采用资产阶级发明出来的资本主义生产方式,这种采用有时候就是逼迫性的奴役性的采用;二是“迫使它们在自己那里推行所谓的文明,即变成资产者”[④],即新的文明形态被广泛推行,推行资产阶级发明出来的资本主义社会,这种推行有时候就是强制性的掠夺性的推行。这“两个迫使”极大地推动了资产主义生产方式在全球范围内的普及和影响,极大地发挥了资本主义文明形态对人类社会发展进程的作用和影响。当然,资本主义制度的狭隘的本性和不可克服的弊端也随之不断暴露出来。资产阶级在推动世界性交往中发挥了重要作用,这不仅为世界各民族保持联系提供了一定可能条件,也为资产阶级使出浑身解数地兜售和绞尽脑汁地贩卖他们的制度、文化、价值观等产品提供了便利。但是世界性交往和科学技术的变革发展,确是为人的能力的综合创造发展提供了条件。在人的劳动实践活动中,一定是离不开人的广泛的交往和科学技术的不断革新来助推的,在广泛的交往与科学技术不断革新的双重助推下,人的能力

---

① 马克思恩格斯文集:第二卷[M].北京:人民出版社,2009:35.
② 马克思恩格斯文集:第一卷[M].北京:人民出版社,2009:367.
③ 马克思恩格斯文集:第二卷[M].北京:人民出版社,2009:35.
④ 马克思恩格斯文集:第二卷[M].北京:人民出版社,2009:35-36.

所具有的综合创造特质得到了更为鲜明的体现。

(一)人的能力是人的本质力量的综合彰显

人的社会关系的总和是人的本质,人的社会关系的合力构成了人的本质力量,也催化了人的能力的生成。由于人的实践活动的动态化,人的社会关系总是处在不断的发展过程中,而人的社会关系的聚合可以迸发出巨大的威力,发挥人的社会关系总和的作用,从整体层面来展示人的能力的关系网络,也就是说,作为有着各种社会联系的现实的人,是在社会整体中发挥和发展自身能力的,人作为社会集体中的一分子,担负着为社会的整体发展和进步不可推卸的责任。人的能力的整体发展不仅可以为人的本质力量的整体效能发挥创造条件,而且可以为人的本质力量的创造性释放提供可能。在现实中,人的社会关系是人在普遍的社会交往过程中逐步建立起来的。社会交往是人的生产活动的直接产物,人的生产活动的范围扩大必然要求人的社会交往范围扩大,人的工业交往、农业交往、商业交往、文化交往、情感交往等各式各样交往都是人的不同的生产活动的结果。人类的直接性或者间接性的社会交往活动对于人类的发展起着重要作用,因为“人的发展取决于和他直接或间接进行交往的其他一切人的发展”[①],交往在推动人的发展过程中发挥着极为重要的作用,人的发展本身也包括人的交往的发展。一言以蔽之,人的社会交往产生了人的社会关系,进而生成了人的本质,使人的本质力量更加具有可持续发展的效力,这也是人的社会交往特有的内在能量。因此,社会交往是促进人的发展的一个重要条件,人的能力也离不开人的社会交往。从人的社会交往活动的作用来看,人的社会交往活动所形成的人的社会关系的丰富性和全面性拓展了人的视野,增进了人的知识,

---

① 马克思恩格斯全集:第3卷[M].北京:人民出版社,1960:515.

促进了人的能力发展。人的社会交往促进了生产力的发展和人的发明创造的传承,某一个民族、地域、国家等所创造的生产力、发明物、文化等成果,以及生产力、发明物、文化等成果的保存,也是受到人的社会交往影响的,在一定程度上讲,这些“完全取决于交往扩展的情况”[①]。需要说明的是,人的本质力量来源于人的社会关系,人的社会关系的生成离不开人的社会交往,人的社会交往能力的发展是人的能力发展的必要构成。没有人与人之间的交往的普遍性,没有超越民族性和地域性的世界性交往的产生,人的全面而自由的发展就是空话,更是无法实现的,人的社会交往对于人的能力发展起着重要作用是不言而喻的。在社会交往中,人与人之间的关系不断深化和发展,人的能力发展的范围和视野也不断扩大,社会交往为人的发展提供了前所未有的发展空间。从人的社会交往的工具来看,人的社会交往需要促使人不断地改进、发明新的交往工具,人的社会交往工具的创造能力得到了发挥。特别是航海、火车、汽车、飞机、通信工具等新工具的发明与使用,极大地加深了世界各地人与人的交往和联系,这为人们在世界范围内开展各种活动提供了极大便利。人的视野的拓展,也为人的能力的多领域、多方面发展带来了刺激和压力。特别是在人类社会发展新的环境下,有一些交往是在一定技术环境下进行的,虚拟交往就是技术环境下人的社会交往的延伸,这种虚拟交往已经不再受限于人的肤色、地域、语言等条件的制约,技术的智能化为人的社会交往提供了更为便捷的服务,人们足不出户就可以通过互联网与世界各地的人进行对话、交流、讨论等活动,这种交往工具给人的能力发展带来了更加新的体验。而作为虚拟交往的载体的智能手机的横空出世和普遍使用,直接联通了人与人的交往存在感,距离已经不是问题,只要有了互联网,有了智能手机,皆可以在线交往。随之而来的是一大批高技

① 马克思恩格斯文集:第一卷[M].北京:人民出版社,2009:559.

术产业的出现,更赋予人的交往以便捷和高效。“人的社会交往”“人的社会关系”“人的本质力量”的共同作用力促进了人的能力发展,强化了人的本质力量。那种远古的老死不相往来,早已被现实的广泛的交往所取代,人的社会交往能力不断提升,打破了地域和民族的局限,走出了国门,迈向了世界。人在社会交往中的认识能力、分析能力、判断能力、创新能力等能力也不断发展,人的能力发展的规模和层次也在交往中呈现出大规模、多层次、立体感等鲜明特性。

(二)人的能力发展是人运用科学技术的创造性发展

人的本质力量凸显了人的能力的综合效能,也反映出了人的能力发展所蕴藏着丰富的创造性。人的能力发展随着人的实践活动的创新性展开,那种能够激发人的创造需要和欲望的实践活动不仅可以促使人的创造力的生成,而且可以推动人的本质力量的创造性作用发挥得更加充分。人的各种能力的综合,能够形成一种新的能力,这种新的能力具有创造的潜质,即在综合人的各种能力的基础上,在把人的各种社会关系整合的基础上,进一步推动人的能力发展的创造性作用的发挥。在一定意义上讲,可以把人的能力的集合称为人的能力的再加工,这种再加工生成了人的新能力,这种新的能力具有显著的综合创造性质。“科学是一种在历史上起推动作用的、革命的力量”①,科学技术是人类实践活动的产物,特别是人的创造性实践的结果。它体现着人所具有的巨大的本质力量和改造自然的主动作为。科学技术对于人类社会发展的推动作用,主要是通过人类的发明创造和工业的大发展表现出来的。从人类的发明创造来看,在人类科学技术发展史上,已经经历了三次科学技术革命:18世纪以蒸汽机标志的蒸汽时代、19世纪以电力

① 马克思恩格斯全集:第25卷[M].北京:人民出版社,2001:597.

技术为标志的电气时代、20世纪以信息技术为标志的信息时代，这三次科学技术革命正是人的创造性能力在实践活动中具体应用的最有力的证明。第一次科学技术革命和第二次科学技术革命使得人的体力得到了解放，依靠机器生产来大规模提高工作效率，人的手脚获得了解放；第三次科学技术革命使得人的脑力得到了解放和发展，人需要运用更多的智力来提出、分析、解决问题，而在这次科学技术革命中，人对人的潜力的重视被提高到了新的阶段，人开始更加注重对人的智力的研究和开发，相信只要积极开发人的智力，就可以创造出更加新奇的东西来，满足人的不断增长的各种需要。从蒸汽机的发明到火车的出现，从简单的手工作坊到复杂化的大工业部门，特别是高新科技产业的面世，科学技术所展现出的人的无穷的想象力量和现实力量，把人类带入了一个新的世界。从科学技术对工业发展的作用来看，科学技术是人的本质力量的体现，工业也是人的本质力量的体现。工业革命的爆发，从蒸汽机到珍妮走锭精纺机，从农业技术的改良、新航路开辟、人的吃喝住穿行诸方面的质量和品质的提高等，都是作为“现实手段”的科学技术发展带来的人的能力发展的“现实成果”。科学技术推动着工业的发展，尤其是制造业的发展，将人的能力发挥得更加充分，如同“一本打开了的关于人的本质力量的书”[①]，体现了人的能力的无限的创造性特质。人的劳动生产力是“随着科学和技术的不断进步而不断发展的”[②]，人的劳动活动本身就创造了科学和技术，带动了科学和技术的发展，科学技术拓展了人的能力的发展空间，上天入地，探索未知奥秘，人的潜在能力的挖掘和开发成为常态。人的能力发展推动了科学技术的发展，人类的许多科学技术发明也是人的能力发展的一个缩影。恩格斯在《反杜林论》中把人类认识领域分为

① 马克思恩格斯全集：第3卷[M].北京：人民出版社，2002：306.

② 马克思恩格斯全集：第44卷[M].北京：人民出版社，2001：698.

“精密科学”“活的有机体的科学”“历史科学”[①]等三大科学领域，“精密科学”是人类对数学、物理学、化学等理工科学的探索，“活的有机体的科学”是人类对生物学、医学等生命科学的探索，“历史科学”是人类对哲学、宗教学、艺术学等观念上层建筑的探索。这三大科学领域是人的认识能力发展的伟大结果，体现着人的认识领域的重大变革，开启了人的认识能力发展与科学发展的双重交互格局。人的认识能力的发展为人在科学技术方面的革新与运用提供了更为有利的条件，同时人在科学技术方面的不断革新与运用也为人的认识领域的不断开拓提供了工具和手段。

三、推动人的能力体系构建的全面发展特性

恩格斯指出：“自然界所有过程都处在一种系统联系中。”[②]“系统联系”是自然界的一个十分鲜明的特点，人的发展也是一种全面性系统性的发展过程，是与人的社会关系的联系性、全面性，以及人自身各方面全面系统发展紧密联系的。人的全面的能力体系所呈现出的系统性全面性，表明马克思恩格斯人的能力理论是有一条主线贯穿人的能力整个过程中的，这条主线就是人的能力的全面的系统的发展。人的能力全面发展是人的全面发展的核心，人的能力的全面的系统的发展也彰显了马克思恩格斯人的能力理论的全面的系统的发展的思维特点。在马克思恩格斯看来，未来社会的新人，一定是具有全面的系统的能力的人，一定是全面而自由的发展的人。这种新人能够在不同部门和不同领域从事不同的实践活动，在各类不同的实践活动中，全面的系统的思维能力的形成，为人的全面而自由的发展和社会的全面进步提供了更强的推力。人的能力的全面性系统性既需要科学的世

① 马克思恩格斯全集：第26卷[M].北京：人民出版社，2014:92-94.

② 马克思恩格斯全集：第26卷[M].北京：人民出版社，2014:40.

界观的指导,也需要科学的方法论的指导。从世界观来看,主要是人自身是一个全面的系统的现实的人,人有耳鼻喉、手足口、能说话、会思考等特性,人的生理和心理的系统构造的客观存在,需要人对自身有更加全面的系统的认识。要实现人对自身有更加全面的系统的认识,就需要采用一定的有效的方法。在诸多方法中,教育的方法是不可忽视的方法,同时还需要人在社会性的活动中,即人在一定的载体中,特别是在共同体中,才能够达成人对自身的全面性系统性的认识。而人的能力的系统性全面性的发展也就要求人接受系统的教育,接受系统的专门的训练,也就要求人在集体或共同体中提升自身的全面的知识、才能、价值观,以此更好地发展自身的能力,进而为获得能力的全面的自由的发展创造条件和打下基础。

(一)人的能力全面发展是人的全面发展的动力

马克思恩格斯人的发展理论内涵极其丰富,人的发展至少包括人的需要发展、人的交往发展、人的能力发展、人的个性发展、人的生产力发展、人的社会关系发展等方面的内容,其中处于动力地位的发展内容就是人的能力发展。人的能力发展是人的发展的动力,而人的能力全面发展是人的全面发展的动力。人的全面而自由的发展是共产主义社会的组织原则。人的全面发展的首要前提是人的能力的全面发展,只有具备了能力的全面发展的人,才能够达到自身的全面发展。人的能力全面发展成为人的全面发展的核心可以从马克思恩格斯关于共产主义社会中人的“自由个性”、共产主义社会所必需的社会生产力发展,以及最有效的社会生产分配方式等方面得到验证,人的自由个性的实现离不开人的能力的全面发展,共产主义社会的实现需要具有能力全面发展的人来促进工业生产和农业生产,最有效的社会生产分配方式更是与人的能力全面发展密不可分。这三者也是互相联系的,人的自由个性的全面发展是以人的能力的全面发展为前提条件的,共产主义社会要求工业生产水平和农业生产水平持续、高速的发展,这需要人的能力得到最大程度的开发,发挥出人的能力推动工业生产和农业生产的引擎作用,并且积极在生产工具的发明创造方面不断取得变革,此外共产主义社会的社会生产要求一种最有效率的分配方式,这种分配方式无疑也是人的能力的全面发展。依据马克思恩格斯原著文本中的经典论述,可以确证人的能力全面发展是人的全面发展的动力。

其一,从人的个性的全面发展来看。人的全面而自由的发展的一个重要标志就是人的个性得到全面而自由的发展。而人的个性的全面、自由的发展若成为可能,是绝对脱离不了人的能力的,因为“要使这种个性成为可能,能力的发展就要达到一定的程度和全面性”①,所以没有人的能力的全面发展,就没有人的个性的全面发展,人的个性的全面发展是建立在人的能力的全面发展的基础上的。马克思指出,人的自由个性实现的条件,即“建立在个人全面发展和他们共同的、社会的生产能力成为从属于他们的社会财富这一基础上的自由个性”②,人的自由个性的实现是与人的能力的全面自由发展息息相关的,人的能力的全面自由发展为人的自由个性的实现提供了前提和条件,发挥着基础性的作用。人的自由个性的实现是需要人的能力得到全面的发展作为前提条件的。人的能力的全面发展为人的全面而自由的发展,也就是人类解放准备条件,作为推动人类解放的核心动力。

其二,从实现共产主义所需要的社会生产力的发展来看。共产主义的实现离不开社会生产力的可持续的高速度的发展这个最根本的物质条件。而要切实保证这一最根本的物质条件的坚实基础,那就离不开通过工业和农业等方面生产的持续的高度的发展来带动社会生产力的发展,而工业和农业等方面生产的持续的高水平的发展是绝对离不开人的能力发展的。一

---

① 马克思恩格斯全集:第30卷[M].北京:人民出版社,1995:112.

② 马克思恩格斯全集:第30卷[M].北京:人民出版社,1995:107-108.

方面，工业和农业等方面生产的发展的主体是从事工业和农业等方面生产活动的人，这些人是使用工业生产工具和农业生产工具的主体力量，这些人不具备能力，是无法使用这些工具的。另一方面，具有能力的生产者才能够有利于促进工业生产工具和农业生产工具的不断革新，其中包括不断发明出来新的工业生产工具和农业生产工具等极大利于社会生产力发展的新式工具。恩格斯在《共产主义原理》中指出："因为要把工业和农业生产提高到上面说过的水平，单靠机械和化学的辅助手段是不够的，还必须相应地发展使用这些手段的人的能力。"[①]恩格斯在这里十分明确地指明了"机械和化学"作为"辅助手段"，是有极大局限性的，绝不能忽视对使用这些"辅助手段"的人的能力的发展，也就是说，只有使用这些"辅助手段"的人的能力得到了发展，才能够提高工业和农业生产水平，才能够不断创造出新的"辅助手段"来继续推进工业和农业的发展，来不断促进社会生产力的发展。在恩格斯看来，工业对于社会生产力的发展发挥着至关重要的作用，人的能力发展对于工业的发展起着至关重要的作用，人的能力的全面发展是带动工业发展进而带动社会生产力发展的引擎，因为共产主义社会的工业生产是"由整个社会共同地和有计划地来经营的工业，更加需要才能得到全面发展、能够通晓整个生产系统的人"[②]。人的能力的全面发展的确对于社会生产力的发展具有十分重要的不可或缺的作用。

其三，从促进社会生产的分配方式来看。社会生产的分配方式是社会生产的基本要素，在共产主义社会，是需要从全局来考虑如何使社会成员的利益得到有效分配的，以实现分配的效能最大化，这就涉及社会资源的分配方式的问题。不言而喻，在共产主义社会，每一个人的能力都得到了全面而自由的发展，而在这样的社会中，才能够让"最能促进生产的是能使一切社

① 马克思恩格斯文集：第一卷[M].北京：人民出版社，2009：688.

② 马克思恩格斯文集：第一卷[M].北京：人民出版社，2009：688-689.

会成员尽可能全面地发展、保持和施展自己能力的那种分配方式”[①]得以实现。人的能力发展作为社会生产的一种资源配置方式实现了人的能力发展与社会生产力发展的真正融合，人既作为个人生产力，也作为社会生产力，个人生产力和社会生产力都需要依托人的能力发展。人的能力得到全面的发展、保持和施展，人的能力配置方式也成为人的全面而自由发展的有效动力。

（二）人的能力发展是人在共同体中的全面性发展

马克思恩格斯提出的人的全面的能力的体系，体现出了深刻的全面的系统的发展思维理念，这是为了全面克服旧的社会分工所带来的人的片面的局部的发展对人的全面发展的妨碍所提出来的一种全新的思维理念。也就是说，要对人的全面发展提出一定的能力发展要求，这种要求不仅是一种理念上的要求，即人的能力全面发展的理念是人的能力发展的一种期待和愿景，而且是一种现实上的要求，即人的能力发展需要不断从片面性的发展努力走向全面性的发展。兼具理念和现实的人的能力发展是一种思维模式和实践模式，这种模式的提出和展开是离不开一定的环境和条件的。人的能力发展必须是各方面能力的全面的系统的发展，无论是从实践方面，还是从理念方面，人的能力发展坚持全面的系统的发展思维理念，对于促进人的全面发展以及关于人的全面的系统的思考问题的世界观和方法论的构建具有重要的意义。全面发展的人一定是采用联系的、发展的观点和方法看待问题和解决问题的，一定是采用全面的、系统的发展思维来分析问题和解决问题的，这是人的能力全面发展的特有意蕴，只有采用全面的能力的体系的系统的思维方式，才能够更好地推动人的劳动实践活动的进一步深化。人

---

① 马克思恩格斯全集：第26卷[M].北京：人民出版社，2014：210.

的能力的全面发展需要在一定的环境中和条件下才能实现，这种环境和条件是建立在集体或共同体基础上的，因为“只有在共同体中，个人才能获得全面发展其才能的手段，也就是说，只有在共同体中才可能有个人自由”[①]。集体或共同体是人的能力得以全面发展的手段和载体，是人的能力发展的重要场域。从共同体的形式的演进过程来看，共同体经历一个漫长的发展过程，共同体的形式主要有“自然形成的共同体”“原始共同体”“虚假的共同体”“虚幻的共同体”“资本共同体”“货币共同体”“真正的共同体”“真实的共同体”“自由人联合体”等等。在不同形式的共同体中，人的能力发展是不一样的，在“原始共同体”中，人的能力发展仅限于氏族、部落中，人的能力发展的范围是极为狭小的，只能在自身所属的共同体规定的范围内活动，不能越出共同体，一旦越出自身所属的共同体，将受到共同体的严厉惩罚，人的能力发展的内容也是有限的，人从事着打猎、耕种、织布、建屋等简单的维持基本生存的活动，人的能力发展的技术含量比较低，即便是人的石器、木器等工具的发明，也对人的能力发展的影响不大。

在“虚幻的共同体”下，人的能力发展进入了一个新的阶段，人的生产、分配、交换、消费等方面的能力开始大幅度发展，人的社会交往日益扩大，随着世界市场的逐步形成，商品和货币在世界各地的流通，资本的飞速发展，人的致富欲、享受欲、积累欲、消费欲等各种欲望不断增强，这都极大地刺激了人要不断发展自身的能力，通过发展自身的能力来促使自身的各种欲望得到满足，在这样的情势下，诚然人的能力得到了发展，但是人的能力也出现了异化现象，依靠剥削和榨取雇佣工人来满足自身的欲望成了资本家的特有本性。“真正的共同体”是属于共产主义社会的，在共产主义社会的“真正的共同体”中，旧的社会分工已经消除，人的社会交往更加频繁，科学技术

① 马克思恩格斯文集：第一卷[M].北京：人民出版社，2009：571.

发展更加高超，每一个人都有机会获得高质量的教育，每一个人都有充裕的闲暇时间来发展自身的兴趣爱好，每一个人都获得了真正的自由，每一个人的能力都得到了全面而自由的发展，人再也不受旧的社会分工的限制与束缚，每一个人都能够自由地去从事打猎、捕鱼、畜牧、批判等活动，在“自由人联合体”中，人的能力发展进入了人类社会发展的“自由王国”。处在不同形式的共同体中的人们，各自的能力发展的需要和目标也是不同的，而共同体对其内部的成员是存在一定的保护功能的，共同体的形成也是每一个人基于共同的情感、价值、利益、文化、行动等一定前提条件的，组成的维护共同体的共同利益，规避个体的私人利益对共同体的共同利益的损害，保证共同体内部的全体成员不受到外部的侵犯，共同体成员的人格尊严、生存需要、发展权利等合理诉求都要切实保障，并通过大力发展共同体内部成员的能力，推动整个共同体的整体能力的发展和提升，以此确保共同体的整体利益更加稳固。

因此，“在真正的共同体的条件下，各个人在自己的联合中并通过这种联合获得自己的自由”[①]。只有在“真正的共同体”中，人的联合才能够真正彻底、真正有效，人的自由才能够得到真正的实现，人才能够真正成为“自由人”。在共产主义社会中，人的能力的全面而自由的发展才得以实现，而人的能力的全面而自由的发展也体现了“真正的共同体”的确立价值和存在意义，这也是未来共产主义社会所独有的意蕴，在“真正的共同体”到来之前，其他一切共同体形式都是无法达到这种高度的，因而也无法从根本上保证每一个社会成员的能力得到全面而自由的发展，这也表明了其他共同体形式所不具备的优势，当然也是其他共同体形式所无法企及的。一句话，人的能力发展需要一种有利于人的能力的“全面性”的发展的环境，而这种环境

① 马克思恩格斯文集：第一卷［M］.北京：人民出版社，2009：571.

是人类社会发展过程中不断探寻的环境。在漫漫的探寻路上,人类对各种形式的共同体付出了十分艰辛的耕耘劳作,同时也积极主动地进行甄别选择,从中确立起最有利于人类社会发展的那种共同体的形式,这个过程也正是人的能力发展的过程,人的能力发展与各种共同体形式发生联系和进行作用,从而不断朝向实现人的能力的“全面性”发展道路迈进。人的能力的实践生成特性、综合创造特性、全面发展特性共同构成了马克思恩格斯人的能力理论的基本特征。恩格斯指出,“要把握总的联系”[①],“注意总的联系”[②],因此要从总体上来把握马克思恩格斯人的能力理论的基本特征,不能割断各种特性之间的内在联系,“实践生成—综合创造—全面发展”所内含的“认识自己需要立足现实的人——改变自己需要发挥人的本质力量——成为自己需要促进人的全面发展”的“认识自我—改变自我—成为自我”的“总的联系”,这种“总的联系”是在人的能力的实践性、创造性、全面性的交融之中的,这为深刻理解马克思恩格斯人的能力理论的基本特征的内在联系提供了重要的依据。人的能力的实践生成特性确证了人的能力的主体的现实的人的实践生成,这是马克思恩格斯人的能力理论与资产阶级学者人的能力思想的根本区别所在,即把人的能力立足于现实的人的物质生产实践基础上,而不是空幻的想象之中。人的能力的综合创造特性确证了人的本质力量的整合力和创造力,这是人的能力得以持续性创造性发展的不竭动力。人只有不断地发挥自身的创造性才能,才能不断地促进人的发展。人的能力的全面发展特性确证了人的能力的全面的发展的“全面的能力的体系”对于促进人的全面而自由发展所具有的强大的内生力量,人的全面而自由的发展的强烈诉求激发着人的能力朝着全面发展的方向和路径迈进。作为社会中的现实的人,通过对自身能力的正确认识和积极实践,不断促进

---

① 马克思恩格斯文集:第十卷[M].北京:人民出版社,2009:670.

② 马克思恩格斯文集:第十卷[M].北京:人民出版社,2009:693.

人的能力的全面发展,进而努力实现人的全面而自由的发展。

此外,马克思恩格斯人的能力理论的一个鲜明特点就是,每一个人都是人的能力的主体力量,都要担负发展自身能力的使命自觉。一是每一个人应坚持"实践的即以活动为基础""积极地活动"[①]。马克思恩格斯从不否认现实的人具有自主的积极的活动的自觉性,增强了无产阶级发展自身能力的能动作用。二是每一个人"作为确定的人,现实的人,你就有规定,就有使命,就有任务"[②]。马克思恩格斯考察了现实的人的实际生活,不断激励无产阶级要主动承担起其重大使命,而人的能力发展就是其一项重大使命。马克思恩格斯深知人的能力在人的发展中的重要作用,提出了"任何人的职责、使命、任务就是全面地发展自己的一切能力"[③]的重要的人的发展的"使命论",把人的能力发展作为每一个人的职责、使命和任务,即人活着就要有使命、有担当、有作为,这样极大地鼓舞了世界上受压迫受奴役受剥削的人们努力谋求自身解放和发展的信念和决心。

---

① 马克思恩格斯全集:第19卷[M].北京:人民出版社,1963:405.

② 马克思恩格斯全集:第3卷[M].北京:人民出版社,1960:329.

③ 马克思恩格斯全集:第3卷[M].北京:人民出版社,1960:330.

第五章　马克思恩格斯人的能力理论的主要启示

马克思恩格斯人的能力理论是马克思恩格斯立足于他们所处的那个时代发展状况提出来的，包括人的劳动能力、人的本质力量、人的能力体系等核心内容，为那个时代的无产阶级运动提供了丰富的思想滋养，也为后来人继续前进提供了有益的智慧养料。同时为其继承者和后人开辟人的能力问题研究的新领域提供了重要的理论准备和实践启示。人的能力是由现实的人来展开的，作为具有自我意识的和能够自主活动的现实的人，这个现实的人所从事的活动是有意识的有目的的，人的能力也是在现实的人的有意识的有目的的活动中逐渐生成的。人的劳动能力、人的本质力量、人的能力体系等离不开人所处时代的社会生产力的发展状况、科学技术的发展水平、社会公平正义的实现程度、教育的发展水平等方面的影响。这些方面是人的能力发展不可忽视的重要因素。马克思恩格斯用其一生为实现人类解放的共产主义理想而奋斗，特别强调要积极促进人类解放的能力发展。实现人类解放的共产主义理想，对于工人阶级和共产主义者来说，需要有实现理想的理论武器，“理论一经掌握群众，也会变成物质力量”[①]。理论不是理论家

① 马克思恩格斯全集：第3卷[M].北京：人民出版社，2002：207.

空想出来的,而是与广大群众的实际生活密切相联系的,理论武器只有为广大群众所掌握才能够发挥出理论武器的巨大威力,这需要从提高工人阶级和广大群众的理论思维能力着手。

如前所述,马克思恩格斯提出了人的能力发展的“使命论”,即“任何人的职责、使命、任务就是全面地发展自己的一切能力,其中也包括思维的能力”[①]。把包括人的理论思维能力的发展在内的人的一切能力的发展作为工人阶级的职责、使命、任务,引导人们自觉树立起“全面地发展自己的一切能力”的习惯和信念,这是马克思恩格斯人的能力理论的一个十分鲜明的特点,为人们重视和发展自身的能力提出了最明确的呼吁,即把促进“人的能力全面发展”作为一个坚持不懈的目标。马克思恩格斯把促进人的能力全面发展作为促进人的全面发展的动力和保障,因为只有人的能力得到了全面的发展,也就是说,“只有到了外部世界对个人才能的实际发展所起的推动作用为个人本身所驾驭的时候,才不再是理想、职责等等”[②]。“理想、职责”的实现需要人的能力的实际发展,需要人能够协调人与外部世界的关系,不仅要发挥外部世界对人的能力发展的积极作用,而且能够对自身的能力发展具有完全自主的掌控的能力和驾驭的能力,同时能够驾驭外部世界,换言之,只有人能够不断依靠能力的发展来对外部世界进行驾驭,而不是让外部世界来支配人奴役人,这就需要人的能力不断持续朝着高层次全面性方向发展。在这种情况下,人的全面发展的目标才能实现,实现这一目标的前提是人的能力获得全面发展。

因此,每一个人都要首先自觉树立人的能力发展观念,即树立人的能力发展的“使命论”,强化“以人的能力发展来促进人的发展”的能力发展意识,同时要在社会生产力和科学技术的发展、社会公平正义的实现、教育的发展

① 马克思恩格斯全集:第3卷[M].北京:人民出版社,1960:330.

② 马克思恩格斯全集:第3卷[M].北京:人民出版社,1960:330.

等条件和路径层面不断发力，推动"生产力—制度—教育"的有机的融通和高效率的作用，即物质生产力的可持续高质量发展，社会公平正义制度的建立和完善，教育立德树人功能的发挥和创新，以此来为有效促进人的能力发展提供强大的助推力。从人的能力发展的保障条件和渠道路径来看，人的能力发展受到人的多样化实践活动的作用和影响，在众多的实践活动中，人的能力发展无疑与社会生产力、科学技术、社会公平正义、教育活动等方面的实践活动有着密不可分的联系。

一是从社会生产力和科学技术与人的能力发展关系来看，没有社会生产力的巨大发展，没有科学技术的创新发展，人的能力发展就没有了可靠的物质基础，就没有了可持续发展的动力，人的能力发展也就无从谈起。因为，每一代人都是在全面充分继承既得社会生产力的基础上努力推动其所处时代的社会生产力朝着不断更新、更大的目标发展，不断为促进每一代人的能力发展和后一代人的能力发展提供物质支持的。科学技术对人的能力发展的推动作用是巨大的，不仅是社会生产力发展的"第一生产力"，而且是人的能力发展的"一项重要推动力"，发挥着"第一生产力""重要推动力"的巨大威力，尤其是为人的劳动能力发展提供了新的技术手段，成为人的能力发展的一个不可或缺的"加速器"。

二是从社会公平正义的实现与人的能力发展的关系来看，人作为社会中的人，是处在一定的社会环境下的，是受到社会环境的客观约束的，人离不开社会环境的作用和影响，一般而言，人处在社会环境中，社会环境对人的能力发展起到规范化、秩序化等约束作用，来管控人的言行等不能损害社会公共利益，但人受到社会环境的约束的同时也发挥着自身的能动作用。需要指出的是，人的自身的能动作用的发挥不能脱离社会环境，而一旦人的言行等能动活动损害了社会公共利益，则将受到社会的惩罚，然而社会环境也存在一些不公平非正义等现象，人们对此深恶痛绝并高声呼吁公平正义，人的能力发展需要社会公平正义的良好环境，需要社会公平正义来保障。也就是说，人的能力发展是在人所处的既定的社会环境下，是在人所处的联系的和发展的状态中发展，社会环境规定了人的能力发展的可能和条件，社会公平正义的实现是人的能力发展的重要保障力量，在社会公平正义的环境下，人的能力发展才能拥有公平正义的条件，才能获得公平正义发展的机会，才能够看到人生之存在和发展的希望与光明。

三是从教育活动与人的能力发展的关系来看，教育乃“百年树人”之大计划，人都是从接受教育来获取知识的，得以成长和发展的，从一定意义上讲，教育是促进人的能力发展的“唯一方法”，人从“自然人”变为“社会人”，人的劳动教育起着决定性作用，人是在不断接受教育中逐渐成长起来的，人接受着家庭教育、学校教育、社会教育、职业教育等各个方面的教育，人的能力是人在教育的过程中生成的，主要包括人在教育过程中的知识传授(学习能力)、专业训练(专业能力)、普遍交往(人际能力)、道德引导(责任能力)等方面的作用下，人才学会了知识、掌握了技能、产生了情感、具备了道德，人才不断朝着于人的发展、社会进步都有益的方向前进，因此要下大气力把教育的改革创新发展与人的能力发展有机结合起来。

综前所述，马克思恩格斯人的能力理论的启示是多方面的，本章重点探讨观念意识、保障条件和渠道路径等三个方面内容，主要有三个方面的考虑：一是，马克思恩格斯在《德意志意识形态》中明确提出了促进人的能力全面发展的“职责、使命、任务”的经典论断，尤其是重视人的理论思维能力的发展，这为我们积极树立和自觉增强人的能力发展的使命意识提供了科学指引，因此强化人的能力发展的使命意识是极其重要的。二是，社会生产力的物质条件是促进人的能力发展的最根本的前提条件，马克思恩格斯对发展社会生产力的重要性，以及发展社会生产力对于促进人的能力发展的重要性的论断是十分丰富的，重视社会生产力的发展和发挥社会生产力，对人的能力发展的积极推动作用是第一位的，是决定性的，没有社会生产力的强大的物质条件保障，人的能力不可能持续发展。三是，公平正义和教育是马克思恩格斯关于人的能力问题论述的重要内容，社会公平正义制度和人的全面发展的教育是人的能力发展不可或缺的助推因素，唯有充分重视完善社会公平正义制度和推动人的能力教育发展，才能够有效畅通人的能力发展的渠道路径，也为进一步促进社会成员的能力发展和社会生产力的发展提供助力。总而言之，人的能力发展受到多种因素的作用和影响，在众多的影响因素中，应着力从人的能力发展的观念意识和社会生产力发展、制度完善，以及教育保障等方面发挥合力作用，为人的能力发展打造一个良好的发展环境，积极促进人的能力发展。

一、强化人的能力发展的观念意识

人的能力发展的重要性是不言而喻的，马克思恩格斯在长期的艰苦的革命斗争和理论探索过程中，深知资本家剥削雇佣工人是一种违反人性的不道德的行为，这种不道德行为在资本主义社会是普遍存在的，而雇佣工人要反抗资本家的剥削，就需要团结起来，就需要不断发展自身能力，这对于无产阶级来说，积极发展自身能力也同样是十分重要的，无产阶级通过不断发展自身的理论思维能力、革命斗争能力，以及建设新社会的能力等等方面能力来为实现无产阶级解放、实现人类解放的崇高事业打下坚实基础和提供充实保障。由此，马克思恩格斯将人的能力问题作为他们的一项重要工作来展开，特别强调要高度重视和积极促进人的能力发展，而马克思恩格斯之所以强调把人的能力发展作为人的职责、使命、任务，是有着深刻原因的。一方面，马克思恩格斯科学剖析了资本主义社会中的“对立关系”。马克思恩格斯认为，资本主义社会中的资本家与雇佣工人的对立关系、统治者与广大穷苦民众的对立关系等是资本主义社会的缺陷的客观存在，资本主义社会自身是无法克服的。另一方面，马克思恩格斯科学地设想了人类社会发展的“未来趋势”。马克思恩格斯认为，资本主义社会必然为共产主义社会代替是人类社会发展的必然趋势，无产阶级要积极顺应这种必然趋势，要积极提升顺应这种必然趋势所需要的各种能力，强化无产阶级的能力发展意识和增强无产阶级的能力发展行动是极为重要的。概括来讲，就是需要认清资本主义社会的弊端，就是需要发展无产阶级的能力，提高与资产阶级斗争的理论思维能力和革命实践能力，给我们的启示，就是要大力引导社会成员积极树立人的能力发展的“使命论”，把促进人的能力发展作为提高社会成员的科学理论素养、充盈精神状态正能量、使创新活动效能可持续等多方面能力发展的动力，并积极坚持以人的能力发展促进人的发展的思路，营造“强能力、爱奉献、共发展”的良好社会氛围，也是社会成员的一项十分重要的职责、使命、任务。

（一）发展人的能力是人的一项使命

一般而言，人的发展包括内在规定性和外在趋向性两个基本方面。从人的发展的外在趋向性方面而言，人的发展必然由片面性发展走向全面性发展。从人的发展的内在规定性方面而言，如前所述，人的发展至少包括人的需要发展、人的交往发展、人的能力发展、人的个性发展、人的生产力发展、人的社会关系发展等方面的发展内容。在人的发展的诸多内容中，人的能力发展无疑是一条主线贯穿其中，人的需要的诉求和满足、人的交往的萌发和实施、人的个性的成长和完善等都离不开人的能力的支持，同时人的能力是人的创造性活动的运用，有利于发挥人的生产力的本质力量，在人的社会关系过程中，释放人的能力的无穷伟力。

人作为社会中担负有重大使命的人，其使命感也在不断感召着和激励着人去为实现人生目标而积极进取——人生的意义在于积极进取，人生目标的实现离不开人对自身的使命和对社会的使命的双重使命的确证，人的能力发展的理念要求每一个人都把发展人的能力作为人的一项使命。

其一，积极增强人的能力发展的使命感有利于深刻理解马克思恩格斯人的能力理论的价值取向。马克思恩格斯人的能力理论的总的价值取向就是促进人的全面而自由的发展。人的全面而自由的发展不是抽象的、空幻的、远离人世的、虚无缥缈的，而是现实的、实际的、与人密切相关的、实在可得的，并由现实的人来实现的。现实的人为达成这一目标，需要从事物质生产、精神生产、人口生产等具体实践活动。在具体实践活动过程中，人的能力逐渐生成和向前发展，人的本质力量得以表现和确证。正是在人的本质力量的持之以恒的接续发展的过程中，人类才能逐步达到未来美好社会，在这个过程中，就会不可避免地出现牺牲某些个人的发展来推动人类整体的发展的现象，即为了集体的共同体的发展，在某些时候可能要牺牲部分个体的发展。马克思指出，"'人'类的才能的这种发展，虽然在开始时要靠牺牲多数的个人，甚至靠牺牲整个阶级"[①]，人的能力发展不是没有条件的，不是不需要付出代价的，人类的能力发展也是需要在一定条件和付出一定代价的前提下才能获得发展的，而"牺牲"的存在说明了人类的能力发展的一种"残酷"，但是这种"牺牲"绝不是毫无进步的"牺牲"，这种"残酷"绝不是泯灭人性的"残酷"，在这里面都表露出人类社会追求进步的意愿和行动，这正是人类社会源源不断向前发展的动力。同时这表明，人类社会的发展是主体的人的发展，是要有一定"牺牲"的，是要付出一定代价的。人类社会发展过程中的某些个人的"牺牲"的现象不可避免，这都为人类社会的发展垫石铺路。由此可知，人的能力发展不会是一帆风顺的，人类的整体发展也不会是

① 马克思恩格斯全集：第26卷（第二册）[M].北京：人民出版社，1973：124-125.

一帆风顺的，但是人类向前发展的总趋势是不会改变的，这也为人类不竭探索和不懈发挥自身的能力以减少不必要的“牺牲”，降低不必要的代价提供了动力。

其二，积极增强人的能力发展的使命感有利于更好发挥人的自身的长处和优势。每个人的个体化差异的客观存在正是人的能力个体化差异的表现。人的个性是存在差异的，是丰富多彩的，由此形成了灿烂多姿的人类社会。人的能力的个体化差异带来的是人的能力的强弱不等，也就是说，有的人在某一方面的能力强，在某一方面的能力弱。在这种情况下，是对人的能力进行扬长避短，还是对人的能力的短板进行弥补，需要对人的能力进行全面分析。由于人的全面而自由的发展在现时代还不具有实现的条件，现实情况是，人在“社会内部的分工以及个人被相应地限制在特殊职业范围内的现象”[①]是客观存在的，社会分工的作用与人的职业范围的确定，都为人的能力发展提供了一定的活动边界，或者说，人的社会性规定了人所从事的活动被限定在一定的分工和职业所规定的范围之内，在这个范围内的人的活动所表现出的人的能力发展的职业化专业化属性就特别明显，而且这种高度职业化专业化的能力发展也的的确确为人的能力深度发展提供了有力条件，即所谓的能力的精深发展和强化巩固，从长远来看，人的能力的精深发展和强化巩固会为人的能力优势的获取和朝向更加广阔的境地，以及更加深层的领域发展，无疑也准备了条件和创设了一定可能。人的使命感作为一种源自人的内在的自觉意识和行为，以及人的外部的要求和推动，能够极大激发人的活动的热情和意志力，在内外部交互作用下，人的使命感得以强化，为人的能力发展提供了内驱力，人的长处和优势也是由人的使命感召唤和促动，包含着人的自我实现的可能性。因此，发展人的能力的这种强烈的

① 马克思恩格斯全集：第44卷[M].北京：人民出版社，2001：407.

使命感必将力促社会成员对自身能力的关注和想尽方法来推动自身能力的发展,而就发展人的能力的可行性方法而言,从人的特质而言,能够调动人的积极性的方面就是要切实发挥人的兴趣、爱好、长处、优势等方面的能力,若能把人的优势能力发挥得淋漓尽致,让人的优势能力作为一种强大的内生发展的能力,那么人的能力发展的优势也将会得到淋漓尽致的体现,进而为走向人的能力的全面发展准备条件。

(二)以人的能力发展促进人的发展

人的能力发展的"使命论"的确立,为人的能力发展提供了重要的理念指导。发展人的能力理应成为每一个人的自觉的活动,在人的日常活动中重视对自身能力的培养和发挥,重视对自身能力的创造性的应用,从多方面不断增加自身能力发展的可持续性和创造性,尤其是要积极为人的创新能力的发展(国家要求在科技创新能力和文化创新能力等方面加大创新力度)提供条件和支持。毋庸置疑,发展人的能力的理念是非常重要的,在这种理念的指导下,在社会上积极营造一种社会成员重视能力发展和促进能力发展的浓厚氛围和良好环境,同时也使以人的能力发展促进人的发展创造了可行性的条件。人的能力发展促进人的发展的可行性主要表现在人既得的社会物质基础条件(使用社会中现有的提供的一切成果,这些成果都是由前人和今人创造出来的)和人所能够继续发展自身的强烈需要和行为(将使用既得的成果和满足自身的需要结合形成一种以自身能力发展来达成的行为目标),即将对现实生产力的使用和对人的能力发展的养成的有效结合。人的能力发展是人的发展的核心,在促进人的全面发展的这一目标达成的过程中,人的能力的全面发展发挥着举足轻重的作用。由此,通过积极发展人的能力来为人的全面发展提供"能力动能"是可行的。

其一,人所既得的现有的社会物质基础条件是人的能力发展促进人的发展的前提。马克思指出，“人们不能自由选择自己的生产力——这是他们的全部历史的基础，因为任何生产力都是一种既得的力量，是以往的活动的产物”[①]，具有能动性的受到社会环境约束的人们是不能随意行动的，生产力的既得规定了生产力不能随意被人选择的客观性，而生产力作为人类活动的积极产物，表达了人类社会的发展历程和所取得的成果和结晶，是人类能力的体现和发挥。人从来到人间的那一刻起就早已立足在了其既得的社会生产力基础上了，社会生产力发展为社会物质基础条件提供了发展动力，也为人的发展提供了发展动力。人在既得的社会物质基础条件上，作为社会生产力发展的主体，充分发挥人的生产力的作用，一方面表现着生产力效能，人的能力的发挥就是生产力的发挥，生产力的产生和发展都是人的能力的结果，一方面表现着人的能力促进人的发展的效能，人的能力的发展表现人的发展，人的发展是在人的能力作为生产力的动力的作用下实现的。人的能力发展也不断创造着新的社会生产力和社会物质基础条件，进而不断促进人的发展。

其二，人所能够谋求自身发展的需要和行为是人的能力发展促进人的发展的动力。人是有着个性化需要和发展性需要等各种需要和享受的要求的人，马克思指出，“我们的需要和享受是由社会产生的；因此，我们在衡量需要和享受时是以社会为尺度”[②]，人的活动的衡量尺度标志着人的活动所体现的价值，在满足人的需要和享受的这种活动中，衡量尺度的选择是十分关键的。由于人是现实的社会中的人，而社会是人们交互作用的产物，人谋求不断发展自身的需要绝不单单是个人的需要，而是与整个社会发展需要相联系的，即人追求自身能力的发展就是社会追求整体能力的发展，这不仅因为人的自身发展是社会发展的一部分，个体的发展是促进社会发展的力

---

① 马克思恩格斯文集：第十卷[M].北京：人民出版社，2009：43.

② 马克思恩格斯文集：第一卷[M].北京：人民出版社，2009：729.

量,而且因为社会发展作为一种无数个人的合力的发展,对个体的发展发挥着重要的反作用。在把社会作为人的需要和享受的评价尺度的时候,也就体现了人的社会特质,人的能力发展是具有社会特质的发展,而社会作为衡量人的能力发展的尺度,也是由人的能力发展来提供支持的,从这个意义上讲,个人谋求自身发展的需要及个人为满足这种需要所进行的实际活动都是带有目标性的,那就是满足自身的需要,促进自身的发展,这同时也促进了社会发展,人的发展与社会发展是结合在一起的。

只有具备强烈的使命感和高度的责任感的人,才能够不断激励发展,其自身所从事的活动是为实现个人发展和社会发展相结合的总的目标服务的,人的能力发展的这种强烈的使命意识会不断驱使人去认识自身的能力、发展自身的能力,在这种使命意识的作用下,人的能力发展将会转化为一种内生的能力发展动力,人通过能力发展来不断为人的发展提供动力。人的能力全面发展促进人的全面发展的社会物质基础条件的不断积累、增长、发挥,为人类社会走向未来社会及人的全面而自由的发展的实现准备着不可或缺的前提条件,而现实中的人的能力发展也不断为强化这种使命意识、不断展开人的能力发展的未来前景进行源源不断的力量供给。

二、夯实人的能力发展的社会生产力物质条件

人的能力作为一种“社会生产力”,在推动社会生产力发展的过程中,自身也到了发展,社会生产力的发展为人的能力的发展提供了更为强大的动力,社会生产力发展与人的能力发展是交融互动的关系。也就是说,人作为社会生产力中最活跃的要素,不断地发挥自身的创造性能力,推动着社会生产力发展,社会生产力发展为人的能力发展提供了继续发展的前提条件。人的能力发展是建立在社会生产力发展的基础上的,没有社会生产力的发

展，人的能力发展就会失去物质基础，就会缺乏保障，因为“生产力的这种发展……是绝对必需的实际前提”[①]，社会生产力的发展是人的能力发展的“实际前提”，没有社会生产力的发展，社会就会出现“贫穷的普遍化”的现象，这种现象就会造成人们争夺“必需品的斗争”，那个时候“全部陈腐的东西又要死灰复燃”[②]，一切不利于人的能力发展的东西就会重新出现，来阻碍人的能力发展。因此，社会生产力的发展是人的能力发展的“必需品”。

然而，随着人的能力的不断发展，人们在基本生存需要（吃喝住穿等需要）得到满足的条件下，有了更多的新需要，这些新需要又对社会生产力的发展提出了更多“新需要”，“新需要”就是要求社会生产力发展必须是高质量发展，必须为人们过上高质量生活服务，为人的高质量发展提供高质量服务。社会生产力的高质量发展成为人的能力发展的必需动力，必须要推动社会生产力的高质量发展，夯实人的能力发展的社会生产力基础。社会生产力的发展主要是通过劳动生产力的发展来实现的，即人的生产力发展来实现的。提高和发展劳动生产力的主要方式是“协作、分工和机器或科学的力量的应用等等”[③]，这里把“协作”“分工”“机器”“科学”等力量作为生产力发展的推动力量，人的劳动是从“制造工具”[④]开始的，劳动生产力是通过“科学和技术”[⑤]的不断进步而不断发展的。在这里“制造工具”“科学和技术”对社会生产力发展，特别是社会的“物质生产力”发展起着巨大的推动作用。推动社会生产力高质量发展就是要积极推动劳动生产力高质量发展，在“制造工具”与“科学和技术”两个方面着力，把加强生产工具的创新与发挥科学技术的正效能紧紧地联系在一起。生产工具的创新需要科学技术的推动，

① 马克思恩格斯全集：第3卷[M].北京：人民出版社，1960：39.
② 马克思恩格斯全集：第3卷[M].北京：人民出版社，1960：39.
③ 马克思恩格斯全集：第32卷[M].北京：人民出版社，1998：288-289.
④ 马克思恩格斯全集：第26卷[M].北京：人民出版社，2014：765.
⑤ 马克思恩格斯全集：第44卷[M].北京：人民出版社，2001：698.

因此应注重发挥科学技术的最大正效能，不断加大对生产工具的改良和创新，为社会生产力高质量发展提供强大的物质技术装备。

（一）以生产工具的创新带动社会生产力的发展

人的劳动能力的发展离不开一定的劳动资料，生产工具是劳动资料的重要组成部分，人的劳动能力的发展也离不开生产工具。历史表明，生产工具在人类社会发展过程中发挥着重要作用，没有生产工具的发明、改良、创新，人的生产范围、生产效率、生产成果等就会受到限制，这直接影响着人的劳动能力的发展。马克思指出，人的劳动包括"有目的的活动或劳动本身，劳动对象和劳动资料"[1]等基本要素，人的劳动一定是有目的的活动，在这些基本要素中，劳动资料在"判断……经济的社会形态"[2]方面具有重要的意义。也就是说，"各种经济时代的区别……在于……用什么劳动资料生产。"[3]"劳动资料"作为"社会经济形态"的评价尺度，作为"各种经济时代"的区别标准，足以说明"劳动资料"的地位和意义，而从人类所经历的不同的"经济时代"状况来看，划分"经济时代"的尺度的确立极为重要。在这里，我们发现劳动资料是划分不同经济时代的一个重要衡量尺度，同时劳动资料"不仅是人类劳动力发展的测量器，而且是劳动借以进行的社会关系的指示器"[4]，人的劳动能力发展和人的社会关系能力发展都是需要"劳动资料"来测量和指示的。也就是说，人类社会发展需要有一个能够可供选择的衡量的尺度，在选择这个衡量的尺度的问题上，答案是十分明确的，也就是，劳动资料是人类社会生产力发展和社会关系发展的一个重要评价和衡量工具。

① 马克思恩格斯全集：第44卷[M].北京：人民出版社，2001：208.

② 马克思恩格斯全集：第44卷[M].北京：人民出版社，2001：210.

③ 马克思恩格斯全集：第44卷[M].北京：人民出版社，2001：210.

④ 马克思恩格斯全集：第44卷[M].北京：人民出版社，2001：210.

由此可见，劳动资料在人类社会发展中发挥着十分重要的作用，同时在劳动资料中，有一种“机械性的劳动资料”[①]，这种“机械性的劳动资料”即“生产工具”，“生产工具”则“更能显示一个社会生产时代的具有决定意义的特征”[②]，“社会生产时代”的状况如何显示出来？“生产工具”才能够显示出“社会生产时代”的状况。任何时代所具有的决定性意义的特征所需要的“显示器”是从每一个时代的实际需要中找出来的，生产工具决定着社会生产时代的发展状况和未来走向，生产工具在人类社会形态变革和人类社会生产力发展的过程中不仅发挥着十分重要的测量功能和标示作用，而且决定意义的特征十分鲜明，故而所起到的作用十分重要。生产工具在人类社会形态和人类社会生产效率等方面发挥着重要的作用。

其一，生产工具的创新推动着人类社会形态的不断变革。马克思恩格斯在《德意志意识形态》中指出，“从直接生活的物质生产出发来考察现实的生产过程”[③]，在这里提出了一个十分重要的“考察现实的生产过程”的方法和原则，即对现实的生产过程的考察有一个出发点，那就是“直接生活的物质生产”，而对“直接生活的物质生产”起着重要影响的恰恰是生产工具，人们是通过使用现实的生产工具来从事“直接生活的物质生产”的，而不是依靠“空想”“幻想”“臆想”等想象就可以直接实现“直接生活的物质生产”的。马克思在《哲学的贫困》中指出：“手推磨产生的是封建主的社会，蒸汽磨产生的是工业资本家的社会。”[④]“封建主的社会”“工业资本家的社会”是人类社会的两种不同的形式，而这两种不同的社会形式对应着不同的生产工具，即“手推磨”“蒸汽磨”等都是不同的生产工具，所对应的社会形式也不一样。

① 马克思恩格斯全集：第44卷[M].北京：人民出版社，2001：210.

② 马克思恩格斯全集：第44卷[M].北京：人民出版社，2001：210.

③ 马克思恩格斯全集：第3卷[M].北京：人民出版社，1960：42.

④ 马克思恩格斯文集：第一卷[M].北京：人民出版社，2009：602.

由此可见,不同的生产工具标志着不同的“社会生产时代”的特征。因此,“生产工具”对人类社会形态的变革有着决定性的意义。以生产工具为标志,人类社会形态一般可以分为“狩猎社会”(石制工具)、“农耕社会”(铁制工具)、“工业社会”(电动化工具)、“信息社会”(信息化工具)、“智能社会”(智能化工具)等五种类型。

其二,生产工具的创新推动着人类社会生产率不断提高。马克思指出,机器是“人的手创造出来的人脑的器官”[①],“人脑的器官”是与人的手的劳动分不开的,机器是人的创造能力的体现,生产工具成为“社会人的生产器官”[②],“人的生产器官”是依托人发明出来的生产工具来表现的,而生产工具也是人的创造能力的体现。生产工具是人的肉体组织功能得以向外向更广泛范围延展的重要的手段和方式。机器是人们在劳动生产过程中不断发明的、改进的,其中“自动化机器”的出现,极大地推动了人类劳动生产率的提高,如农业联合收割机在农业生产方面的广泛应用,提高了农业生产效率,促进了农业发展;如高铁、飞机为人们的远距离出行提供了可能,是实现远距离出行的一个十分便捷的交通工具;如智能手机、电子邮件为人们的远距离的通信联络提供了便利,电子设备阅读和人工智能化办公同时也节约了大量的纸张。在智能社会,信息化智能化的机器为人的物质生产活动提供了更加高效的“助手”,节约了劳动时间,为人从事其他活动“腾出时间”[③],人可以有更多时间去从事自己兴趣和爱好的活动,扩大自己的活动范围,发展自己的多方面的才能。如人可在音乐作曲、体育运动、美术绘画、影视拍摄、工艺品制作等方面发展自己的才能。互联网、智能手机、APP软件等信息化智能化的学习工具、通信工具的诞生和使用,为人们的学习、工作、生活、交

---

① 马克思恩格斯全集:第31卷[M].北京:人民出版社,1998:102.

② 马克思恩格斯全集:第44卷[M].北京:人民出版社,2001:429.

③ 马克思恩格斯全集:第31卷[M].北京:人民出版社,1998:103.

往等活动提供了便利，人们足不出户就可以进行购买生活用品、获取学习资料信息、微信语音视频互动交流、抖音在线对话沟通等活动。

加强生产工具创新是人们积极主动发挥自身创新能力的主动作为，彰显了人的能力的创造性。人的无穷无尽的创造能力也不断生产出更新、更多的生产工具，正是人的能力的创造性才为生产工具的不断创新提供了源源不断的“创造力”，而更新、更多的生产工具的出现不仅可以从多方面，以多种形式展现人的能力，还可以不断地激发着人的创造能力保持高昂斗志和满怀激情，并可以不断地达到可持续发展。

(二)发挥科学技术推动社会生产力发展的正效能

人的能力发展离不开科学技术的支撑，科学技术是“第一生产力”，是人的能力发展的“第一推动力”，随着人类社会不断向前发展，科学技术所显示出的具大力量愈来愈重要。马克思指出，人的生产劳动包括“科学力量本身”“在生产中实现的科学力量”[①]，科学本身就是一种力量。恩格斯指出：“社会一旦有技术上的需要，这种需要就会比十所大学更能把科学推向前进。”[②]社会对科学技术的需要能够带动科学的极速发展，“科学力量本身”就是一种能力，就是一种社会生产力，科学技术在促进人的生产劳动和社会发展中的作用是巨大的，科学技术不仅是社会生产力发展的重要动力，也是人的能力发展的重要动力，人类社会发展对于科学技术的需求是十分旺盛的，这是离不开科学技术对人类社会发展所带来的福利和便捷，但是也不能忽视了科学技术给人类社会所带来的负面的影响。由于科学技术的两面性，既可以造福于人，也可以祸害于人，要发挥科学技术造福于人的积极作用，而不是运用科学技术来损害人自身和大自然，要侧重于发挥科学技术在人

---

① 马克思恩格斯全集：第31卷[M].北京：人民出版社，1998：166.

② 马克思恩格斯文集：第十卷[M].北京：人民出版社，2009：668.

的能力发展中的正效能。科学技术的正效能不仅需要追求人性真善美，而且还需要不断攀登科学技术发展新的高峰。

其一，发挥科学技术的正效能，需要增强科学技术的"人性意识"，规避科学技术的"工具理性"。科学技术的不适当应用就会让科学技术成为奴役人统治人的一种"物质力量"。科学技术正效能的发挥是以人们对科学技术的正确的科学认知为前提的，即人们使用科学技术用来造福人类，为人类的生存与发展提供服务，而不是利用科学技术来压迫人、奴役人、剥削人，让科学技术成为损害人的"凶器"，并以此来达到自私自利的满足。人们更不能违背科学技术的发展规律，那样只会阻碍人们对科学技术的正确应用，引导人们自觉增强遵循科学技术发展规律的意识，提高人们在科学技术的实验、发明、使用、推广、创新等一系列全流程的能力，让科学技术接受"人性真善美"的滋养，使之更加闪耀人性的光辉。

其二，发挥科学技术的正效能，需要积极攀登科学技术的新"高峰"，不断用新的科学技术来带动社会生产力的新发展。科学技术是处在发展变化中的，有着联系性、动态性、革新性等基本特性。马克思指出："在科学上没有平坦的大道，只有不畏劳苦沿着陡峭山路攀登的人，才有希望达到光辉的顶点。"[①]这也包括人类在科学技术的道路上不断的积极探索。科学技术理应为人类社会发展进步服务，人类社会发展的曲折性和前进性，也为科学技术的发展指明了方向。如从工业的发展历史来看，工业的发展就是科学技术的发展，就是人的能力的发展。人的能力在工业的发展中得到了新挖掘、新发挥，工业生产技术的不断革新都是人们努力探索科学技术新领域新规律的成果，人类社会发展所经历的每一次工业革命和科学技术革命，都是人的本质力量的彰显，都是人的能力的新飞跃，也为科学技术的不断发展进步

---

① 马克思恩格斯全集：第44卷[M].北京：人民出版社，2001：24.

打下了坚实基础。

在具有了“人性真善美”（而不是“人性假恶丑”）的“人性意识”（而不是“兽性意识”）的引导下的科学技术及其发展，科学技术也在“真善美”（求真、向善、唯美）的引导下，努力在管控其负向能量带来的危害人类社会发展的种种可能，以期达到科学技术正效能的最大化发挥。也就是说，可以达到下面的目的，即科学技术发展与科学技术正效能的发挥是相向而行的。这样保证科学技术发展是为人的能力发展服务的，当然人的能力发展推动着科学技术发展，科学技术的正效能的发挥促进人的能力发展，两者共同融入人类社会发展过程中，科学技术的正效能为人类社会健康可持续发展赋能，科学技术造福人类的理想和价值实现了落地。

三、促进人的能力发展的有效路径

人的能力发展观念可以有效助推社会成员自身能力发展的自觉性，把发展自身能力由外部的外推力量转变为内部的内生力量，实现人的能力发展的习惯养成和思维方式的转变，进而推进人的能力发展成为社会成员的一种自主活动。随着社会生产力的可持续性高效率的发展壮大，人类社会的各种需要也将得到不断满足，人的能力发展也获得了可以依靠的强大的物质条件基础，人们可以在更广阔的的范围内发展自身的能力和施展自身的才能。因此，在观念意识达成一致且得到不断强化，以及在社会生产力物质条件已具备十分坚实的基础保障的前提下，一个更为紧迫的问题是，如何畅通人的能力发展的渠道路径，因为人的能力发展的渠道路径是否畅通，不仅直接关乎人的能力发展观念是否得到真正的落地实施，社会生产力的物种条件的巩固，即观念的牢固与应用和社会生产力的坚实与发展，而且直接关乎人的能力发展是否取得符合预期的现实成效。人的能力发展的目的指向不是为了服务少数人的能力发展导致"能力发展权垄断",而是为了促进绝大多数人的能力发展实现"能力发展权共享",是促进人的全面发展,促使人们掌握自身发展的自主权,更好地为实现共产主义社会的远大理想而奋斗。

因此,必须要为人的能力发展提供畅通的渠道路径。在现实中,人的能力发展的渠道路径是十分丰富的,是非常广泛的,在众多的渠道路径中找寻基本路径,即符合两点:一是与人的能力发展最具有直接关联的环境,这种环境规定着社会成员的社会性活动;二是与人的能力发展最具有先导作用的活动,这种活动影响着社会成员的未来性发展。基于这种考虑,并立足于人的能力发展的实际状况和现实需要,从人的能力发展的具体环境来看,人是处在特定的社会制度下的,是接受着这种特定的社会制度所规定的一定的教育的。社会制度和社会制度所规定的教育对于人的能力发展可以说是发挥着极为重要的影响,是促进人的能力发展的基本路径。根据马克思恩格斯原著文本,可以明确、透彻地感受到,马克思恩格斯是十分重视社会公平正义的制度及教育对于促进人的能力发展的价值意义的。基于此,我们重点从公平正义的制度和人的能力教育两个方面来重点探讨如何促进人的能力发展这一十分重要的现实问题。

(一)完善人的能力发展的公平正义的制度

制度的产生不是先天就有的,制度的产生与人的实践活动有着密切的关系。可以说,是人创造了制度。人是社会中的人,人的发展离不开所处的社会的环境和制度。人是在一定的社会的环境和制度中存在与发展的,基于不同社会的环境情况,人归属于不同的社会制度。人在创造制度的过程中并不是孤立的,而是人与人的交往过程中,逐步建立起符合人的共同利益需要的制度的,人是交往活动中的人,人在普遍交往活动中形成了社会关系,社会关系受到来自人与人自身、人与社会等多重关系的影响。制度的创立起初就是为了维护人的利益和促进人的发展的,随着社会的阶级对立的逐步升级,制度的不平等非正义、压迫人剥削人、贫富差距等等弊端也愈发显露,于是引起了社会成员的批判,这与人的实践活动发展有着剪不断的联系的。人随着自身的认识理解和价值取向的变化,对制度的认识理解和价值取向也发生了改变。概言之,人的生存与发展是需要一定环境的,人受到环境的影响,人也影响着环境,人与环境的互动日益频繁,这就需要一种关系和秩序来对人与环境的互动进行管控,以确保人的实践活动与所处环境保持平衡,并能够力促人与环境的和谐发展。人的能力发展是现实的人的主体性的活动和能力不断展开、发展的过程,是在一定的社会关系和社会秩序下进行的,这构成了一定的社会制度。制度是"个人之间迄今所存在的交往的产物"[①],制度是人类交往活动的结果和产物,制度是人类社会发展的产物,是社会结构的重要组成部分,是确保社会有秩序运行的重要保障。马克思指出,制度是"发展现代社会生产力的强大杠杆"[②],社会生产力是在一定社会制度中运行的,社会生产力也反映着社会制度的特性,是社会制度的确证和表现,与社会制度保持着一种交互作用,制度是撬动社会生产力发展的杠杆,而好的制度则会给社会成员带来形成"团体的良心"的主动意识,带来提升"个人责任感"的自觉意识,公平正义的制度对于发展社会生产力和人的能力发展起着十分重要的推动作用。反之,不公平正义的制度则会阻碍社会成员的能力的发展,阻碍社会成员的个人生产力的发展,进而阻碍整个社会生产力的发展。因此,公平正义的社会制度是人的能力发展的必需品,是不断促进社会生产力发展的"加速剂",构建公平正义的社会制度是每一个社会成员应负有的使命责任。

---

① 马克思恩格斯全集:第3卷[M].北京:人民出版社,1960:79.

② 马克思恩格斯全集:第12卷[M].北京:人民出版社,1962:610.

1.正确理解人的能力发展的社会制约性

人的能力发展的社会制约性是指人的能力发展受到所处社会环境的约束，这是由人的本质决定的。人的本质是"一切社会关系的总和"，人在社会交往过程中，受到一定的交往规则的约束，人处在现实社会中，必定受到风俗习惯、文化传统、道德理念、规章制度等社会各方面的约束，尤其是社会制度带来的重大影响的约束，因而人的言行不能为所欲为、任性放肆，而人的能力发展的社会制约性与人所处的社会制度有着密切联系。就社会制度的不同属性而言，可分为专制制度和民主制度、资本主义社会制度和社会主义社会制度，以及未来共产主义社会制度等。共产主义社会之前的社会对人的能力发展的负向的制约性是显而易见的，而共产主义社会对人的能力的全面而自由的发展的促进作用是其根本价值追求。

其一，专制制度对于人的能力发展而言是羁绊和阻碍。因为"专制制度的唯一原则就是轻视人类，使人不成其为人"[①]。专制制度对人的尊严的蔑视，对人的能力发展的剥夺，造成了统治者与被统治者的严重的"冲突对立"。同时"专制制度必然具有兽性，并且和人性是不相容的"[②]，专制制度的"兽性"显然是违背人性的，对人的能力发展是一种阻碍，是不能促进人的能力全面发展的。一方面，资本主义制度也带有"兽性"，这种"兽性"导致了"能力鸿沟""能力限制"。一是"能力鸿沟"。资本主义生产的本质的"无计划性"[③]，导致了"有产者和无产者之间的鸿沟"[④]不断扩大加深，"资本主义生产"带来的是"为个人或股份公司谋利"[⑤]，而不是"为全社会谋利"[⑥]，在这里

① 马克思恩格斯全集：第1卷[M].北京：人民出版社，1956:411.
② 马克思恩格斯全集：第1卷[M].北京：人民出版社，1956:414.
③ 马克思恩格斯全集：第22卷[M].北京：人民出版社，1965:270.
④ 马克思恩格斯全集：第22卷[M].北京：人民出版社，1965:279.
⑤ 马克思恩格斯全集：第22卷[M].北京：人民出版社，1965:279.
⑥ 马克思恩格斯全集：第22卷[M].北京：人民出版社，1965:279.

表明了资本主义制度中的资本家和雇佣工人之间的“能力鸿沟”，这个“能力鸿沟”反映了资本主义制度中的人的能力发展的不平衡性和不平等性是普遍存在。二是“能力限制”。在资本主义制度中，“一方的人的能力的发展是以另一方的发展受到限制为基础的”[①]，一个人的能力的发展是以另一个人的能力发展受到限制为前提条件的，这是关于人的能力发展的“能力限制”的一般规定。“平等地剥削劳动力，是资本的首要的人权。”[②]资本家的人权就是剥削雇佣工人的劳动能力，让雇佣工人的劳动能力为资本家的自私自利的私人利益服务，维护资本家的能力发展的“绝对”统治权，极力拉大资本家与雇佣工人之间的财富差距，这与资本主义制度的本身性质有直接关联。资本主义制度是以维护资本家的利益、财富、统治为根本目的的，通过对雇佣工人的奴役压迫，不断积累财富，维护统治利益，巩固统治地位，造成了阶级对立和阶级利益对立的“两极”，导致“富人越来越富，穷人越来越穷”的普遍现象。人的能力发展的“能力鸿沟”与人的能力发展的“能力限制”导致了资本家与雇佣工人之间的财富分化巨大，引发了无产阶级与资产阶级之间的激烈斗争，无产阶级为争取最基本的生存权和发展权与资产阶级展开了十分激烈的斗争。另一方面，资本主义制度也带有“兽性”，这种“兽性”导致了“不公道”“不平等”。资本主义制度不存在“盛行公道、正义、权利平等、义务平等和利益普遍和谐”[③]的“盛景”，资本主义制度本质上是“少数人剥削绝大多数人的庞大机构”[④]。这就表明了在资本主义社会中，“少数人剥削绝大多数人”体现的是资本主义制度的本性，“少数人剥削绝大多数人的庞大机构”是资本主义制度的写照，这种本性和写照是客观存在的、是普遍存在的，

① 马克思恩格斯全集：第32卷[M].北京：人民出版社，1998：214.
② 马克思恩格斯全集：第44卷[M].北京：人民出版社，2001：338.
③ 马克思恩格斯全集：第25卷[M].北京：人民出版社，2001：138.
④ 马克思恩格斯全集：第25卷[M].北京：人民出版社，2001：139.

尤其是资本家和雇佣工人之间的剥削与被剥削的现实状况更是让人触目惊心，这反映了资本主义制度有着“无比强大的极端可怕的权力”——“资本对劳动的支配权”①。正是由于这种“资本对劳动的支配权”的“权力”，处在资本主义社会的雇佣工人才受到资本家的剥削和压榨，可想而知，雇佣工人的能力发展也是畸形的、片面的、不平衡的、不充分的。由此，人的能力发展首先是要争得劳动能力的发展权，从被剥削被压迫被奴役的悲惨命运中摆脱出来。

其二，共产主义社会是促进人的能力全面发展的社会。马克思在《哥达纲领批判》中对共产主义社会的“第一阶段”和“高级阶段”的“两个阶段”进行了分析。在共产主义社会的“第一阶段”（包括社会主义社会及其初级阶段），人的能力发展仍然受到旧社会的影响，人的能力发展的社会制约性仍然是存在的。因为共产主义社会的“第一阶段”是来自资本主义社会的，与资本主义社会有着千丝万缕的联系，无法与资本主义社会已有的生产力“脱钩”，是在资本主义社会既有的生产力基础上发展起来的。在共产主义社会的“第一阶段”，还存在着人与人之间的地位获得、财富占有、尊严维护等方面的权利的不平等的社会现实，旧社会的文化意识层面的痕迹依旧发挥着作用，对人的发展也带来了一定影响。在共产主义社会的“高级阶段”，彻底消除了人与人之间的权利不平等的现象，每一个人都有促进自身发展的平等的权利，每一个人都有全面而自由的发展自己的能力的机会，人的能力发展不仅成为推动社会生产力发展的强大动力，而且成为社会成员的共有财富，社会对人的能力发展的“制约性”转变为“支持性”。因为只有在共产主义社会里，社会成员的高度的觉悟，每一个人的谋求发展的自觉性自主性才能够提升到以促进共同体发展或联合体发展为价值追求的高度，只有在那

① 马克思恩格斯全集：第8卷[M].北京：人民出版社，1961：450.

个时候,人的能力才能得到全面的充分的独创的自由的发展。总之,人的能力发展在资本主义社会和未来共产主义社会两种不同的社会的环境和制度下是不一样的,其共性是,都会受到社会制度的约束,绝不能够超出自身活动所受到的社会生产力发展限定的范围,也就是说,只能够在其所处的社会的环境和制度所规定的范围内活动,而不同之处在于,资本主义社会显然对人的能力发展的限制性比共产主义社会要大要多,资本主义社会维护极少数人的利益,不顾绝大多数人的利益,人的能力发展的"两极"加剧了扩大了,而在共产主义社会,人才可以真正实现自觉地自主地自由地发展自己的能力的愿望。

2.积极维护人的能力发展的公平正义

在资本主义制度与社会主义制度共存的时代,社会主义制度要消除资本主义制度的"能力鸿沟""能力限制"对社会主义制度的冲击和渗透,坚持人的能力发展的公平正义原则,积极为人的能力发展提供公平正义的制度保障。社会公平正义的制度作为人类社会发展的产物,是为了维护人类共同利益而制定的,要求公众必须要遵守的,为公共利益不受到人为干扰提供了硬性约束,有了这种屏障,人的生存与发展才不会因受到外力影响而阻断,社会公平正义的制度力量就是为社会公平正义的制度范围内的一切人的发展保驾护航。每一个人都能够在社会公平正义的制度环境下,积极发挥自身的优势和能动,不断提升自身的能力,更好融入社会,更好表现自身的人生价值。马克思在为国际工人协会起草的纲领性文件——《国际工人协会共同章程》中强调:"加入协会的一切团体和个人,承认真理、正义和道德是他们彼此间和对一切人的关系的基础,而不分肤色、信仰或民族"①,国际工人协会坚守"真理、正义和道德"的原则,并将这个原则用于处理人与人

① 马克思恩格斯文集:第三卷[M].北京:人民出版社,2009:227.

之间的关系问题，国际工人协会对“真理、正义和道德”的“人的关系”的原则的规定，体现了国际工人协会倡导公平正义的原则。社会主义制度的生产活动的目的是“共同富裕”“共同发展”，在这种社会制度下，人们的生产活动都坚持着一个基本目的，那就是“生产将以所有的人富裕为目的”①，社会主义制度的生产活动为促进社会成员的共同富裕提供了坚实有力的保障，包括社会成员的物质生活、精神追求、生态环保、社会安全、文化需要等多方面的保障。在人类社会发展的长河中，共产主义社会是人类最向往的社会形式，共产主义社会的“第一阶段”的社会主义社会是一个极为重要的过渡阶段，社会主义制度比资本主义制度具有极大的优越性，在社会主义制度中，社会公平正义的实现对于人的能力发展的积极助推已经超越了资本主义制度。

其一，社会主义制度的公平正义是全方位的公平正义。公平正义“在社会的、经济的”②等各个领域中实行，努力确保社会成员都能够感受到公平正义，尽管每一个人的能力发展存在个体差异性。恩格斯指出，社会主义制度“给所有的人提供健康而有益的工作，给所有的人提供充裕的物质生活和闲暇时间，给所有的人提供真正的充分的自由”③，在社会主义制度中，人们都有健康的身心，都能从事健康的有益于人的发展的工作，人们都可以依靠自己的双手来辛勤劳作，在物质财富方面和闲暇自由时间方面都十分充裕，人们都能够在遵守社会共同规范的前提下享有自身的权益，具有完全的真正的充分的自由，人们都可以和谐相处，等等。这是社会主义制度与资本主义制度的一个重大区别，是社会主义制度的优越性的一个重要表现。社会主义制度在逐步消除资本主义制度的“弊端”“病根”后，实现了人类社会发展

① 马克思恩格斯全集：第31卷[M].北京：人民出版社，1998：104.
② 马克思恩格斯全集：第26卷[M].北京：人民出版社，2014：113.
③ 马克思恩格斯全集：第21卷[M].北京：人民出版社，1965：570.

的新进步，在这种制度下，人的能力发展的不平衡性不充分性将得到逐渐缓解，通过构建社会公平正义的制度，为社会成员发挥自身的优势能力，弥补自身的弱势能力提供了坚实的可靠的制度保障。

其二，社会主义制度的公平正义是建立在社会生产力的高度持续的发展基础上的。社会主义制度在不断发展社会生产力的基础上，不断为促进人的全面发展和社会进步提供各种有利的条件和创造良好的环境。尽管人的能力发展的不平衡性、不充分性在一定时期是不可避免的，甚至可能会长期存在着。但是由于有了社会公平正义的制度对人的能力发展的不平衡性、不充分性的有效管控，而随着社会生产力的持续不断地向前发展，随着社会成员的公平正义的意识逐渐增强，现实行动更加有力，人的能力发展的不平衡性、不充分性就会逐渐降低，社会公平正义的制度也必将把人的自我价值与人的社会价值紧密联系起来，进而巩固好社会公平正义的制度，推动社会公平正义的制度更加健全完善。社会的公平正义是人的能力发展的制度保障，没有公平正义的制度保障，人的能力发展就无法达到全面性，这在缺乏公平正义的资本主义社会中已经得到了有力的说明，而在社会主义社会和未来共产主义社会，社会成员的平等为构建公平正义的制度提供了现实条件，而公平正义的社会制度反过来极大促进了社会成员能力的全面发展和社会的全面进步，这正是人们所热切向往的。

（二）推动人的能力教育发展

人的能力全面发展是人在劳动实践活动中，逐步克服旧的社会分工带来的片面性和局限性的技能的发展的弊端，在广泛的交往范围和活动领域，经过各种不同实践活动的专门训练，首先成为某一部门或领域的专才，同时接受着系统的教育。教育是培养全面发展的人的“唯一方法”，马克思把教育理解为包括“智育”“体育”“技术教育”[①]等在内的三件大事，这里涉及人的智力、体能、技能等方面的教育。马克思指出，要把“生产劳动、智育、体育和综合技术教育结合起来”[②]，即把生产劳动和各种教育紧密结合起来，让人能够熟悉掌握整个生产系统的生产流程和所要求的技能，更好地促进人的多方面的能力发展。就教育的类型而言，不仅有家庭教育、学校教育、社会教育等，还有美学教育、政治教育、理论教育、革命教育、产业教育、工艺教育、阶级教育、自主教育、未来教育、全面而自由的教育等，这些教育都是人的教育的重要内容。“环境是由人来改变的，而教育者本人一定是受教育的”[③]，人是改变环境和接受教育的主体，人接受教育的首要出发点是学会自己不懂的东西，更好地去适应和改变既有的生活环境，使之更好地为人的需要和发展提供保障。人需要接受智育、体育、技术教育等各种教育，教育不仅是培养人才的重要途径，更是培养全面而自由的发展的人的重要途径，人的能力发展也需要教育，教育对人的能力发展起着极为重要的作用。从教育作为劳动力技能获得的手段来看，教育可以使人的本性发生改变，使人成为掌握一定技能和技巧的专门的劳动力，劳动力需要经过一系列的教育或训练才能成为发达的劳动力，教育为劳动力的体力和智力等能力发展提供了一种有效手段，即“为改变一般人的本性，使它获得一定劳动部门的技能和技巧，成为发达的和专门的劳动力，就要有一定的教育或训练”[④]。人的教育对于促进人的发展是极端重要的，也就是说，教育可以促使人性发生变化，重视对人性的社会层面的引导和培育，帮助人掌握适应劳动的技能和技巧，成为专门的社会劳动力。从教育促进人的能力全面发展来看，教育是造就全面

---

① 马克思恩格斯全集：第16卷[M].北京：人民出版社，1964：218.

② 马克思恩格斯全集：第16卷[M].北京：人民出版社，1964：218.

③ 马克思恩格斯文集：第一卷[M].北京：人民出版社，2009：500.

④ 马克思恩格斯全集：第44卷[M].北京：人民出版社，2001：200.

发展的人的"唯一方法",马克思指出:"未来教育……就是生产劳动同智育和体育相结合,它不仅是提高社会生产的一种方法,而且是造就全面发展的人的惟一方法。"[①]

教育不仅是生产劳动的产物,而且是促进人的全面发展的方法,未来教育是把人的劳动教育与智育、体育、技术教育以及其他教育都有效结合起来的旨在促进人的全面而自由的发展的教育。在旧的社会分工的条件下,教育只会把人训练成为机器或机器的一个部件,而在社会主义社会和共产主义社会,教育与生产劳动(物质生产)结合起来,可以克服人的能力发展的狭隘化和片面性,促进人的能力全面发展,把人培养成为全面发展的人,增强人的自主教育的能力。教育只有和生产劳动结合起来,才能够有效发挥教育培养人的全面发展的效能,而劳动教育确是人的教育中最基础的教育内容,加强包括劳动教育等在内的教育,能够积极促进人的德智体美劳等全面发展。这样就由专才(专业化的能力,在职场中是专业性的职业能力)逐渐向全才(全面化的能力,在职场中是具有专博结合的能力)过渡,在文艺复兴时期所出现的多才多艺的人,在未来新社会也可能会出现,这主要是人所处的社会环境发生了变化,而且在未来社会中,社会生产力高度发展,物质财富充分涌流,人的道德觉悟全面提高,城乡对立消除("城市和乡村的融合"[②]),劳动成为人的生活必需,在这样的一种全新的环境下,人的整体的精神状态也会发生变化,而在此环境下人的能力全面发展的美好愿景才可以真正实现。每一个人都有自己独特的个性,由于人的能力发展的个体差异性的客观存在,在物质基础和社会制度都得到有效支持和保障的条件下,更为重要的是高度重视人的能力教育,大力发展人的能力教育,通过对人的个性能力的培育和提升。一方面激活人的个性潜力,把已经彰显的个性能力

---

① 马克思恩格斯全集:第44卷[M].北京:人民出版社,2001:556-557.

② 马克思恩格斯全集:第26卷[M].北京:人民出版社,2014:314.

更加努力充分彰显，把隐藏在人的深处的潜在的能力发现并挖掘出来和释放出来；另一方面激发人的创新动力，创新是人的一种需要和能力。人的发展不仅需要继承既有的成果，更为重要的是要积极努力不断创造出新的成果，需要有能够持续创造新的成果的能力。人的能力教育的发展不仅对于促进人的能力发展起着重要推动作用，而且对于推动学习型社会和创新型国家建设、终身学习理念的树立和落实，进而引导社会成员将终身教育、终身学习作为人们的一种思维理念和生活方式，等等，都具有十分重要的积极促进作用。

教育是造就全面发展的人的重要途径，或者说是“唯一途径”。教育对于促进人的发展，对于促进人的能力发展是极为重要的，大多数人的一生会有较长时间是在学校中度过的，包括接受学校的正规化和系统化的教育训练，提高自身在知识、能力、情感、价值观等方面的综合素养，在德智体美劳等方面的发展。学校教育的优势就在于可以让分散的人集合在一起，在一种集体的或共同体的环境下一起学习生活成长，而在集体的或共同体的环境下学习生活成长的意义是巨大的，集体或共同体为人的能力发展提供了良好的环境，因为，“只有在集体中，个人才能获得全面发展其才能的手段”[①]，集体或共同体是人的能力发展的手段和途径，因此学校教育作为一种集体教育，对于人的能力发展起着至关重要的作用。一般讲来，学校教育至少在两个方面促进了人的能力发展：一个是重视人的道德能力教育。人的能力发展的价值取向的科学确立，那就是培养身心健康、人格健全、有进取创新精神、有责任奉献意识的人。因此，要及早对人进行道德能力教育，提高人的道德素质。一个是重视人的职业生涯教育。促进人的能力发展沿着科学的正确的道路前进，离不开对人的职业生涯的科学的规划设计，及早对

---

① 马克思恩格斯全集：第3卷[M].北京：人民出版社，1960：84.

人进行职业生涯教育，增强人的职业生涯意识和未来职场能力，更好适应职业发展和社会发展的要求，强化人在职场中的责任意识、团队意识和公民意识。

1.大力加强人的道德能力教育

人的道德的全面发展是人的全面而自由的发展的题中应有之义，人的道德意识力和实践力是人的能力发展的必备内容。教育担负着培养人的道德能力的重要任务，教育的根本任务是“立德树人”，其中“立德”，即树立高尚的品德，具有高尚的道德境界，只有先“立德”，方能后“树人”，把树立高尚的品德作为“树人”的目标并以此来引导人的道德能力的养成，这才能够真正将“立德”“树人”的实际价值体现出来。教育的主要内容就是促进德智体美劳等全面教育的全面实施。在这些全面教育中，人的道德能力教育是需要高度重视的，因为“劳动力的价值规定包含着一个历史的和道德的要素”[①]，“劳动力的价值”不是仅仅体现为其创造出的各种物质财富上面，还体现在其创造的各种精神财富上，而在精神财富上还包含着“道德的要素”，这种“道德的要素”体现了人的劳动能力具有道德性，这是人的劳动能力的一个十分重要的“价值规定”，作为社会中的人更需要具有道德能力。道德能力教育就是为人的劳动能力的道德性服务的，即保证人的劳动能力的崇高品性。人的道德能力是人在社会中的立足之根和发展之本，有道德能力的人，才能够赢得社会的信任，才能够在社会中立足，个人品德能力、家庭美德能力、社会公德能力、职业道德能力等道德能力，都成为衡量人的现代化的一个重要的指标。道德能力教育是人的教育中的一项重要内容，道德能力教育是把人的“德性能力”和人的“才智能力”结合起来的“德性能力+才智能力”教育，强调人首要的是要有德性能力，要做一个有道德的人，还要有才智

① 马克思恩格斯全集：第44卷[M].北京：人民出版社，2001：199.

能力,要做一个有才智的人。

概言之,道德能力教育就是培养德才兼备的有道德有能力有担当的社会新人的教育。人的道德能力教育离不开对人的个性差异的尊重和人所处的市场经济环境的考量,人的个性差异直接规定了人的道德能力教育的个性化特色,人所处的市场经济环境很容易对人的道德能力教育带来多重影响,这两方面都是需要注意和考虑的。

其一,加强人的道德能力教育,首先需要尊重人的个性差异。每一个人的个性能力及其发展是存在客观差异的,个性能力的差异性是个性能力的一个基本规律。人的能力发展的个性差异表明人的能力发展存在一定的"能力差异",即人的能力发展的不平衡,人与人之间存在着"能力差异"。这种"不平衡"主要包括人自身的能力发展的"能力差异"和人与人之间的能力发展的"能力差异"。就人自身的能力发展而言,一个人的某项能力强、某项能力弱。就人与人之间的能力发展比较而言,有的人的能力强、有的人的能力弱。人自身的能力发展和人与人之间的能力发展都存在差异。每一个人所处的家庭环境是不同的,每一个人的成长经历是不一样的,每一个人的理想追求也是有差别的。在每一个人的个性不一样的情况下,人的道德能力教育要尊重人的个性差异和个性能力差异,要把普遍性教育和特殊性教育结合起来,注重激发人的个性潜力。

其二,加强人的道德能力教育,要注重市场经济的影响。人类的能力的发挥在工业革命和科技革命的兴起和发展过程中得到了鲜明的表现,时至今日,经济全球化已经影响每一个人的实际生活,现时代的人正是在经济全球化这个大的环境下积极谋求生存和发展的,现实的人的能力发展也是处在市场经济条件下的,市场经济条件下存在着普遍交换,这种普遍交换一方面促进了各种资源的流动,另一方面也存在着一定的局限性,即"在交换价值上,人的社会关系转化为物的社会关系;人的能力转化为物的能力”[①]。在这种“人的能力转化为物的能力”的条件下,人的能力发展的价值取向就会出现一定的偏差,就会出现背离人的能力发展的正向价值。马克思恩格斯人的能力发展理论特别关注的是,一定要避免人的能力发展成为控制和奴役人的“物的力量”。也就是说,人的能力发展是为促进人的全面而自由的发展为价值取向的,如果人的能力发展成为物的力量和统治人的力量,出现人的世界贬值和物的世界增殖的现象的话,那么这就违背了人的能力发展的初衷。加强人的道德能力教育,需要正确引导人们把道德能力教育作为人生的一种价值追求。一个人,不论是在学校接受教育,还是离开学校从事具体工作,都要坚守道德能力教育的价值理想,把终身学习教育与道德能力终身教育结合起来,不应是把道德能力教育局限在学校教育,而应是覆盖社会教育、家庭教育、职业教育等整个社会的全方位教育,发挥道德能力教育贯穿于人的能力发展的全过程。一个人从幼儿园、小学、中学、大学等逐次进阶,从学前教育、义务教育、高中教育、大学教育、研究生教育等一路走来也二十余年,在这个漫长的人生历程中,道德能力教育要做好每一阶段教育的过渡衔接,确保道德能力教育不间断,与人的能力发展保持紧密联系。因此,人的道德能力教育一刻也不能松懈,只有不断强化人的道德能力教育,增强人的道德能力素养,才能够为促进人的能力的全面发展准备条件,才能够为促进人的全面发展提供动力。不言而喻,每一个人作为社会成员的一分子,如果没有高尚的道德能力,没有集体主义的道德意识,没有为社会服务的公共精神,那么人的能力必定是不全面的,人的发展也必定是不全面的。

---

① 马克思恩格斯全集:第30卷[M].北京:人民出版社,1995:107.

2.大力开展人的职业生涯教育

人的生命是有限的,人是一个有着有限的生命周期的现实的人,从时间的角度来看,人的能力发展是有限度的,这与人的生命长短有着直接的关系。一般而言,人的生命长度越长,人的能力发展的过程越长,所发挥的价值就越大,但是人在现实生活中会遭遇诸多不确定的因素,尤其是人受到社会分工的限制,更无法对不确定的因素进行精准的“预见”,但不能否认人的能力发展的价值所在。就现时代的现实的人而言,人们依旧在社会分工的环境下,处在不同的行业、领域,从事着不同的职业、工作,一言以蔽之,人是在社会化的职场中不断发展着自身的能力的,不同的职业对人的能力有着不同的要求。马克思指出:“在选择职业时,我们应该遵循的主要指针是人类的幸福和我们自身的完美。”[①]一个人的一生中很长时间是在职业选择中和职场工作中走过的,一个人的职业选择要采取促进人自身的发展和社会的发展这种价值取向,一个人要选择“最能为人类福利而劳动的职业”[②],这是崇高的职业选择,这是高尚的职业观,保证人的职业与社会进步实现同向,成为推动社会进步的动能,职业发展理应为人类造福。人的能力发展是人在具体的生活实践中锻炼出来的,人的生活实践的大部分时间是用在人的学习和工作中的。也就是说,人从具有自我意识那刻起,就对人的一生发展有了一个较为模糊而又随着人的阅历的增多渐趋明朗的过程,职业生涯贯穿于人的生命周期的大部分时间过程,对人的能力发展负有重要使命和职责。

其一,人的职业生涯教育为人的一生发展奠基,为人的能力发展提供路线图。人的职业生涯教育首先是在学校教育中得到体现的,由于每一个人在接受完学校教育后必然要走向社会,因此要在学校教育中开设职业生涯

① 马克思恩格斯全集:第40卷[M].北京:人民出版社,1982:7.

② 马克思恩格斯全集:第40卷[M].北京:人民出版社,1982:7.

教育，要积极发挥职业生涯教育对于促进人的发展的积极作用。这需要及早对人进行职业生涯教育，首先要在人的头脑中树立起职业生涯的意识，这需要从人接受教育的那一刻开始就抓职业生涯教育，增强人的职业生涯意识，在学校学习中和社会活动中，加深人对职业生涯的认识和理解，让职业生涯教育在人的内心深处扎根，为以后的开花结果浇灌充足的养料。

其二，人的职业生涯教育要采用科学方法。由于“理论的和实践的工艺教育在工人学校中占据应有的位置”[①]，因此要把教育与生产劳动结合起来，规划人的职业生涯，培养人的职业技能，开展职业生涯教育。只有这样，职业生涯教育才能可持续发展。职业生涯教育与生产劳动相结合，有助于把人的职业规划与人的具体实际活动结合起来，根据人的兴趣和才智来量身定做符合人的需要的职业。特别是劳动教育的开展，对于加深人对职业生涯教育的认知更有帮助。当前积极强化劳动教育已引起了社会各界的高度重视，劳动教育首先强调的是人的劳动对于人的生存与发展的重要性，因为“任何一个民族，如果停止劳动，不用说一年，就是几个星期，也要灭亡，这是每一个小孩子都知道的”[②]。劳动教育需要发挥学校、家庭、社会等各方的协同作用，积极推动劳动教育的有序有效可持续开展，积极引导全体社会成员把“劳动光荣”“劳动幸福”作为自身劳动教育的“座右铭”，作为自身职业生涯发展的“加速器”，积极发挥劳动教育对于加深社会成员对职业生涯教育的认知和助推的效能。

其三，人的职业生涯教育要在职场中得到更加高度的重视和延续。人在职场中，离不开职场中的在职培训和专项培训，这些培训都是旨在提升人的业务工作能力的，以便更好胜任所在岗位的工作，创造更多的业绩和效益，这是依据社会发展变化和工作新发展新要求而必须要进行的教育，这是

① 马克思恩格斯全集：第44卷[M].北京：人民出版社，2001：561-562.

② 马克思恩格斯文集：第十卷[M].北京：人民出版社，2009：289.

一种常态化的职场教育,也是人的职业生涯教育的延伸,是对人的职业生涯教育进入实战的真正考验。人的职业生涯教育作为人的教育的重要内容,也引起了职场人士的重视,把人的职业生涯教育与人的实际业务创新能力教育统合起来,强化人的职业生涯教育的针对性和有效性。一个没有规划的人生,是一个漫无目的人生,一个没有职业生涯规划的人生,是一个忙乱无章的人生。规避这种忙乱无章的人生的方法就应自觉主动设计人的职业生涯。人的职业生涯教育与人的能力发展是相伴相行的,这在人的学习和工作中得到了最可靠的验证。对于每一个人来说,人的一生多数时间是在职业岗位活动的,学校教育中的一项重要的教育就是人的职业生涯教育。人的职业生涯教育是与人的发展交融在一起的,是促进人的能力发展的一种有效方式。

马克思恩格斯人的能力理论所带来的启示,不仅是理论层面的,也包括实践层面的,一方面积极倡导社会成员要增强"人的能力发展"这种自觉意识,要把人的能力发展的观念深深树立起来,另一方面提出如何促进人的能力发展的途径,为人的能力的发展提供了现实操作性对策,促使社会成员把"人的能力发展"与自身的发展和社会的发展紧密结合起来。综前所述,人的能力发展理念的树立和人的能力发展使命感的强化必将为人的能力发展和社会发展带来积极推动作用,而在人的能力发展的具体实践上面,"生产力—制度—教育"等要素的共同作用必将对人的能力发展产生十分重要的影响。换言之,人的能力发展离不开社会生产力的物质基础支持,离不开公平正义的社会制度有效保障,离不开人的教育发展的大力推动。丰裕的社会生产力的物质基础、公平正义的社会制度、全面发展的人的教育为人的能力发展提供了可靠支撑。社会生产力的物质基础为人的能力发展提供前提条件,这种社会生产力是在继承前人既有生产力的基础上的继续发展和新的增长;建立健全公平正义的社会制度,打破阻碍人的能力发展的特权和垄断权等各种藩篱,这对于促进人的能力发展具有积极意义。在公平正义的社会环境下,社会成员才能够感受到存在感,而通过不断努力进取,才能够拥有获得感和幸福感,公平正义的发展机会应该为每一个人所享有;教育对于促进人的全面发展的重要思想是马克思恩格斯所极为重视的,也为人类社会发展的历程所验证。在这里需要说明的是,教育应特别重视对人的能力的教育,在传授给人们具体的知识的过程中,注重传授给人们如何将知识转化为能力的方法,并在积极引导人们在实际生产生活中学会把学到的知识应用到实践中去,做到学以致用,在实践中不断发展人的能力,并在实践中不断发掘人的新的能力,教育、能力教育无疑是促进人的能力发展的一项重要手段。

总而言之,马克思恩格斯人的能力理论为促进人的全面而自由的发展提供了实在而有力的助推。这种实在而有力的能力助推表现在,马克思恩格斯为包括无产阶级在内的广大人民群众提供了一种人的能力发展的可操作性的可行性的理论思维和实践措施,即一方面,必须高度重视人的能力发展这个问题,这个问题关乎人自身发展以及社会发展,这需要在理论思维层面的高度促使社会成员达成共识。另一方面,必须高度重视人的能力发展的条件和环境这个问题,这需要每一个社会成员都要积极为实现这一目标而担负使命和抱有责任,其中在“集体”“共同体”中的条件和环境的创建是人的能力得以最大程度发展的必不可少的条件和环境。一句话,就是人们必须既要做到认识“人的能力发展”的理论思维的重要性,又要做到推进“人的能力发展”的实践措施的坚定性,从理论和实践两个方面做到对“人的能力发展”进行总的理解。同时关于马克思恩格斯人的能力理论,还需要特别指出以下三点:

首先,需要特别指出的是,在马克思恩格斯对人类旧社会的批判的基础上所设想的共产主义社会新图景中,人的能力的全面而自由的发展不再是空谈，不再是资产阶级学者所说的难以实现的“美梦”了，而是成为每一个社会成员实实在在的“必需品”，每一个社会成员正在经历着实现这一新图景的活动过程，每一个社会成员都获得了全面而自由发展自身能力的机会，通过发挥能力实干来过上美好的生活在每一个社会成员身上得到了彰显。在共产主义社会，每一个人都自觉遵守人的能力发展的自由原则，都能够自由的发展自身的能力，而把自由发挥自身的才能作为一种极大的乐趣，并得到了充分调动和释放，这种才能的发挥是有益于整个社会的。而每一个社会成员自由发展自身的能力的渴求这正是资本主义社会所不具有的，因为，这项原则在奴役性和剥削性存在的资本主义社会是不能实现的，资本家是不允许雇佣工人享有这项权利的，如果雇佣工人享有这项权利就直接违背了资本家自私自利的“贪图享乐”的本性。

其次，马克思恩格斯针对无产阶级运动过程中的实际状况，特别强调无产阶级要坚持发展自身能力的“使命论”的职责任务，之所以一再强调人的能力发展的“使命论”，就是因为马克思恩格斯提出了与资产阶级学者本质性不同的思想，这种思想不是自私自利的和狭隘短视的，而是大公无私的和高瞻远瞩的，这是因为人的能力发展的“使命论”不仅增强了无产阶级发展自身能力的使命感和责任感，而且更加增强了无产阶级的大团结，以及阶级意志的统一和阶级力量的巩固，从而极大唤醒了无产阶级的能力发展的觉悟，一个最大的启示就是无产阶级必须要强大起来，团结起来，共同形成坚强的领导力量，无产阶级的强大和团结为无产阶级的独立自主地开展活动提供了最根本的前提保障，一句话，无产阶级是永远不能依附于资产阶级所施舍的残羹冷炙而过活的，必须要组建自己的组织和阶级，努力实现大联合，通过联合建立起来的阶级力量推进无产阶级的能力发展。

最后，不论是对未来社会的设想，还是对无产阶级现实处境的思索，马克思恩格斯始终站在促进人的全面发展的道义制高点，肩负着实现人类解放的崇高而艰巨的使命，得到了与奴役阶级和剥削阶级相抗争的全世界的有志之士的积极响应和大力支持，这在人类社会发展史上是少见的。马克思恩格斯开创的人类解放学说是一心一意为绝大多数人的利益服务的，而这种人类解放学说又是建立在活生生的人类社会实际生活基础上的，这种人类解放学说强调把受奴役受剥削的广大民众解放出来，强调要把促进人的能力全面发展作为实现人类彻底解放的必要工作，因此彻底实现了理论与实践的高度统一，彻底实现了科学的理论认识和高尚的价值取向的有机统一。由此，人的能力发展不再是一句空话，而是成为与每一个人息息相关的、必需的实干活动，成为每一个社会成员的内心深入的积极渴求和实际行动的积极表现，社会上也就形成了“我要把我的能力积极发挥出来促进我的发展”的良好氛围，这是一种振奋人心的催人奋进的力量，这正是社会可以实现可持续发展的不可或缺的推动力和价值观——人的能力发展带动社会发展。

马克思恩格斯人的能力理论是立足时代、面向未来的，这也给人们增添了无穷的奋斗力量。马克思恩格斯人的能力理论所指向的未来人类新社会，在未来人类社会，每一个人的能力都得到了全面而自由的发展，人的能力发展的使命进入“自由王国”的发展阶段，发展人的能力成为社会成员的自觉行为，只有不断解放和发展社会生产力，只有不断健全完善社会公平正义制度，只有不断改革发展人的教育，积极促进每一个人的能力的全面而自由的发展，才能够为培育未来共产主义社会的自由个性的人提供条件和动力，即把“社会生产力的巨大发展、公平正义的制度健全完善、人的教育的全面发展”紧密地融合在一起，以社会生产力的巨大发展为引擎，以公平正义的社会制度为保障，以人的教育的全面发展为能量，为实现人的全面而自由的发展的未来新社会而积极提供能力的支撑和动能，并把这种思维与人们的日常生活联系在一起，真正养成发展人的能力的习惯和努力开拓人的能力发展的新局面，充分发挥人的能力发展对人的发展的加速度和正能量，为每一个人的发展提供公正发展的机会，改善人们向上发展的条件，实现人们对美好生活的向往，这也正是马克思恩格斯人的能力理论所具有的深沉的人文关怀的现实的价值意义所在。

第六章　马克思恩格斯人的能力理论的时代阐释

马克思恩格斯人的能力理论是不断发展的理论,是与时代相联系的理论。在现时代,如何更好发挥马克思恩格斯人的能力理论的理论指导和实践助力的作用,这是一个需要深度思考的问题。不言而喻,分析现时代的人的能力发展问题需要积极融进现时代实际状况中去,这就要求我们对现时代的人的能力发展状况进行针对性研究。结合对现时代人的能力问题的认知,主要从理论层面和实践层面进行思考,理论层面着重分析人的能力话语、人的能力发展、能力学学科建设等学界普遍关注的重要问题,实践层面着重分析能力建设、能力评价、人才培养等与现代社会成员能力发展密切相关的重要问题。

一、人的能力话语探论

马克思恩格斯指出:"一切划时代的体系的真正的内容都是由于产生这些体系的那个时期的需要而形成起来的。"[①]构建新时代能力话语体系正是

① 马克思恩格斯全集:第3卷[M].北京:人民出版社,1960:544.

顺应了时代发展之需要。“能力主义”和“能力本位”作为当今世界能力话语问题的两大研究范畴，已经在全球产生了广泛影响。尽管如此，从现有文献资料来看，国内外学界关于能力话语问题的针对性研究仍是较为匮乏的。以人学为视角，在学习借鉴国内外学者能力话语问题研究成果基础上，初步提出包括能力存在话语、能力本质话语和能力发展话语等基本内容的能力话语，为学界进一步研究能力话语问题提供一定参考。

首先，明确构建能力话语的重要意义。能力话语的构建与哲学社会科学话语构建有着密切联系。习近平在哲学社会科学工作座谈会上提出：“发挥我国哲学社会科学作用，要注意加强话语体系建设。”[①]这是构建新时代中国特色哲学社会科学话语体系的重要指针。党的十八大以来，习近平反复强调并阐明了“为什么”要构建新时代中国特色哲学社会科学话语体系这一重大问题，指出：“在解读中国实践、构建中国理论上，我们应该最有发言权，但实际上我国哲学社会科学在国际上的声音还比较小，还处于有理说不出、说了传不开的境地。”[②]这一重要论述具有极强的现实针对性。从世界历史发展的宏观视野来看，构建能力话语具有两方面重要意义：第一，全球化的迅猛发展，不仅彰显了人的能力本身的巨大作用，而且证明了人的能力在推动社会生产力发展中的积极作用。从全球化的发展态势来看，一是从全球化的发展进程来看。全球化是一个曲折发展的过程，全球化的发展是作为人的本质力量的体现的工业力量和资本力量的推动使然，人的本质力量的释放极大推动了全球化发展进程。二是从全球化的发展效果来看。全球化对“国家内部和国家之间的权力和财富分配”[③]产生了重要影响，呈现了“两

---

① 习近平.在哲学社会科学工作座谈会上的讲话[N].人民日报,2016-05-19(002).

② 习近平.在哲学社会科学工作座谈会上的讲话[N].人民日报,2016-05-19(002).

③ [英]戴维·赫尔德等.全球大变革：全球化时代的政治、经济与文化[M].杨雪东，等译.北京：社会科学文献出版社，2001：26.

面性”,“对一些国家有所帮助”和“制造出国富民穷的境况”[①],也验证了国家综合能力的客观差异存在所带来的“能力距”。第二,人与社会的现代化建设的奋斗实践取得了一系列成就,深刻反映了人的能力解放与发展的极端重要性,同时强调人的能力建设是一项重大时代课题。“‘现代化’作为一个描述自科学革命以来人类事务发生迅速变革的过程的一般概念”[②],从人的现代化进程探索来看,一是坚守“走向现代化”的目标追求,强化人的现代化能力建设,“人并非一生下来就是现代化的,而是通过自己的特殊的生活经验变为现代化的”[③],人的现代化是一个过程,把解放和发展人的能力作为人的现代化建设的基础性使命。二是坚持人的能力“与时俱进”的建设理念,在不同发展时期人都要有与时代相适应的能力建设任务,如“自力更生的能力”“创新发展的能力”“引领时代的能力”,等等。因此,构建能力话语可以推动全球化发展,强化国家的综合能力意识,助推人与社会的现代化建设。

其次,能力话语问题研究的现状分析。从能力话语的研究成果来看,有学者从“自由主义政治文化”的视角分析了19世纪英国的“等级观念、社会流动和中产阶级”三种文化观念对“能力”话语的运用所造成的影响,认为“能力”话语是自由主义政治文化的基础,“能力”话语包括基于对个人能力的评估和社会群体能力的评估,这两种能力的不同评估,对自由主义产生了不同的现实政治影响[④]。立足人学视角,能力话语是坚持“能力为基点”,以保证“人的生存与发展为目标”,挖掘激发和培养培训人的能力,主张能力主义和能力本位的能力发展理念,生成“人人皆学习、人人有能力、人人能成才、人

① [美]约瑟夫·E.斯蒂格利茨.让全球化造福全球化[M].雷达,朱丹,李有根,译.北京:中国人民大学出版社,2013:5.

② [美]C·E.布莱克.现代化的动力[M].段小光,译.成都:四川人民出版社,1988:8-9.

③ [美]阿历克斯·英克尔斯.人的现代化素质探索[M].曹中德,等译.天津:天津社会科学院出版社,1995:41.

④ 毛汉青.19世纪英国选举改革之自由主义政治文化[D].上海:复旦大学,2010.

人可奉献”的能力人学观,进而推动人的发展和社会进步。国内外学界极为重视能力话语问题研究,立足各自不同研究视角,发表了许多关于能力话语问题的研究成果。概括来讲,可分为两大能力话语,即国外学界提出的“能力主义”的能力话语和国内学界提出的“能力本位”的能力话语。

一是“能力主义”的能力话语简析。通常认为,“能力主义”是肇始于日本企业的能力主义管理实践。日本政府从20世纪60年代开始,在企业中大力推行能力主义管理,发挥企业职工的能力,不断培训职工,提高职工的知识和技能,企业的效率得到了显著提高。日本企业的能力主义管理概括来讲是指,“最大限度开发并发挥每个职工的能力”[①];具体来讲是指,“要积极适应企业经营环境条件的激烈变化,发挥人的能力,以能力为基准进行有关录用、安排、教育培训、调动、提升、工资乃至其他一切方面的人事管理”[②]。同时,日本政府积极把“能力主义”推行到各级各类学校教育中去,把人的能力和才能的培养列入教育政策之中,通过人的能力的培养确保未来社会经济的高度发展[③]。“能力主义”在国外的政府、企业、教育等机构得到了广泛推广和应用。它主张,重要的是看人的实际能力,而不再把人的资历和学历作为衡量人才的唯一标准,把能力作为衡量人的业绩和贡献的重要尺度,实现了人才衡量标准的新转向,激发了人重视能力和发挥能力的热情。如国外学者对“能力与社会正义”的能力主义的充足性原则进行了分析,界定了人应具备“与人类的生物性和物质性需要相关的能力、与作为能动者的个人的基本利益相关的能力、与作为社会性存在的个人的基本利益相关的能力”等三种核心能力[④]。“能力主义”在美、英、法等发达国家的人事管理和教育工作

---

① 羽石宽寿,崔慕洁.日本企业的教育培训与能力开发[J].现代日本经济,1991(04):52-55+24.

② 高泽儒.日本企业的能力主义管理[J].经济学动态,1979(09):43-46.

③ 李镜流.日本的能力主义教育述评[J].外国教育动态,1989(06):31-36.

④ 拉斯·尼尔森,大卫·V.阿萨尔森,牛文浩,彭斌.能力主义的充足性原则:能力与社会正义[J].国外理论动态,2018(06):58-70.

等事务中得到了积极运用,发达国家正处于“能力主义时代”,但是不同的人所具有的不同能力造成的人的能力差异,也给发达国家的社会公平正义带来了消极影响,尤其是发达国家民众之间贫富差距加大的现状,造成了人与人、人与社会等关系不和谐因素增多。

二是“能力本位”的能力话语简析。改革开放以后,社会主义市场经济体制的确立和发展迫切需要一种与之相适应的文化理念。基于此,国内学界开展了一系列研究,提出了许多建设性的文化理念。其中,影响力最大的是20世纪90年代韩庆祥提出的“能力本位”的文化理念。韩庆祥指出:“市场经济的一个基本原则是平等竞争,平等竞争首要是能力的竞争。”能力在市场经济和知识经济中具有举足轻重的作用,“知识经济的文化实质,就是建造一个能力社会”①。韩庆祥认为:“社会主义市场经济体制的建设,需要一种反映其内在本质要求并作为其文化基础和文化支持的新文化。”这种新文化就是“以能力本位为核心的文化”,即“能力本位”文化。“能力本位”文化是指“与社会主义市场经济体制相适应的现代文化”,是建立“在注重人的能力全面而充分发展这一基石之上”,“人的一切活动、一切关系和一切追求都要围绕如何发挥人的能力旋转”。②“能力本位”这一文化理念的提出,在国内学界引起热烈争论,受到了社会各界的普遍重视。“能力本位”的文化理念确立了能力在社会主义市场经济和人与社会发展中的重要作用,特别是在人事管理制度方面得到了推广应用,各类组织机构也积极把能力作为衡量和评价人的工作绩效的一项重要指标。随着“能力本位”文化理念的深入人心,“能力人”塑造和“能力社会”建设不断深入,“能力本位”的文化理念也对教育改革发展理念产生了深刻影响,“能力本位教育”“素质教育的本质即能

---

① 韩庆祥.我为什么提倡“能力本位”[J].中国人才,2000(06):11-12.

② 韩庆祥.能力本位论——兼论社会主义市场经济的文化建设[J].中州学刊,1993(06):134-136.

力教育"[1],"能本管理"的"能力本位"理念在企业中也得到了有效应用,特别是职业教育受到了"能力本位"文化理念的熏陶,职业教育院校更加重视学生的能力培养。总之,不论是"能力主义",还是"能力本位",都有一个共同特点,那就是对人的能力问题的极端重视,并都在具体实践中得到了广泛运用,产生了显著的成效。"能力主义"在不断击破"资历主义"和"学历主义"的"枷锁","能力本位"在努力破除"官本位""权本位""钱本位"等错误思想对人的"束缚",为人的发展,特别是为人的能力建设提供了科学的理论依据。

再次,能力话语基本内容的阐释。国内人学界认为,人的存在理论、人的本质理论和人的发展理论是人学理论的三个基本理论。厘清能力话语的基本内容是促进能力话语问题研究走向专业化和学术化的首要工作。人学始终关注着人的生存和发展。人学视域中能力话语是以人的生存和发展为主题的,一般包括能力存在话语、能力本质话语和能力发展话语等基本内容。

一是能力存在话语。能力话语首先要探讨的问题是能力如何存在的问题。能力是依附于人而存在的,也就是说,人是能力的主体,是能力得以存在的载体,由此,能力存在必须要直面人的存在。人的存在为能力存在提供了物质基础。人是自然界的一部分,是"自然存在物"和"人的自然存在物",是"自为地存在着的存在物",是"类存在物"[2]。人是一种有经验的能动地改造客观世界的"现实的个人"。人的存在是人的能力得以存在的基础:其一,人在改造物质世界中积累了经验,掌握了维持人的生存的基本能力,确保了人的生命得以存活。人只有在从事具体的物质生产活动中,才可以发现和发挥自身的真实能力,感受到自身能力的存在,能力与人的生命同向而行,"生命存则能力生",人的物质生产活动激发了能力的生长力。其二,人在改

① 韩庆祥.素质教育的本质:"能力教育"[J].高等教育研究,2000(04):23-26.

② 马克思恩格斯全集:第3卷[M].北京:人民出版社,2002:304.

造精神世界中提高了认识,使得自身能力得到了进一步改进,能够更好认识客观世界。人从来到人世的那一刻起,就注定了要对自我进行艰辛追寻,"我是谁"这个问题将会伴随人的一生,回答这一问题的最好答案就是用自身能力来证明"我是谁"。同时能力为"我要做什么"和"我要去哪里"指明了方向,生成了自我认识的自律性。其三,人的能力存在体现了人的存在的价值,人的存在是创造价值的存在,价值的创造是具有能力的人来实现的。一个有能力、能力强的人,在正确的世界观、人生观和价值观的指导下,必然会取得巨大的成就,这反过来验证了人的能力的作用和人的存在的价值。

二是能力本质话语。既然能力的主体和载体是"现实的个人",能力是因人而生的,那么能力的本质也就必须要用人的本质来回答,只有这样,才可以科学揭示人的能力的真正本质。理解人的本质是多维度的,劳动是人的本质、需要是人的本质、社会关系是人的本质,而从人的本质来考察能力的本质是一条科学之道,对象性的现实就是"人的本质力量的现实"①,能力就是人的本质力量。第一,从劳动角度看能力的本质,能力是人的实践活动的产物。人在物质生产实践、精神生产实践和生命生产实践的过程中,体现了人的能力的本质力量。人能够创造出大自然所没有的而保存着人类的劳动印记的东西,从人的衣食住行等各个方面,都有着人的劳动的付出,能力是人的劳动结出的果实。第二,从需要角度看能力的本质,能力是用来满足人的需要的一种需要手段。人有各种各样的需要,人的需要也是不断增长和更新的,而需要的满足则必须由人通过劳动来达成。人的生存需要、发展需要和享受需要是循序渐进和螺旋上升的过程,需要的提出与满足,当然要发挥人的能力,能力本来就是人的一种需要。第三,从社会关系角度看能力的本质,能力是人的社会关系的反映。能力不是孤立存在的,而是与周围的

① 马克思恩格斯全集:第3卷[M].北京:人民出版社,2002:304.

人与物相互交织的,人的能力是人在继承前人的原有能力基础上,在人与人的交往以及各种改造社会关系的实践中不断获得和发展的。单个人的能力会因人的死亡而灭亡,但人在社会交往中能力会被保留下来,体现着能力的社会关系特性。

三是能力发展话语。能力是人的发展的核心动力,没有能力的发展,就没有人的发展,人的全面发展首先是人的能力的全面发展。第一,能力是人的发展的一个衡量标准。人的发展的衡量标准是多元化的,包括生命周期的延长、物质财富的发展、道德品质的提升,等等。联合国开发计划署提出了衡量各国经济社会发展水平指标的人类发展指数,人类发展指数由健康长寿、教育获得和生活水平三个指标构成,其中教育获得中的关键指标就是能力指标。人在接受教育的过程中,自身的知识不断得到积累,能力也不断发展提升,知识转化为能力,能力带动人的发展,能力自然成了检验人的发展的指标。第二,能力是人的全面发展的重要组成部分。人的全面发展是自由的发展和全面的发展,未来社会的新人,必须是具有"批判"[①]等全面能力的人,人只有实现能力的全面性,才能够真正实现人的自由而全面发展,未来社会的人实现了能力的全面发展,能够根据自己的兴趣在各个部门从事活动,发展自己的能力。第三,能力是人从事创造性活动的源泉。人只有具备了最基本的劳动能力和思维能力,也就是在能够使自己生存并能够进行理性思维的活动的前提下,才能够在不断的实践中挖掘出和发挥出自身的创新能力,进而从事具有创造性的活动,为人的发展和社会进步提供了新的事物和新的思想。人的发展的关键能力是理论思维创新能力,理论思维创新能力是一个人能够产生原创性成果的最大保证。能力存在话语、能力本质话语和能力发展话语所要重点阐述的是能力在人的生存与发展过程中

---

① 马克思恩格斯全集:第3卷[M].北京:人民出版社,1960:37.

所彰显的人的能力的巨大力量。人学视域中的能力话语以能力发展话语为目标,能力存在话语是根基,能力本质话语是中介。能力是贯穿于人的存在、人的本质和人的发展的一条主线,这是人学视域中能力话语的鲜明特质。

最后,构建能力话语体系的着力点。加强能力话语问题研究是马克思主义人的发展话语体系问题研究的一个重要方面,当下要从三个方面着力:自觉增强能力话语问题研究意识、积极推动马克思主义能力话语体系和跨学科跨领域能力话语构建。

一是自觉增强能力话语问题的研究意识。能力理论是人的发展理论的重要组成部分,能力话语是人的发展话语体系的重要构成。人学理论工作者要自觉增强能力话语问题的研究意识,不仅要自觉主动探究能力话语的基本原理话语,包括能力存在话语、能力本质话语和能力发展话语,这是能力问题研究的学理性或专业性话语,而且要进一步深入探究能力话语的实践运用话语,如能力主义话语、能力本位话语、创新能力话语等与人的实际生活密切相关的话语。一方面要立足社会问题,对人民群众最迫切需要解决的社会问题予以高度关注,提供能力话语。人民日益增长的美好生活需要是要由能力话语来指导的,那就是公民能力建设话语,为公民能力提升提供话语支撑。如能力与社会公平正义问题、能力与财富分配问题、能力与职业发展问题,等等。另一方面要探究世界问题,当前和平与发展仍是世界的主题,和平与发展问题的解决必须依靠能力来回应。国与国之间的综合国力的较量,归根到底是人的能力的较量,要为世界问题的解决提供能力话语指引,如能力与和平问题、能力与发展问题、能力与人类命运共同体问题,等等。此外,自觉增强能力话语问题研究意识,还要注重在日常理论研究工作中的自觉主动发现能力的发展变化趋向,不断开拓能力话语问题研究的新视域,推动能力话语问题研究与时代发展同向呼应,引领能力话语新发展。

二是推动马克思主义能力话语体系构建。马克思主义经典作家及其继承者高度关注能力问题，马克思和恩格斯、列宁、毛泽东、邓小平、江泽民、胡锦涛、习近平等关于能力问题的重要论述，形成了马克思主义能力思想。马克思恩格斯人的能力理论是马克思主义能力话语的源头，属于经典能力话语。[①]马克思主义能力思想所蕴含的独具特色的能力话语，进一步丰富了马克思主义理论的内涵，为人的发展提供了科学理论指导。从马克思主义主要文献资料来看，马克思主义能力话语体系主要由“全面能力”“个性能力”“思维能力”“文化建设领导能力”“执政能力”“创新能力”“为人民服务能力”“构建社会主义和谐社会能力”“科学发展能力”“舆论引导能力”“改革行动能力”“实干能力”等关键词构成，能力话语体系充分反映了“福利人类”“公平正义”“和平发展”“人与自然和谐共生”“人类命运共同体”等坚定的人民性的科学社会主义立场。一方面，马克思主义能力话语体系生动体现了马克思主义理论的强大生命力和感召力，为全世界无产阶级运动提供了力量；另一方面，马克思主义能力话语体系深刻反映了世界历史变迁，不断指引着人类为奔向未来美好幸福生活而脚踏实地劳动奋斗。此外，马克思主义能力话语体系为传播马克思主义理论话语提供了新视角和新路径，为推进中国特色哲学社会科学话语体系构建提供了新动力。

三是构建跨学科跨领域相交融的能力话语。当前国内外科学技术和教育文化发展日益迅猛，各学科和各领域之间已经形成了“你中有我、我中有你”的互补格局，不同学科和不同领域的交叉研究和跨界研究风生水起，显示了各学科、各领域创新发展的新态势。其中，作为学科之间的“中介”的能力问题研究贯穿其中。不论哪一门学科，哪一个领域，都离不开对本学科和本领域范围内的能力问题的研究。其一，从学科融合趋势来看，文理学科

① 孙福胜.马克思恩格斯人的能力理论探析[J].南昌大学学报(人文社会科学版),2019,50(02):61-68.

“由分到合”已成为社会各界共识,文、史、哲、法等文科和理、工、农、医等理科都在不断实现交互贯通,学科专业能力整体增强,实现了大学科、大专业的新跨越。其二,从研究领域的融通趋势来看,国内高校之间成立了研究联盟,实现了资源成果共建共享,努力造就通晓多领域知识、掌握多领域技能的适应新时代发展需要的复合型创新型人才,复合型创新型的人才必然是一个具有多样性能力的人才。其三,从“互联网+”“人工智能”“大数据”“量子通信”“区块链”等高新科技的未来发展趋势来看,推动跨学科和跨领域的基础研究和应用研究必然需要“能力哲学话语”来进行思维启迪。此外,能力话语在教育评价、管理评价、培训评价和人才评价等具体事务中发挥着重要作用,构建大中小幼学生能力培养体系一体化也是推动跨学科、跨领域能力话语构建的一项重大任务。能力为人的生存和发展提供了可测量、可完善的理论工具和实践动能,能力话语问题研究为人的生存和发展话语问题研究提供了参考。新时代能力话语体系构建是一项长期性和复杂性的系统工程,不仅需要能力问题研究者持之以恒的探索,而且需要社会各界积极努力,不断提升能力,共同建设人类美好、幸福、和谐的地球家园。

二、人的能力发展审视

加强人的能力发展问题研究是顺应人类社会发展规律的要求和满足人与社会发展的需要。分析人的能力发展问题研究的基本状况,阐释人的能力发展的使命、建设与发展等基本命题,正视人的能力由专业能力发展走向全面能力发展的现实性和人的道德实践能力的发展观,为推动人与社会的发展和进步提供动能。

其一,人的能力发展问题研究的五个维度。关于人的能力发展的问题研究是十分庞杂的,从庞杂的研究中,确定人的能力发展的历史、理论、实践、政策、话语等五个重要的思考维度，来厘清人的能力发展的问题研究状况是十分必要的。人的能力发展的历史是对人的能力发展的阶段历程及其历史规律的一种宏观把握。人的能力发展的理论是对人的能力发展的各种理论进行梳理、甄别，从中确定符合人类社会发展规律的科学的理论。人的能力发展的实践是对人的能力发展的各种实践活动的总结，需要从教训中汲取经验，促使人的能力发展绕过歧途，走向正道。人的能力发展的政策是对人的能力发展的政策性规制和引导，确保人的能力发展依据政策来落地，发挥政策助推人的能力发展的最大效能。人的能力发展的话语是对人的能力发展的历史、理论、实践、政策等的系统归纳，提炼出人的能力发展的系统话语，当然不限于对历史、理论、实践、政策等基本话语的归纳，还要从跨界的视角来构建人的能力发展的话语体系。

一是人的能力发展的历史。人的能力发展的历史就是人的发展的历史，人是在不断地认识世界和改变世界的过程中不断地发展人的认识能力和实践能力的。随着人的认识能力和实践能力的增强，人的能力发展自然而然就打上了人的能力的发展烙印，也就是说，人的能力发展是人的各种能力综合作用于人的实践活动，人的实践活动对人的能力发展起到一定的助推作用。同时，由于人处在不同的发展阶段，人的能力发展必然也存在不同。人还受到地理、经济、文化、历史、制度等因素的制约，人的能力发展的历史差异性也是客观存在的。人的生命成长周期的个体性也对人的能力发展产生了鲜明的各具特色的个性特征，人的能力发展因人的个性成长经历不同而不同，人的个性成长经历的丰富性造就着人的能力发展的丰富性。人的能力发展的一大重要成果就是工业的产生与大发展，“工业的历史和工业的已经产生的对象性的存在，是一本打开了的关于人的本质力量的书”①，

① 马克思恩格斯全集：第42卷[M].北京：人民出版社，1979：127.

工业发展史是人的能力发展的历史的重要组成部分，人的能力发展所制造出的各式各样的工具，推动着工业发展。特别是在科学技术的作用下，人的能力得到了快速发展，科学技术发展史也是人的能力发展的历史的重要组成部分，而且是推动人的能力发展的一种更加巨大的力量。总之，人的能力发展的历史就是与人的个体发展与社会的群体发展的历史紧密相联，人的个体发展影响着社会的群体发展，人的能力发展的历史就是人的个体发展与社会的群体发展相互作用的发展过程，也是人的发展的过程。因为，历史本来就是一种过程，人是历史发展的主体和主角。

二是人的能力发展的理论。当前国内外学者关于人的能力发展问题的理论研究，多是基于马克思主义人的能力发展理论、阿马蒂亚·森的可行能力理论和纳斯鲍姆的正义的能力理论等展开的。这三种能力理论是国内外学界研究人的能力发展问题的影响力较大的理论。其中，马克思主义人的能力发展理论是最科学的最经典的人的能力发展理论。它是以"马克思恩格斯人的能力理论"[①]的为核心基础理论的，旨趣是最终实现"人的全面而自由的发展"。马克思主义人的能力发展理论的核心是人的能力发展的"发展论"。中国共产党高举马克思主义伟大旗帜，结合中国实际情况，提出了执政党的执政能力建设论、国家治理体系和治理能力现代化建设的人的能力发展的"建设论"，全面建设社会主义现代化国家，积极促进人的德智体美劳等全面能力发展，培养社会主义事业建设者和接班人，积极维护世界和平和发展。阿马蒂亚·森的可行能力理论(《以自由看待发展》)深受马克思主义人的能力发展理论影响，而纳斯鲍姆的正义能力理论(《寻求有尊严的生活：正义的能力理论》)深受阿马蒂亚·森的可行能力理论的影响。阿马蒂亚·森的可行能力理论旨在通过人的能力发展来实现人的自由，即人的能力发展

① 孙福胜. 马克思恩格斯人的能力理论探析[J]. 南昌大学学报(人文社会科学版)，2019，50(02)：61-68.

是人获得自由的先决条件，发展的目的就是人的自由能力的获得和发展。纳斯鲍姆的正义的能力理论旨在通过人的能力发展来推动社会的公平正义，同时人也获得了维护社会公平正义的能力，实现了人的发展与社会公平正义的良性互动。

三是人的能力发展的实践。人的能力发展的历史为人的能力发展提供了历史经验和教训，人的能力发展理论为人的能力发展提供理论指导。不论是人的能力发展的历史，还是人的能力发展的理论，都要最终落在人的能力发展的实践上，这样才能促进人的能力发展的可持续性和创新性。能力教育、能力培训、能力管理、能力建设等人的能力发展的实践活动已经为人类积极践行，并在家庭教育、学校教育、社会教育、自主教育及职业道德、社会公德、家庭美德、个人品德等方面的实践中得到广泛应用。如提高人的道德实践能力、人的改革创新能力、人的团结合作能力等实践活动。人的能力发展实践在全球已经达成共识，联合国开发计划署在《1990年度人文发展报告》中关于人的发展问题，首次提出了“人文发展指数”，人文发展指数“综合地反映人们的平均预期寿命、文化程度以及通过合理使用资源过象样的生活水平”①。人类的人文发展不仅要重视人类的能力的形成，而且更要重视人类的能力的运用，人类能力发展已经作为联合国的重要议程和行动计划。全球人文教育发展的创新能力和公共卫生安全的治理能力正在得到世界人民的高度关注，并得到深入推进，人文教育要不断培养富有深厚人文精神的创新人才，要担负起造福人类的教育的根本使命。公共卫生安全要在坚持维护人类生命安全和身体健康的原则下，需要凝聚全世界人民的团结合作的力量，为共同防御和战胜来自自然界的或者人为的公共卫生安全事件做好准备，打造“人类命运共同体”。人的能力发展实践最终是要超越地域性，

① 蔡兴扬.1990年度人文发展报告[J].国际经济评论，1992(03)：13-20.

走向全球性，而人的能力发展的全球实践能够为人的能力的全面发展提供更加全方位的能力发展支撑。

四是人的能力发展的政策。关于如何促进人的能力发展，世界各国都出台了人的能力发展的有关政策。其中，执政能力建设、治理体系和治理能力现代化建设等能力发展的政策是聚焦点。国家出台服务于人的能力发展的政策，旨在通过全体社会成员的能力发展来增强国家的整体实力，提升国家的富裕程度，理性的国家都是为本国人民过上美好生活服务的。基于这一点，人的能力发展政策就是要积极发挥社会成员的潜能和优势，创造更大的社会生产力，推动经济、政治、文化、社会、生态文明等和谐发展。由于国情与制度的不同，各个国家的人的能力发展政策是不一样的。值得一提的是，中国提出的关于国家治理体系和治理能力现代化的能力发展政策①，国家治理能力现代化的根本是人的能力的现代化，就是要想方设法促进人的能力现代化，在这个基础上，国家治理能力现代化才能够有坚实的支撑。中国提出的能力发展政策对于促进人的发展和社会进步，以及维护世界和平，有着极为重要的示范引领作用，为推动全球治理的有序性和有效性贡献了中国智慧，为世界各国所高度关注，并得到了广泛赞同。人的能力发展的政策是对人的能力发展的实践的经验教训总结后，提出的能够为社会成员所能认同和能够在社会中推行的一种实践依据，即以政策为依据，遵守和落实政策有关规定，更好地发现发挥发展人的能力优势，让人的能力得到个性化和全面的发展，进而让政策的教育功能、价值功能、道德功能等功能得到有效释放。

五是人的能力发展的话语。话语问题是国内外学者追捧的一项“热题”，从一定意义上讲，有多少种问题，就有多少种话语，问题是话语发生的

---

① 中共中央关于坚持和完善中国特色社会主义制度 推进国家治理体系和治理能力现代化若干重大问题的决定[N].人民日报，2019-11-06(001).

前提。人的发展问题早已成为一种话语问题为学者所探究,而人的能力发展问题还尚处探索阶段。人的能力发展问题关涉人类社会的所有领域,文史哲、经管法、理工农医、教艺军等学科都内含着人的能力发展的学科意蕴。人的能力发展问题特别受到哲学社会科学领域学者的“追捧”,在哲学、法学、经济学、教育学、历史学、文学等领域已经初步形成了构建人的能力发展的话语体系的共识。其中,“人学视域中的能力话语”[①]的提出,就是对人的能力发展话语的一种主动构建。“人学视域中的能力话语”以人的能力发展话语为目标。人的能力发展的话语是对人的能力发展的一种系统性的语言表达,即人的能力发展作为人的知识、情感、价值、行动、思想、技术等多方面的共识话语,为人们在日常生活实践中所能够切身体验到。人的能力发展话语至少包括人的个性能力发展话语、人的理性能力发展话语、人的道德能力发展话语等能力发展话语。人的能力发展话语在人的能力发展的理论和实践的共同作用下,能够进一步增强人的能力发展的问题意识、话语意识、创新意识、自觉意识、服务意识等,从而进一步提升人的能力发展的专业性、规范性、科学性、人文性等,达到人的能力发展的话语体系的逐步完善。特别是在人的能力发展的实践过程中,人的能力发展的话语会随着实践的变化而变化,有些话语可能会没落,有些话语可能会新生,人的能力发展的话语是一种历史性发展过程的话语,只有与时代发展和社会需要相融合,才能够确保话语的持续发展和创新发展。

其二,人的能力发展的使命、建设与发展。在人的能力发展话语的构成中,人的能力发展的使命、建设与发展是相互贯通的,使命即问题和责任,建设即方法和义务,发展即目的和权利。人的能力发展的“使命论”是马克思恩格斯率先提出的,强调每一个人都要把发展自身的全部能力作为一项重

① 孙福胜.人学视域中的能力话语探论[J].前沿,2020(03):5-9+15.

大使命来看待。人的能力发展的“建设论”是中国共产党在继承马克思恩格斯人的能力理论的基础上，根据中国的实际情况提出的，强调要高度重视和加强执政党的能力建设，把执政党建设成为真正能够担负起建设人类未来共产主义社会的重大任务的政党，为造福人民而努力，同时要积极建构能力社会，全面开发人的能力。人的能力发展的“发展论”是人的能力发展的“使命论”和人的能力发展的“建设论”的目标，即要在人的能力发展既有成果的基础上，根据实际情况的发展变化，不断调整人的能力发展策略，为推动人的能力发展的持续性发展和创新性发展提供动力，为最终实现人的能力的全面而自由的发展提供动能。

一是人的能力发展的“使命论”。马克思恩格斯指出：“任何人的职责、使命、任务就是全面地发展自己的一切能力。”[①]把发展人的全面能力作为人的一项重要的职责、使命和任务，这就是人的能力发展的“使命论”，即每一个人都有发展自身能力的使命，这是每一个人义不容辞的使命。人的能力发展的使命论旨在告诫人们只有通过自身的能力发展，才能实现自身的各种需要，没有人的能力的发展，就没有社会生产力的发展，就没有人类社会的发展进步，就没有足以支撑人类生态文明建设的根基。人的能力发展的重要性是毋庸置疑的，是与人的一生发展相伴的，每一个人只有始终把发展自身的能力作为第一要务，才能够不负人生光阴，真正有所作为，为自己为他人为社会的发展做出成绩，才能够无愧于美好人生。每一个人都担负着发展自身能力的重要使命，这既是发展自身能力的需要，也是为社会发展提供助力的需要，作为存在于社会，并在社会中不断发展起来的个体，迫切需要对自身的能力现实和能力需要进行全面审视，找到真正适合自身能力发展的增长点和生长点，时刻保持依靠能力走向成功，自力更生强能力，自主

① 马克思恩格斯全集：第3卷[M].北京：人民出版社，1960：330.

创新促发展，道德实践共和谐，把自身的能力发展的使命担当与社会的发展进步有效融合起来，把个人价值与社会价值有效联通起来。

二是人的能力发展的“建设论”。马克思恩格斯以后，中国共产党继承和发展了马克思恩格斯人的能力发展理论，立足具体实际情况，科学分析中国所面临的具体情势，明确定位了要努力的方向，坚定不移推进执政党的能力建设，把执政党建设成为全心全意为人民服务的有责任担当的马克思主义执政党，此为世界其他国家所瞩目。中国共产党认为，“实现继续推进现代化建设、完成祖国统一、维护世界和平与促进共同发展这三大历史任务，必须大力加强执政能力建设”[①]“以加强党的长期执政能力建设、先进性和纯洁性建设为主线”[②]，中国共产党所提出的执政党的能力建设理论就是人的能力发展的“建设论”的重要构成。无产阶级必须要取得和巩固政权，并且积极把政权用来造福人民，才能够得到人民的拥护，才能够确保执政党的本色永不改变，而这是一场伟大斗争。学界认为，加强人的能力建设是“21世纪中国社会主义发展的根本问题”[③]，呼吁积极建构能力社会，积极开发人的能力，把蕴藏在人的身上的无穷无尽的能力挖掘释放出来，推动学习型社会、能力型社会和创新型社会的同频共振。国外政党同样也是对人的能力发展予以高度重视，提出要加强政党的能力建设，让政党能够在激烈竞争中保持优势，但是有些政党的本质属性和能力建设的价值取向则需要进行有效辨别。

三是人的能力发展的“发展论”。人的能力发展的“发展论”是对人的能力发展的“使命论”和人的能力发展的“建设论”的进一步完善和升华，即要

---

① 中共中央关于加强党的执政能力建设的决定[J].求是，2004(19):3-13.

② 习近平.决胜全面建成小康社会 夺取新时代中国特色社会主义伟大胜利[N].人民日报，2017-10-28(001).

③ 韩庆祥.建构能力社会：21世纪中国人的发展图景[M].广州：广东教育出版社，2003:16.

把人的能力发展作为一种发展理论或发展观念。每一个人“全面地发挥自身的能力,既为社会做出最佳的贡献,又使自己成为真正全面发展的新人”①,促使全体社会成员都具有人的能力的发展观,促进每一个人都能够自觉养成人的能力发展的创造性思维能力,从自身最具优势的能力出发,扬长避短,把优势能力充分发挥出来,把能力转化为现实的社会生产力,为社会公共事业服务。同时要把人的能力发展的这种新的发展观进行传播和共享,努力打破地域性的隔阂,尊重文化的差异性,共商、共建、共享人的能力发展带来的成果,携起手来为建设人类共同的美好家园而持续培养人的能力、训练人的能力、发挥人的能力、发展人的能力。特别是重视对人的创新能力的培养和训练力度,发挥创新能力引领发展的优势,让创新意识深入人的内心,转化为人的行动。人的创新能力发展是培养创新人才的必由之路,提升创新人才的自主原创能力,着重在科技创新能力和文化创新能力等方面精准发力,为人的创新能力培养和发展创设条件,人的能力发展的“发展论”就是通过人的能力发展来推动人的专业发展走向全面发展,人的能力的全面发展则是人的能力发展的“发展论”的根本价值取向。

其三,人的能力发展从专业性走向全面性。人的能力发展的历史、理论、实践等呈现了人的能力发展的曲折性,即人的能力发展不是一帆风顺的,而是要经历各种磨难,有时候会提高,有时候会下降,但是朝着不断完善的方向发展是其总的发展趋势。人的能力发展所面临的专业发展的现实性和全面发展的理想性的两种存在方式,是人的能力发展的总趋势的一种反映。人的能力发展首先作为一种现实性的发展观,每一个人都必须把自身作为具有专业能力发展的人来把握,首要的是具备专业能力,成为对某一领域具有专业的强大的引领性的话语权的专才。在筑牢人的能力发展的专业

① 秋石,陈志尚.人的自由全面发展论[J].求是,2003(19):13-16.

性的基础上，要把握好“能力尺度”，规避专业能力发展的“能力野心”，避免形成专业能力发展的“垄断集团”和专业能力发展的“话语霸权”，对损害他人的合法利益和社会的公共利益的行为必须坚决打击。牢固树立和践行人的道德实践能力发展观，同时要积极努力发展其他方面的能力，主动促进自身的能力的全面发展，争做有道德的全才，并在自身选择的领域有所建树。

一是人的能力发展的专业性。人的能力发展的现实形态就是人的能力发展的专业性，也就是人的专业能力发展。人的专业能力发展是指人所选择的专业领域或所从事的职业领域对人的专业发展或职业发展所提出的能力要求和能力发展要求。首先，成为一个专业人才或职业人才，才可以为进一步发展其他领域的能力打下基础。这是因为“人的才能最好是得到全面发展，不过这不是人生来就可以办到的”，“每个人都要把自己培养成某一种人，然后才设法去理解人类各种才能的总和。”[①]一个人只有先把专业能力发展好，才能更好去发展其他方面的能力，这也是人的能力发展的专业性的必然要求。那种想在各个领域都发展的人，也就是“那些什么事都想做的人，其实什么事都不能做，而终归于失败”[②]。人本身的发展的局限性也限制了人在各个领域的专业能力的发展，人只有先把一项事情做好，才可以为做好其他事情和发展其他专业能力提供了可能。人的能力发展的专业性是未来共产主义社会之前的社会形态中的人的能力发展的基本特性，这种特性所彰显的是人的能力发展的现实性，即人是在一定的社会现实性基础上发展起来的，人的能力发展也是建立在一定的社会现实性基础之上的。人作为能劳动、有需要且在社会关系中不断发展自身的理性思维能力和道德实践能力的高级动物，在具备满足自身生存需要的最基本的生存能力基础上，通过不断地发展自身专业能力，来满足自身的享受需要和发展需要以及其他

① [德]爱克曼.歌德谈话录(1823—1832年)[M].朱光潜译.北京:人民文学出版社,1978:78.

② [德]黑格尔.小逻辑[M].贺麟译.北京:商务印书馆,1980:174.

需要,并朝着全面而自由的发展自身能力的美好未来奋进。

二是人的能力发展的全面性。人的能力发展的理想性形态就是人的能力发展的全面性,也就是人的能力的全面发展。这种人的能力的全面发展并不是人在所有领域都能够发展自身的各方面的能力,而是人可以在各个方面进行自身能力的发现、培养、发挥、创新等,也就是说,在未来共产主义社会里,每一个人都拥有在各个方面发展自身能力的基础、条件、环境、能力等。人可以“上午打猎,下午捕鱼,傍晚从事畜牧,晚饭后从事批判”[①],也就是说,只有获得了发展自身能力的自由,人的能力发展致力于让人拥有发展自身能力的自由,人才真正拥有了获得自身自由的能力和发展自身能力的自由。人的能力发展的全面性和人的能力发展的“原始丰富”性是不同的。这主要是因为,人的能力发展在共产主义社会里所具备的基础条件是与人的能力发展在原始社会里的基础条件有着显著的区别。在共产主义社会里,每一个人都是自由的人,都是可以自由发展的人,都是具有高度的自觉的道德实践能力和积极为社会福利奉献自身力量的人。在这种社会里,对人的能力发展的要求不再是强制的,而是每一个人的自觉的主动的行为。在共产主义社会的“第一阶段”的社会主义社会阶段,人的能力发展也在逐步摆脱旧社会遗留下来的糟粕,在借鉴和吸收人类文明精华的基础上,朝着更加完善的高层次的未来社会迈进。人的能力全面发展是指向未来的人的能力的发展观,是人类所心向往之的,这种新发展观也将会在人的能力发展的专业性的基础上逐步到达。

三是人的道德实践能力发展。人的能力从专业发展到全面发展要求,人只有借助各种资源发展自身的能力,使自身成为具有高度道德实践能力的能力强人,这种能力强人是以造福天下为己任的,才能够担负起时代所赋

① 马克思恩格斯全集:第3卷[M].北京:人民出版社,1960:37.

予的职责、使命和任务。也就是说，要把道德实践能力作为人的能力发展的出发点，有了高尚的道德意识和道德实践能力，这样的人能力越强，对自身对社会越有益。每一个人的能力有大小之分，有强弱之别，但只要有"毫无自私自利之心"地为社会公共事业奉献服务的精神，就是"一个高尚的人，一个纯粹的人，一个有道德的人，一个脱离了低级趣味的人，一个有益于人民的人"[①]。人的道德实践能力发展观是确保人的专业能力发展不损害社会公共利益的人的能力发展观的核心所在，在市场经济条件下，人的利己性和逐利性是客观存在的，只有对人的利己性和逐利性进行道德的规制，大力发展人的道德实践能力，让人的道德实践能力转化为人的现实行为，在提升自身专业能力的同时，努力为社会公平正义奉献力量，并在制度层面予以道德化的引导，才可以为人的专业能力发展转向人的全面能力发展提供条件。由于人的道德实践能力发展观是社会发展观和价值观的最根本的东西，因此要在人的能力发展问题的理论研究和实践探索中进行广泛宣传推介，营造社会成员积极成为道德实践能力强者的社会文化氛围。人的发展理论体系中包括"能力论"[②]，即人的能力发展理论。作为人的发展体系中的人的能力发展，更需要人们在全面深刻理解"个性发展觉醒—能力发展引擎—合作发展共赢"意蕴的基础上，在日常生活中身体力行，发展能力。人的能力发展是人的本质力量的发展，是人获得自由发展的能力的前提，是人自由发展自身能力的条件，是人正确认识自己、努力发展自己和积极成为自己的重要途径，是人的发展的一种状态。人的能力发展需要人在一定的环境中才能得以实施，这种环境首先是人作为社会的人的社会化环境，就个体的能力发展和群体的能力发展而言，个体离不开群体，而必须在群体中发展自身的能力。由个体构成的群体的一种存在与发展的方式——共同体——是实现人

① 毛泽东选集：第二卷[M].北京：人民出版社，1991：660.

② 陈新夏.唯物史观与人的发展理论[M].南京：江苏人民出版社，2013：337.

的能力全面发展的基础环境和必需载体。在这种环境和载体中，人作为社会一分子，应积极主动自觉树立人的能力发展观，特别是人的道德实践能力发展观，唯此，人的专业能力得到最优化发展，人的全面能力得到最充分发展，而以人的创造性活动所开拓的人的独创性能力发展将绘就出人的发展的无限美好景象。

三、加强能力学学科建设

时代发展以人的发展为前提，人的发展以人的能力发展为动力。人的能力问题不仅是关乎人类的生存与发展的一个重大问题，而且具有现实性和紧迫性的一个重要问题。马克思恩格斯指出："一切划时代的体系的真正的内容都是由于产生这些体系的那个时期的需要而形成起来的。"[①]随着人的能力问题研究与人的能力建设实践的深入，以及社会成员对人的发展的美好愿景的奋力追求，构建能力学已经具备了"需要"的条件。以唯物史观为指导，构建以人的能力为研究对象，聚焦于研究整体的人的能力的存在、本质和发展的一般规律的能力学，为人的生存与发展提供"能力学"的话语。以系统论为总方法，从"深耕文本"与"融入生活"等方面着手构建能力学，切实发挥能力学在人的生存与发展及人与社会的现代化建设过程中的积极作用。

其一，构建能力学的视域。构建能力学需要选择一个视域，并在此视域下进行人的能力问题的思索。唯物史观不仅是人学研究的指导思想，更是能力学构建和研究的指导思想。自从唯物史观问世后，人类探究问题的思想和方式发生了深刻变革，唯物史观从根本上为人类提供了观察人自身、人

---

① 马克思恩格斯全集：第3卷[M].北京：人民出版社，1960：544.

与自然、人与人、人与社会等问题的“唯物史观研究范式”。马克思恩格斯指出，这种历史观是“从直接生活的物质生产出发来考察现实的生产过程，并把与该生产方式相联系的、它所产生的交往形式，即各个不同阶段上的市民社会，理解为整个历史的基础”[①]。这里阐述了唯物史观的一个核心论点，即要把“生活的物质生产”作为出发点，把与其有关的各种联系作为“整个历史的基础”。概言之，唯物史观为构建能力学提供了思想指南，即构建能力学必须立足现实的生活实践，走进和考察“现实的人”的实际生活，理解其作为“整个历史的基础”的缘由。换言之，只有在唯物史观视域中考察人的能力问题和构建能力学，才能充分保证人的能力问题研究的规范性和科学性。也就是说，必须在以“规律范式和实践范式”[②]为基本构成的“唯物史观研究范式”下进行能力学研究，才能够更好构建合乎人的生存与发展规律的能力学，进而发挥能力学对唯物史观内涵的新的丰富和拓展。

其二，构建能力学的意义。从唯物史观视角构建能力学，是对现有的人的能力问题研究视域的一次重新审视。在唯物史观指导下构建能力学，既顺应了经济社会发展和生态文明建设的新形势和新要求，也对人的能力问题研究及人的发展起着重要推进作用。

一是与经济社会发展和生态文明建设的新形势相契合。新时代的中国经济社会发展和生态文明建设，所面临的是前所未有的新形势和新机遇。新时代，每一个人都是中国特色社会主义建设的参与者和推动者，每一个人都需要在劳动和奋斗中实现“人生梦”和“中国梦”。首先，人的能力水平是促进经济社会发展和生态文明建设的直接动因。经济社会发展和生态文明建设最需要的是全体社会成员的共同智慧和精诚合作，唯此才能实现美好生活的魅力前景。其次，能力学从实践和理论两个方面，为激发人的能力提

① 马克思恩格斯全集：第3卷[M].北京：人民出版社，1960：42.

② 陈新夏.唯物史观与人的发展理论[M].南京：江苏人民出版社，2013：346.

升和发展热情及发挥理论工作者的理论创新自觉性提供了新视界。当前首要的任务是打赢脱贫攻坚战和确保“绿水青山和金山银山”共存，这就要求人们必须敢于斗争和善于创新，为实现全面建成社会主义现代化国家增本领、强能力、讲奉献、促和谐。最后，构建能力学是时代新人的一项新使命。时代新人在新时代既要艰苦奋斗，更要用勤劳汗水浇灌丰硕收获，用团结奋进共谱时代乐章，以“只争朝夕和不负韶华”的巨大魄力，释放新生力，唱响新时代。

二是为学界进一步加强人的能力问题研究提供新条件。能力学能够从整体上对人的能力问题进行系统性统摄，并能够在研究共识上集聚学界关于人的能力问题研究的集体智慧，发挥研究的整体性功能。一方面，尽管国内外学者从不同专业、不同领域，采用不同理论、不同方法对人的能力问题进行研究，但对人的能力问题的整体性和逻辑性的研究还是甚少，这需要在对唯物史观深刻理解的基础上，对人的能力问题进行系统研究，构建“系统结构”的“能力学”。另一方面，构建能力学的过程，就是探究人的能力和发展人的能力的过程，这为各领域学者聚焦现时代的人的能力新问题，为社会成员积极消除“能力恐慌”焦虑和排除“能力困惑”压力，积极发挥聪明才智共同培育“能力人”，形成人的能力问题研究的“学术共同体”，创设了十分有利的条件。构建能力学为推动人的能力问题的国际学术对话，提供渠道和平台，可以有效带动人的能力问题的跨际交流探讨，促进人类的和平与发展，构建人类命运共同体，离不开世界各国人民的共同努力，特别是人的“和平与发展”能力的提升，国际学术界也应为此主动承担使命和贡献学术力量。

三是为强化人的能力意识与促进人的发展提供新动能。人的能力问题之所以成为全球化和现代化的不可忽视的一个常谈常新的大问题，一个重要的原因就是人的生存与发展问题的解决，离不开人的能力问题的解决，特别是在“和平与发展”为主题的世界中,在构建“人类命运共同体”的征程中,人的能力问题是一个核心问题和关键问题。一方面,人的能力关涉人的生存与发展。人的生存与发展的前提性条件,是每个人都要具有“养活自我”和“完善自我”的能力,这种能力就是人们在社会生产过程中所具有的人的本质力量和发展状态。人只有先具备了这种能力自觉,并积极在社会实践中充分性发挥和创造性发展,才能够凭借这种力量不断激发和推进人的发展。另一方面,人的能力发展是人的生存与发展的动力。人的全面发展包括人的能力、人的个性和人的自由等方面的全面发展,就推动人的全面发展和可持续发展的各种动力而言,人的能力是人的全面发展的最基础的和最有效的动力,即人的能力是人的全面发展的“发动机”。

其三,构建能力学的可能。任何学问的产生都有着一定的历史承继性,都是建立在既有的条件基础之上的。构建能力学离不开已有的实践和理论等研究成果,而对能力学的研究对象与内容以及相关方法与具体路径等要素的确立,为能力学的构建提供了可能。

一是能力学构建的前期研究成果的积累。能力学的构建离不开对能力学重要性的清醒认识,也离不开对能力学构建的前提性和基础性工作的掌握。从世界各国的执政党的能力建设、企业的经营管理能力和国民的创新能力培养及学者们关于人的能力问题的研究状况来看,无论是实践经验还是理论积累,都具备了构建能力学的可能。首先,从实践经验来看,世界各国执政党高度重视执政党的能力建设,加大对国民创新能力培养和企业公司的经营管理能力修炼,形成了在全球具有一定影响力的大政党、大企业和高端人才队伍,在长期实践中积累了具有本国特色的人的能力培养培训的“样本”。其次,从理论积累来看,学者们对人的能力问题的持续关注和积极研究,取得了具有较大影响的成果。学者们积极从多视域研究人的能力问题,如能力理论、能力模型、能力教育、能力发展、能力建设、能力管理、能力培训等，同时各学科关注对人的能力问题的研究，加大了哲学、人学、法学、经济学、历史学、教育学、心理学、管理学等跨学科研究人的能力问题的力度。其中，外国学者提出的“能力教育”①和“能力主义”②，中国学者提出的“能力本位是一种新的道德观念”的“能力本位论”③在学术界和社会上产生了广泛影响。人的能力问题研究增强了社会成员的能力意识，生成了“人人关注能力、人人发展能力、人人奋斗成才”的开拓进取的良好社会氛围。此外，社会各界成员求发展的进取心和谋幸福的奋斗力，特别是社会底层群体对改变命运和过上好日子的强烈愿望，也为构建能力学提供了多源性的强大“助推器”。

二是能力学的研究对象与内容的确立。顾名思义，能力学的研究对象就是人的能力。概括来讲，就是研究整体的人的能力的存在、本质和发展的一般规律。具体来讲，主要研究人的物质生活生产能力、精神生活生产能力、人口生产能力、理论思维能力等能力。这些能力关乎人的生存和发展及其需要的满足，是人的最根本的最重要的能力。基于对人能力问题的整体把握，着重从经典层面、理论层面和实践层面来探究能力学的基本内容，提炼能力学的基本框架。首先，能力学的研究对象。能力学的研究对象直接指明了人的能力作为聚焦点的整体性、差异性和动态性。一方面指向人的整体能力，即对人的物质生产、精神生产和人口生产等整体能力进行研究。以“现实的人”为出发点，全面把握“现实的人”的能力整体，厘清人的能力的“共同特质”。另一方面指向人的具体能力，即对人的劳动能力、批判能力、审美能力等进行研究。通过多角度分析同一个人的不同能力与不同人的不

---

① Melvin G. Villeme, Bruce W. Hall. Higher ability education graduates: Do they enter and stay in teaching?[J]. *The Teacher Educator*, 1983(04).

② 拉斯·尼尔森，大卫·V.阿萨尔森，牛文浩，彭斌.能力主义的充足性原则：能力与社会正义[J].国外理论动态，2018(06).

③ 韩庆祥.能力本位[M].北京：中国发展出版社，1999:99.

同能力所存在的不同情况，找寻人的“个性能力”，促进人的发展。人的整体能力和具体能力都是为人的发展服务的，人的能力与人的发展的关系，人的能力如何推动人的发展，这是需要解开的“疑惑谜团”。对人的整体能力、具体能力及能力与发展的关系问题的研究，不仅表明了人的能力的整体性、差异性和动态性特征，而且表明了人的能力生成性存在、实践性本质和多样性发展的一般规律，进而为推动跨学科多领域协同研究人的能力问题提供准备。其次，能力学的研究内容。在探讨能力学研究对象的基础上，重点研究能力学的三块主要内容：经典层面的“能力体系”、理论层面的“逻辑联系”和实践层面的“多元关系”。一是经典层面的“能力体系”，是指马克思恩格斯及其继承者关于人的能力问题的理论、思想和论述等，在此基础上构建“能力体系”。“能力体系”以人的劳动能力为基础，通过不断解放和发展人的能力，实现人的自由解放（包括自由个性的能力、全面发展和表现自己的全部能力、个人的自我实现能力等自由解放），包括物质生产能力、精神生产能力、人口生产能力和理论思维能力。二是理论层面的“逻辑联系”，是指能力的存在、本质与发展的逻辑联系，包括能力存在论、能力本质论和能力发展论。人的能力是依附于人的存在而存在的，体现着人的本质，激发人的发展欲望和行动，能力的存在、本质与发展与人的存在、本质与发展密切联系，这也与人的整体能力形成了交互相融的关系。三是实践层面的“多元关系”，是指人的能力与人的各种需要建立了互动的“多元关系”，其中的人的能力是人的需要的一种“诉求”。一般来讲，人的需要有多少种，人就有多少种满足需要的能力，如人的自由、财富、公正、幸福等需要，就自然组建了人的能力与自由、财富、公正、幸福等关系，这些都是人的美好生活需要的表现。人的能力与人的需要要保持在一定的合规律与合目的的“限度”之内，也就是要保持能力与需要的“平衡”与“和谐”。能力学的研究内容是其研究对象的具体化和丰富化，能力学研究的基本框架初步呈现了能力问题与人的问题的交织通融的关系。人的能力是人的问题的一个重要论点，是人的发展的核心内容，以研究"现实的人"的能力的存在、本质与发展的一般规律为目的的能力学也丰富了人学的研究视域，是人学理论和人的发展理论研究的一个重要生长点。

其四，能力学的构建方法与路径的确立。研究任何问题必须用科学的研究方法来指导。构建能力学需要遵循一定的方法，同人与社会的发展同向而行，即以系统论方法为主，以"深耕文本"和"融入生活"为着力点，把能力学构建与人的能力问题研究和人与社会的现代化建设密切结合起来，切实发挥能力学的功效。首先，构建能力学的方法。坚持系统论方法构建能力学，就是要把人的能力与人的发展及其周围一切事物联系起来，而不是孤立地考量人的能力问题。"从当代系统论的观点来看，人不是可以不考虑其他事物而孤立地进行研究的一种独特的(suigeneris)东西。"[①]由此可知，作为研究人的能力问题的能力学，也需要考虑它的周围的事物。能力学是关于人的能力问题的"专门学"和"系统学"，不仅因为人是一个系统，人的能力也是一个系统。在研究人的能力过程中，要考虑人的能力与人的生理和心理的特质、社会的结构和群体心态、自然的生态的系统等关系问题，也要考虑气候、地理、风俗等外部环境对人的能力的形成和发展的影响，只有这样，才能对人的能力问题进行全面"诊断"。因此，只有坚持系统论方法，能力学才可以呈现出一个真正反映人的能力的"能力体系""逻辑联系"和"多元关系"的系统结构，并逐渐成为一门严格意义上的科学。其次，构建能力学的路径。国内学者关于人的能力问题的研究在向两方面深化：一方面从深度上进一步挖掘马克思主义经典著作中的关于人的能力问题的重要思想资源，积极构建马克思主义人的能力理论体系；另一方面从广度上力求从哲学、法

① [美]E.拉兹洛.用系统论的观点看世界[M].闵家胤译.北京:中国社会科学出版社,1985:71.

学、经济学、教育学、心理学、管理学等多学科对人的能力问题展开跨学科研究，试图建立一门能够服务于人的生存与发展以及社会进步的"能力学"。构建能力学既不能丢掉"文本"，更不能脱离"生活"，需要从"深耕文本"和"融入生活"两个方面发力：一方面，要继续钻研马克思主义经典著作中关于人的能力问题的精辟要论，同时要积极吸收和借鉴中华优秀传统文化以及外国先进文明成果中关于人的能力的思想精华；另一方面，要切实与人们的现实生活有机结合起来，深入社会实践调研，深刻了解人们的"衣、食、住以及其他东西"的"第一个需要"①，从事能力学问题研究，需要在老百姓的生活中"俯下身去"和"沉下心去"，积极引导人们自觉主动增强能力意识，坚定自身发展信心，掌握社会主义现代化建设的"第一手资料"，打牢能力学的实践根基。此外，还要通过对能力学构建理路的专业阐述和通俗宣讲，唤醒人们对自身能力的正视，帮助人们获得发展自身能力的方法，让人们拥有发展能力带来的"存在感""获得感"和"幸福感"。

马克思恩格斯指出，"任何人的职责、使命、任务就是全面地发展自己的一切能力"②，对人的能力问题的不懈探寻，寄托着人类对自身才智的一种自信。相信唯物史观视域中的能力学，必将有效增强人类的能力自信，并为人类的美好幸福生活提供能力的"正能量"。

四、要重视加强能力建设

（一）加强新型职业农民能力建设

推进农业现代化建设和实施乡村振兴战略，关键在农民，在于要有一大

① 马克思恩格斯全集：第3卷[M].北京：人民出版社，1960：32.

② 马克思恩格斯全集：第3卷[M].北京：人民出版社，1960：330.

批爱农业、懂技术、善经营的新型职业农民。培育新型职业农民,必须加强新型职业农民能力建设。

其一,加强新型职业农民能力建设意义重大。新型职业农民是推动“三农”发展的骨干力量,担负着解放和发展农村社会生产力、推进农业现代化建设和实现乡村振兴战略的重大使命。加强新型职业农民能力建设有助于为农业和农村发展提供坚实的人才基础和保障。加强新型职业农民能力建设是解放和发展农村社会生产力的需要。农村要发展,就要依靠亿万农民。要坚持不懈推进农村改革和制度创新,充分发挥亿万农民主体作用和首创精神,不断解放和发展农村社会生产力,激发农村发展活力。党的十八大以来,党中央不断加大强农、惠农和富农政策力度,农业现代化建设不断推进。但是农村特别是贫困地区的农村依旧面临社会生产力有待提升、农民增收渠道不多等问题。这迫切需要建设一支创新创业能力强的新型职业农民队伍,帮助推动农村产业转型升级,帮助农民实现增收致富。加强新型职业农民能力建设是推进农业现代化的需要。实现农业现代化关键在人,培育新型职业农民就是为实现农业现代化提供强大的主力军。把农业发展方式转到依靠科技进步和提高农民素质上来,有助于我国构建现代农业产业体系、生产体系、经营体系,走产出高效、产品安全、资源节约、环境友好的道路,确保国家粮食安全和重要农产品有效供给,提高农业国际竞争力。这就需要一批素质高、能力强的青年农民成为专业大户、家庭农场主、农民合作社领办人和农业企业骨干。需要一批进城务工人员、中高等院校毕业生、退役士兵、科技人员等返乡下乡人员加入新型职业农民队伍,成为适度规模经营的主体,成为推进农业现代化的主导力量。加强新型职业农民能力建设是实现乡村振兴战略的需要。新型职业农民是有农业技术专长的人才,是实现乡村振兴战略的重要力量。加强新型职业农民能力建设,有助于提高农民的科技素质、职业技能和经营能力,有助于打造服务农村发展、数量充足的农村实用人才队伍。因此，加大新型职业农民能力建设力度，包括加强农技推广人才队伍建设，加强涉农院校和学科专业学生能力建设，大力培养农业科技、科普人才，深化农业系列职称制度改革，强化新型职业农民对解放和发展农村生产力以及农业现代化建设的支撑作用。此外，我国新型职业农民队伍发展还面临着基础不牢，人员不稳，社会认可度有待提高，高水平师资缺乏，实训及创业孵化基地、信息化手段等基础条件薄弱，社会资源广泛参与的机制不活，培训针对程度总体不高，与现代农业建设加快推进、新型农业经营主体蓬勃发展的需要不相适应等问题，这都迫切需要加强新型职业农民能力建设。

其二，着力提升新型职业农民的三种能力。新型职业农民需要不断提升自身能力，从与切身发展最紧要的方面着力，重点提升以下三种能力。首先是经营管理能力。而其中最主要的是生产经营能力，这是谋富裕和谋发展的根本能力。关于新型职业农民生产经营能力的主要内容，有学者提出，新型职业农民的经营管理能力由市场分析和预测能力、决策能力、财务管理能力、生产经营能力、人力资源管理能力、产品质量管控能力、设备管理能力、信息技术处理能力和参与农业保险意识能力等九大能力构成。除此之外，新型职业农民还应具备政策运用能力和成果共享能力。作为新型职业农民，务必要对涉及新型职业农民的各类政策认真研读，发挥政策指导行动的作用力，做一个政策上的明白人。还要提高成果共享能力，发挥农业农村“能人”的模范示范作用，与老乡们一起分享成果，激发他们的创新创业热情，带动更多的农民共同致富。其次是创新能力。创新是新型职业农民必备的能力，是新型职业农民职业精神的重要体现，是促进新型职业农民可持续发展的动力源。新型职业农民与土地打交道时间最长，与农业农村发展联系最紧密，最了解农业农村实际情况，积累了丰富的经验。提升实践创新能力，就是立足农业农村发展实际，深入挖掘促进农业农村经济发展的潜力，将实践经验创新和经营模式创新转化为新的生产力，创造出农村农业更多可能的经济增长点。最后是电商能力。农村电商是转变农业发展方式的重要手段，是促进农村经济发展的重要载体。农村电商不仅创造了新的消费需求，引发了新的投资热潮，开辟了就业增收新渠道，而且随着电商与其他产业的加速融合，也推动了其他产业的转型升级，催生了不少新兴业态，成为经济发展新的原动力。另外，加快农村电商发展，把实体店与电商有机结合，使实体经济与互联网产生叠加效应，有利于促消费、扩内需，推动农业升级、农村发展、农民增收，有利于促进在线金融、商流体系在农村地区发展。农村电商用户数量近年来呈爆发式增长，新型职业农民要紧紧把握机遇，掌握电商致富的科学方法，努力提高电商经营能力与服务水平，自觉维护电商市场的有序运行。

其三，为新型职业农民能力建设提供有力保障。着眼当下和未来，可以重点从以下三方面为新型职业农民能力建设提供强有力的保障。第一，完善新型职业农民教育培训制度。在培训对象选择方面，要建立培训对象数据库，保证新型农业经营主体信息全面准确，并优先从国家现代农业示范区、农村改革试验区、粮食生产功能区、重要农产品生产保护区、特色农产品优势区、农业可持续发展试验示范区、现代农业产业园中遴选培训对象。在培训内容设置方面，要围绕提升新型职业农民综合素质、生产技能和经营管理能力，科学确定相应培训内容，并分类型、分产业、分等级设置培训模块和培训课程，开展个性化和精细化培训。在培训模式应用方面，要坚持理论与实践相结合，集中培训与现场实训相结合，线上培训与线下培训相结合，充分运用云计算、大数据、互联网、智能装备等现代信息技术手段，尽可能地为农民提供灵活便捷的在线教育培训、移动互联服务和全程跟踪指导，提高培训实效。在培训师资建设方面，要建立开放共享的新型职业农民培育师资库，重点充实职业道德、经营管理、创业指导、品牌建设、质量安全、市场营销和电子商务等方面的师资，加强师资考核评价，建立培育对象直接评价机制，对师资队伍实行动态管理，同时加大师资培训力度。第二，满怀热情关心关爱新型职业农民成长。实践证明，新型职业农民的成长和发展离不开政策支持和人文关怀。政策支持方面，继续出台更加有效、覆盖面更广的新型职业农民能力建设相关政策，为新型职业农民能力的提升提供政策支持。中央一号文件对新型职业农民培育工作提出了要求，从国家层面提供了有力政策支持。同时，一些省市区也陆续出台了培育新型职业农民的专门文件，从地方层面提供了更加灵活的政策支持。人文关怀方面，领导干部特别是一线基层干部应密切与新型职业农民特别是青年农民的日常联系，切实解决其成长和创新创业发展过程中遇到的困难，不断提振其创新创业的信心。第三，要做好新型职业农民典型人物宣传和典型经验推介工作。在新型职业农民能力建设过程中，涌现出的典型人物，要做好示范引领和典型经验的宣传工作，让广大农民喜闻乐见、耳熟能详，形成向典型人物学习的良好舆论氛围。如深入开展“全国农村青年致富带头人”“优秀农村实用人才”“全国农村创业创新优秀带头人”等评选活动，有效发挥典型人物的榜样作用。及时总结各地新型职业农民队伍建设的实践，形成一批好经验、好模式，并充分利用广播、电视、报刊等传统媒体以及微信、微博、短视频等新媒体，积极推介他们的先进理念和经营模式，充分发挥示范带动作用，努力营造全社会关心支持新型职业农民发展的良好氛围。

2020年12月28日，习近平在中央农村工作会议上的讲话中指出：“乡村振兴，关键在人、关键在干。”“要吸引各类人才在乡村振兴中建功立业。要广泛依靠农民、教育引导农民、组织带动农民，激发广大农民群众积极性、主动性、创造性，投身乡村振兴，建设美好家园。”[①]“要推动乡村人才振兴，把人

① 习近平.坚持把解决好“三农”问题作为全党工作重中之重 举全党全社会之力推动乡村振兴[J].奋斗，2022(07)：6-19.

力资本开发放在首要位置，强化乡村振兴人才支撑，加快培育新型农业经营主体，让愿意留在乡村、建设家乡的人留得安心，让愿意上山下乡、回报乡村的人更有信心，激励各类人才在农村广阔天地大施所能、大展才华、大显身手，打造一支强大的乡村振兴人才队伍，在乡村形成人才、土地、资金、产业汇聚的良性循环。”[①]加快构建爱农业、懂技术、善经营的新型职业农民队伍，提升新型职业农民的综合能力，必将有效发挥新型职业农民主体作用，更有力推进农业现代化建设和更好服务于乡村振兴战略。

（二）加强领导干部能力建设

实现“两个一百年”奋斗目标，关键在于坚持党的领导，充分发挥各级领导干部的示范引领作用，加强其能力建设。在加强领导干部能力建设的过程中，要以回答“为什么要加强领导干部的能力建设、领导干部应具备什么样的能力、怎样加强领导干部的能力建设”等问题为导向，主动顺应世情国情党情发展新趋势，不断深化对领导干部能力建设规律的认识，努力培养造就一大批素质高、能力强的领导干部，以期更好地带领人民群众开展社会主义现代化建设。

其一，加强领导干部能力建设是摆在我们面前的一项重大而紧迫的任务。当前，国际形势复杂多变，国内改革发展任务艰巨繁重。在这样的形势下，各级领导干部都要有“本领不够的危机感，都要努力增强本领，都要一刻不停地增强本领”[②]。同时，我们也要认识到，要实现“两个一百年”奋斗目标，发挥领导干部的表率作用尤为重要，因此必须高度重视，不断加强领导干部能力建设。一是应对国内外形势深刻复杂变化的需要。从国际

① 习近平李克强王沪宁赵乐际韩正分别参加全国人大会议一些代表团审议[N].人民日报，2018-03-09(001).

② 习近平谈治国理政[M].北京：外文出版社，2014：403.

方面来看，一方面，多极化的政治、全球化的经济、信息化的社会、多样化的文化等得到了深入发展，治理体系的全球化和国际秩序的变革也得到了加速推进，世界上国与国之间的联系和依存度日益密切，呈现出更趋平衡的国际力量。另一方面，世界的不稳定性和不确定性日益突出。世界经济增长面临动能不足的严峻现实，加上日益严重的贫富分化、此起彼伏的恐怖主义、让人担忧的网络安全、不可预测的重大传染性疾病、变幻无常的气候变化等各类安全威胁,使得人类面临着许多挑战。从国内来看，我国发展的重要战略机遇期依然存在,这对于我国经济社会发展具有十分光明的前景,但同时也面临着十分严峻的挑战。因此,面对正在发生深刻复杂变化的国内外形势,我们要实现“两个一百年”奋斗目标,就必须立足我国实际,汇聚全体中华儿女的才智,以形成磅礴力量,而在这一过程中,尤其需要加强领导干部能力建设。二是推进国家治理体系和治理能力现代化的需要。国家治理体系和国家治理能力是一个有机整体,是一个国家生产力发展到一定阶段必然要直接面对和设法解决的重大问题。它集中体现了一个国家制度和制度执行的能力。在实践中,国家治理体系和国家治理能力必须为党和国家事业发展、为人民幸福安康、为社会和谐稳定、为国家长治久安服务。同时,我们也要清醒地认识到,要真正实现社会和谐稳定、国家长治久安,必须有一支高素质的领导干部队伍带领人民群众，从各个领域推进国家治理体系和治理能力现代化。也就是说，要推进国家治理体系和治理能力现代化必须加强领导干部能力建设。三是满足人民过上美好生活的需要。领导干部是人民的勤务员,要时刻心系人民,积极为人民排忧解难,特别重视对人民日常生活的关怀。当前,要满足人民日益增长的美好生活需要亟须解决两方面的问题:一方面,人民对美好生活需要的日益迫切，不仅表现在对就业、收入、社保、医疗、养老、居住等方面提出了更高的要求，而且表现在对民主、法治、公平、正义、安全、环境等方面提出了许多新的要求。另一方面，我国社会生产力水平虽然总体上显著提升，但还存在发展不平衡和不充分的现实问题，尤其是区域间发展的不平衡和不充分，而这一问题的存在，在一定程度上制约着人民日益增长的美好生活需要的满足。实践证明，党要更好地满足人民在经济、政治、文化、社会、生态文明等多方面日益增长的需要，就必须不断加强领导干部的能力建设。

其二，领导干部要在提升五种能力上狠下功夫。为应对国内外形势深刻复杂变化、推进国家治理体系和治理能力现代化，以及满足人民过上美好生活的需要，各级领导干部要“加快知识更新、加强实践锻炼，使专业素养和工作能力跟上时代节拍，避免少知而迷、无知而乱，努力成为做好工作的行家里手”①。领导干部的政治本领高强、理论水平高超、道德品质高尚、改革实干精神高扬，我们的事业就将无往而不胜。可见，领导干部需要提升的能力是多方面的，尤其要不断提升政治能力、理论思维能力、道德实践能力、改革实干能力和网信能力，以更好适应党对领导干部履职尽责和推进伟大事业所提出的新要求。

一是提高政治能力，把政治能力训练贯穿党性锻炼全过程。“打铁还需自身硬”。领导干部必须不断提高“三个把握”（把握方向、把握大势、把握全局）和保持政治定力、驾驭政治局面、防范政治风险的能力，即政治能力。在领导干部的所有能力中，政治能力是第一位的，起着领头和管总的作用。一方面，政治问题上不犯错误、不栽跟头。领导干部必须自觉增强政治警觉性和政治鉴别力，在任何时候都要防止在政治问题这个根本性的问题上犯错误、栽跟头。另一方面，政治纪律上守立场、守规矩。领导干部要时刻绷紧政治纪律这根弦，坚持党的领导不动摇，贯彻党的路线方针政策不含糊，始终做政治上的明白人。此外，要坚守政治理想。领导干部必须牢固树立

① 习近平谈治国理政：第二卷[M].北京：外文出版社，2017：45.

政治理想、提高政治觉悟、加强政治历练，在党性锻炼全过程中都要贯穿政治能力训练，并努力做到信念过硬、政治过硬、责任过硬、能力过硬、作风过硬，从而使自己的政治能力与担当的领导职责相匹配。

二是提高理论思维能力，始终保持理论上的清醒和坚定。“不谋全局者，不足以谋一域”。各级领导干部要不断提高“五大思维”能力，即战略思维、创新思维、辩证思维、法治思维和底线思维能力，并始终保持理论上的清醒和坚定。领导干部要不断提高战略思维能力，以新的精神状态和奋斗姿态把中国特色社会主义推向前进。领导干部要不断提高敢于创新、善于创新和持续创新的创新思维能力，在激烈的国际竞争中以创新取胜。领导干部要学习、掌握和运用唯物辩证法，不断提高驾驭复杂局面和处理复杂问题的辩证思维能力。领导干部要不断提高法治思维能力。领导干部要做到守法律和重程序，牢记职权法定，要明白“权力来自哪里”，要明白“界线划在哪里”，并要做到切实保护人民的权益，这也是社会主义法治的根本要求。领导干部要不断提高底线思维能力。领导干部一方面要守好清正廉洁的基本底线，要守好纪律这条不可触碰的底线，更要牢固树立法律红线不能触碰、法律底线不能逾越的观念。另一方面要树立正确的人生观、价值观，把反腐倡廉当作政治必修课来认真对待，决不能把权力变成牟取个人或少数人私利的工具，永葆共产党人的政治本色。

三是提高道德实践能力，甘做道德的践行者、示范者和引领者。“国无德不兴，人无德不立”。各级领导干部要提高道德实践能力，尤其是自觉践行能力，引导人们向往和追求讲道德、尊道德、守道德的生活，进而形成向上、向善的力量。一方面讲政德和立政德。领导干部要坚定理想信念，不仅要在大是大非面前做到旗帜鲜明，而且要在风浪考验面前做到无所畏惧，更要在各种诱惑面前做到立场坚定。要强化宗旨意识，恪守立党为公和执政为民理念，自觉践行“人民对美好生活的向往就是我们的奋斗目标”的庄严承诺。要严格约束自己的操守和行为。另一方面,领导干部不仅要切实把人民赋予的权力用来造福于人民,而且要把家风建设摆在更加重要的位置,做到廉洁修身、廉洁齐家。要引领道德风尚、争做道德模范。领导干部要模范践行社会主义核心价值观,树立良好道德风尚,始终保持共产党人的高尚品格和廉洁操守。

四是提高改革实干能力,全心全意为人民服务。“空谈误国,实干兴邦”。各级领导干部要大力弘扬实事求是、求真务实精神,理解改革要实,谋划改革要实,落实改革也要实,既当改革的促进派,又当改革的实干家。首先,实践出真知。领导干部要深入基层开展调查研究,多听基层一线的声音,多接触第一手材料,努力做到“三个心中有数”,即重要情况心中要有数、矛盾问题心中要有数、群众期盼心中要有数,特别是对国家出台的改革举措成效到底如何,要刨根问底、掌握实情。其次,落实出真效。领导干部一方面要求真务实,加强党风廉政建设,决策和执行的每一个环节都要实,以进一步提升改革政策落地的能力。另一方面,要紧扣关键领域做好改革谋划,蹄疾步稳往前走,不能在等待观望中错失改革良机、拖延改革进程。最后,改革出真干。领导干部要增强改革开放意识,“既要敢为天下先、敢闯敢试,又要积极稳妥、蹄疾步稳,把改革发展稳定统一起来,坚持方向不变、道路不偏、力度不减,推动新时代改革开放走得更稳、走得更远”[①]。此外,领导干部要尊重人民首创精神,密切联系群众,坚持全心全意为人民服务的根本宗旨,着力解决人民群众反映强烈的突出问题。

五是提高网信能力,确保网信事业更好造福人民。“知屋漏者在宇下,知政失者在草野”。各级领导干部要重视并善于运用网络了解民意、开展工作,不断提高自身的网络综合治理能力。一方面,领导干部要主动适应网络

---

① 习近平.在庆祝改革开放40周年大会上的讲话[N].人民日报,2018-12-19(002).

信息化时代对执政能力提出的新要求，既要提高把握互联网规律和引导网络舆论的能力，又要提高驾驭信息化快速发展和保障网络安全的能力。另一方面，领导干部要不断提高通过互联网服务群众的"四种本领"，即有效组织群众、正确宣传群众、科学引导群众和用心服务群众的本领，以确保互联网在法治轨道上健康运行。领导干部要善于在网上正确发声，收集群众的好想法和好建议，积极回应网民关切、解疑释惑。同时相关领导干部要认真研究、科学制定网信领域人才发展整体规划，不断深化人才发展体制机制改革，以期为竞相迸发人才的创造活力和充分涌流人才的聪明才智提供良好的环境。

其三，加强领导干部能力建设要发挥整体合力。各级领导干部特别是高级干部，"必须加强自律、慎独慎微，经常对照党章检查自己的言行，加强党性修养，陶冶道德情操，永葆共产党人政治本色"[①]。在加强领导干部能力建设时，不仅要从坚定理想信念、坚持终身学习和勇于创新等内驱力来强化领导干部提升自身能力的自觉意识、主动意识和创造意识，而且要通过完善领导干部教育培训制度、满怀热情关心关爱领导干部、做好领导干部典型事迹宣传工作等外促力，不断加强领导干部能力建设。

一是激发领导干部能力提升的内驱力。首先，要坚定理想信念，筑牢信仰根基。坚定理想信念具体来说，一方面要坚定对马克思主义的信仰，要坚定对社会主义、共产主义的坚定信念，这是领导干部的政治灵魂，也是领导干部经受住任何考验的精神支柱。另一方面要不忘初心、牢记使命。领导干部要时刻不忘为人民谋幸福、为民族谋复兴的初心，矢志不渝、百折不挠，不怕风吹雨打，不怕千难万险，坚定不移为实现伟大目标而奋斗。要筑牢信仰之基。领导干部不仅要增强"四个意识"、坚定"四个自信"，而且要

① 以解决突出问题为突破口和主抓手推动党的十八届六中全会精神落到实处[N].人民日报，2017-02-14(001).

做到“四个坚守”，即坚守真理、坚守正道、坚守原则、坚守规矩，努力做到以信念、人格、实干立身。其次，要坚持终身学习，获取事业动力。要精心练就“看家本领”。领导干部要认真学习马克思主义理论特别是中国特色社会主义理论体系，不仅要原原本本、踏踏实实地学习，而且要做到举一反三、触类旁通地学习。要科学运用“法宝”。领导干部要认真学习党的路线方针政策和国家的法律法规，牢固树立法治思维，提高法治素养，不断推动各项工作顺利开展。要深刻领悟“以史明镜”的智慧。领导干部不仅要认真学习党史和国史，做到知史爱党、知史爱国，而且要学习世界史，扩展视野，以不断提高自己的知识化和专业化水平。要增强“求知欲”。领导干部要学习掌握做好领导工作和履职尽责所必备的各种知识，紧跟时代步伐，把求知作为一种永恒的追求。最后，要坚持勇于创新，不断开拓发展新路。领导干部一方面要深刻领会党百余年的奋斗历程中所总结出来的革命、建设、改革的成功经验和实践、理论、制度创新的重要成果，并积极发挥这些成功经验和重要成果的指导作用。另一方面要认真贯彻落实把科学技术作为促进发展的第一生产力，把创新作为引领发展的第一动力，把人才作为支撑发展的第一资源等理念，并要把创新贯穿于党的一切工作。要大力实施创新驱动发展战略，把发展基点建立在自主创新上面，以增强创新的原创力和引领力，进而不断开辟创新发展的新道路。

二是发挥领导干部能力提升的外促力。首先，要完善领导干部教育培训制度。领导干部能力建设需要有完善的教育培训制度作为保障。一方面要建立健全领导干部教育培训法规制度。相关教育培训部门要依法依规开展领导干部教育培训，从严治校、从严治教、从严治学，保持良好的教学秩序和学习风气。另一方面要完善领导干部脱产学习进修制度。组织部门要精心组织选调领导干部参加党校（行政学院）、干部学院脱产培训等，教育引导他们全面系统学习中国特色社会主义理论体系，对重要岗位的领导干部实行点名调训。要建立健全领导干部在职自学制度。相关部门要积极创造条件，鼓励和支持领导干部加强中国特色社会主义理论体系的学习。同时要完善理论学习考核激励机制。相关部门要完善述学、评学、考学措施，把学习贯彻中国特色社会主义理论体系情况作为衡量领导干部思想政治素质的重要内容[①]。其次，要满怀热情关心关爱领导干部。领导干部能力建设既需要有制度约束，也需要有人文关怀，要满怀热情关心关爱领导干部。一方面，要坚持严格管理和关心信任相统一。相关部门要在政治上激励、工作上支持、待遇上保障、心理上关怀领导干部，以增强他们的荣誉感、归属感和获得感。另一方面，要完善和落实领导干部谈心谈话制度，并要围绕深化党和国家机构改革等重大任务做好领导干部思想政治教育工作，及时为他们释疑解惑、加油鼓劲。要健全领导干部待遇激励保障制度体系。相关部门不仅要做好领导干部平时激励、专项表彰奖励等工作，落实领导干部体检、休假等制度，关注领导干部心理健康，而且要丰富领导干部文体生活，保障他们的正常福利和合法权益。同时要给基层领导干部，特别是工作在艰苦地区和战斗在脱贫攻坚第一线的领导干部更多理解和支持，主动排忧解难，在政策、待遇等方面给予倾斜，让他们安心、安身、安业，更好履职奉献[②]。最后，要做好领导干部典型事迹宣传工作。领导干部能力建设需要有良好的舆论氛围，需要发挥好、宣传好领导干部先进典型的榜样、示范作用。一方面要坚持以正面宣传为主，巩固壮大主流思想舆论阵地，激发全社会团结奋进的强大力量。另一方面，要做好新时代领导干部典型人物及先进事迹的挖掘、宣传工作，如“全国优秀县委书记”的杰出代表廖俊波同志的先进事迹，他不忘初心、扎实工作、廉洁奉公、身体力行，把党的方针政策落实

① 干部教育培训工作条例[N].光明日报，2015-10-19(010).

② 中共中央办公厅关于进一步激励广大干部新时代新担当新作为的意见[J].中国工运，2018(9):4-5.

到基层和群众中去，真心实意为人民造福。要提高领导干部典型事迹舆论宣传的质量和水平。领导干部要把握好“时度效”，增强舆论宣传的吸引力和感染力，如借助杂志、报纸、网络、媒体等各种媒介发挥正面宣传鼓舞人、激励人的作用。

实现中华民族伟大复兴中国梦的关键在党，同时也对领导干部的能力提出了新的更高的要求。领导干部不仅要矢志不移地坚定理想信念、筑牢信仰之基，而且要具有勇于创新的自信精神和开拓进取的伟大魄力，更要具有脚踏实地、一步一个脚印的务实态度和不懈行动。总之，着力加强领导干部能力建设，打造高素质专业化创新型领导干部，必将为实现伟大梦想、进行伟大斗争、建设伟大工程和推进伟大事业，加快社会主义现代化建设步伐提供丰厚才智和强大力量。

（三）加强人才能力建设

实现中华民族伟大复兴的中国梦的关键在人才。党的十八大以来，我们党立足世情国情党情民情，实施一系列关于人才能力建设的新的重要举措，这些重要举措深化了中国共产党对新时代才能力建设规律的认识，有助于造就一大批创新型实干型人才，有助于推进创新型政党和创新型国家建设，对于推进新时代人的发展与社会进步具有重大意义。

其一，加强新时代人才能力建设的重要性。习近平指出：“人才是第一资源。古往今来，人才都是富国之本、兴邦大计。我说过，要把我们的事业发展好，就要聚天下英才而用之。要干一番大事业，就要有这种眼界、这种魄力、这种气度。”[①]加强新时代人才能力建设具有重要的现实意义。一是加强新时代人才能力建设有助于筑牢伟大事业的人才之基。推进中国特色社

① 习近平．在网络安全和信息化工作座谈会上的讲话[N]．人民日报，2016-04-26(002)．

会主义伟大事业，需要全体中华儿女共同奋斗，更需要各行业各领域的优秀人才竞相奋进，实施科教兴国战略、人才强国战略、创新驱动发展战略、乡村振兴战略、区域协调发展战略、可持续发展战略、军民融合发展战略等重大战略，不仅需要举全国之力，更需要规模宏大、结构合理、素质优良的创新型人才大展身手。习近平指出："千秋基业，人才为本。要加快实施人才强国战略，确立人才引领发展的战略地位，努力建设一支矢志爱国奉献、勇于创新创造的优秀人才队伍。"[①]人才是伟大事业的根基，人才是经济社会发展的第一资源，是实现伟大事业的一支重要的力量。加强人才能力建设，突出培养创新型科技人才，重视培养领军人才和复合型人才，大力开发经济社会发展重点领域急需紧缺专门人才，统筹抓好党政人才、企业经营管理人才、专业技术人才、高技能人才、农村实用人才，以及社会工作人才等人才队伍建设，培养造就数以亿计的各类人才，数以千万计的专门人才和一大批拔尖创新人才，必将生成创新人才竞相涌现，创新智慧不断涌流，创新能力与日俱增，创新型国家日新月异的生机气象，必将打牢伟大事业的人才根基。二是加强新时代人才能力建设有助于营造爱才育才的社会风尚。人才贵在发现，贵在赏识，贵在关爱，贵在培育，贵在传承。习近平指出："要大兴识才爱才敬才用才之风"[②]。人才是在创新中产生的，坚持"三个在"，即"在创新实践中"发现人才、"在创新活动中"培育人才、"在创新事业中"凝聚人才，聚天下英才而用之。让更多人才如千里马般竞相奔腾，做到"三个一大批"，即"造就一大批"能够把握世界科技大势、研判科技发展方向的"战略科技人才"，"培养一大批"善于凝聚力量、统筹协调的"科技领军人才"，"培养一大批"勇于创新、善于创新的"企业家和高技能人才"。加强人才能力建设，一方面有助于积极发现各行业各领域优秀人才，形成全社会关心人才、爱护人

① 习近平.在全国组织工作会议上的讲话[J].当代党员，2018(19)：4-11.

② 习近平.为建设世界科技强国而奋斗[N].人民日报，2016-06-01(002).

才、尊重人才、学习人才的浓厚学习氛围，促进国民素质的提高，推进学习型社会建设，聚合成建设社会主义现代化国家的磅礴力量；另一方面有助于发扬人才培养的光荣传统，推动新时代人才培养工作的新发展，人才能力建设只有进行时，没有完成时，不同层次人才培养的特定规律和独特体系，展现出百花齐放的盎然生机，形成推动人才培养的社会风气。

其二，实施正视新时代人才能力建设存在的短板。中国特色社会主义进入新时代，但人才能力建设还存在一些不适应新时代发展要求的短板。习近平指出："要有强烈的问题意识，以重大问题为导向，抓住关键问题进一步研究思考，着力推动解决我国发展面临的一系列突出矛盾和问题。"[①]坚持问题意识，以解决重大问题为主攻方向，既要坚持实事求是的态度，充分认识人才能力建设的短板和不足，又要坚持开拓进取的精神，努力增强人才能力建设的主动性和自觉性。

一是科技创新能力和文化创新能力不强是最大短板。总体来看，新时代人才能力建设已取得了很大成绩，但还存在一些不适应新时代发展要求的短板。其中，人才的科技创新能力和文化创新能力不强是最大短板。对于人才的科技创新能力不强，习近平实事求是地指出："我国创新能力不强，科技发展水平总体不高，科技对经济社会发展的支撑能力不足，科技对经济增长的贡献率远低于发达国家水平，这是我国这个经济大个头的'阿喀琉斯之踵'。"[②]并提出了两个"根本"：一方面，"同建设世界科技强国的目标相比，我国发展还面临重大科技瓶颈，关键领域核心技术受制于人的格局没有从根本上改变，科技基础仍然薄弱，科技创新能力特别是原创能力还有很大差距"[③]。另一方面，"科技体制改革还存在一些有待解决的突出问题，主要是

① 习近平谈治国理政[M].北京：外文出版社，2014：74

② 习近平谈治国理政：第二卷[M].北京：外文出版社，2017：198.

③ 习近平谈治国理政：第二卷[M].北京：外文出版社，2017：268.

国家创新体系整体效能还不强，科技创新资源分散、重复、低效的问题还没有从根本上得到解决”[①]。人才的科技创新能力不强，主要表现在：一方面，科技原创能力有待提升，关键是要攻克关键领域核心技术和提升科技原创能力。另一方面，国家创新体系整体效能有待提高，关键是要深化科技体制机制改革和提高科技创新资源整体效能。针对人才的文化创新能力不强，习近平指出：“不能否认，在文艺创作方面，也存在着有数量缺质量、有‘高原’缺‘高峰’的现象，存在着抄袭模仿、千篇一律的问题，存在着机械化生产、快餐式消费的问题。”[②]“我国是哲学社会科学大国，研究队伍、论文数量、政府投入等在世界上都是排在前面的，但目前在学术命题、学术思想、学术观点、学术标准、学术话语上的能力和水平同我国综合国力和国际地位还不太相称。”[③]人才的文化创新能力不强，主要表现在：一方面高质量的文化作品比较缺乏，另一方面学术话语权比较弱势。如果不能创作出一大批高质量的文化作品，如果不能在学术上积极主动引领国际话语权，势必会给人民群众的文化需要满足带来不便，也将影响我国在国际上的话语权地位。党站在时代发展的新高度，紧密结合新的时代条件和实践要求，客观分析我国人才能力建设存在的短板，要求新时代人才能力建设必须时刻增强问题意识、忧患意识和创新意识。

二是努力增强弥补两大短板的主动性和自觉性。增强弥补两大短板的主动性和自觉性，就要增强人才的科技创新能力和文化创新能力。增强人才的科技创新能力，关键在于要增强人才的关键核心技术的创新能力。习近平指出：“关键核心技术是国之重器，对推动我国经济高质量发展、保障

---

① 习近平.在中国科学院第十九次院士大会、中国工程院第十四次院士大会上的讲话[N].人民日报，2018-05-29.

② 习近平.在文艺工作座谈会上的讲话[N].人民日报，2015-10-15(002).

③ 习近平谈治国理政：第二卷[M].北京：外文出版社，2017：338.

国家安全都具有十分重要的意义,必须切实提高我国关键核心技术创新能力,把科技发展主动权牢牢掌握在自己手里,为我国发展提供有力科技保障。”[①]关键核心技术创新能力是一个国家科技创新能力的集中体现,是一个民族立于世界民族之林的重要基石。关键核心技术创新能力的增强不仅反映着人才的战略思维能力和系统思维能力的增强,而且反映着人才的科技原创能力的增强。增强人才关键核心技术创新能力,牢牢掌握科技发展主动权,不仅可以打破受制于外国垄断的“困境”,而且可以更好保卫我们的“命门”。增强人才的文化创新能力,首先要增强人才的文化自信心。习近平指出:要“创作出具有鲜明民族特点和个性的优秀作品,要对博大精深的中华文化有深刻的理解,更要有高度的文化自信”[②]。要“把握时代脉搏,承担时代使命,聆听时代声音,勇于回答时代课题”[③]。中华民族是历经磨难、不屈不挠的伟大民族,中华民族是勇于创新、善于创新的伟大民族。中国人民是勤劳勇敢、自强不息的伟大人民。中华文明源远流长,中华文化博大精深,不仅是中华民族的基因,植根在中国人内心,而且为世界人民提供了丰富的智慧滋养。增强人才的文化自信心,促使他们能够以强烈的责任感、使命感和紧迫感进行文化创造性活动,既可以更好满足自身以及整个社会对优秀文化作品的需要,又可以促进人类文明交流互鉴,推动人类文明繁荣与发展。充分发挥人才自身的主动性和创造性,增强科技创新能力和文化创新能力,进而带动其他方面能力的增强,推动人的发展和社会进步。

其三,着力增强新时代人才的关键能力。习近平关于新时代人才能力建设的重要论述是多方面的,如“提高道德实践能力尤其是自觉践行能力”

---

① 提高关键核心技术创新能力为我国发展提供有力科技保障[N].人民日报,2018-07-14(001).

② 习近平谈治国理政:第二卷[M].北京:外文出版社,2017:349.

③ 习近平谈治国理政:第二卷[M].北京:外文出版社,2017:350.

“提高战略思维、创新思维、辨证思维、底线思维能力”“不断提高领导宣传思想工作能力和水平”“提升信息采集、处理、传播、利用、安全能力”“提高创新能力”“不断增强辩证思维能力”“全面提高自主创新能力”“增强社区公共服务能力”“不断提高对互联网规律的把握能力、对网络舆论的引导能力、对信息化发展的驾驭能力、对网络安全的保障能力”“提高改革行动能力”，等等。解决问题的关键是要抓住“牛鼻子”。从新时代人才能力发展的关切度来看，新时代人才能力建设要着力增强人才的道德实践能力（以德立身）、理论思维能力（以思立心）、创新发展能力（以新求胜）、实干担当能力（以干求进）等关键能力。

一是增强新时代人才的道德实践能力。道德实践能力需要人有道德情感、道德认同、道德自觉。习近平指出：“激发人们形成善良的道德意愿、道德情感，培育正确的道德判断和道德责任，提高道德实践能力尤其是自觉践行能力，引导人们向往和追求讲道德、尊道德、守道德的生活，形成向上的力量、向善的力量。”[①]道德实践能力是一个人认识自我、改造自我、提升自我的一种觉悟和修炼，也是了解社会、融入社会、奉献社会的一种崇高价值追求。习近平指出：“道德之于个人、之于社会，都具有基础性意义，做人做事第一位的是崇德修身。”[②]“一个人只有明大德、守公德、严私德，其才方能用得其所。修德，既要立意高远，又要立足平实。”[③]每一个人都要“踏踏实实修好公德、私德，学会劳动、学会勤俭，学会感恩、学会助人，学会谦让、学会宽容，学会自省、学会自律”[④]。增强人才的道德实践能力，第一步是要“立志”，要树立坚定的理想信念，要志存高远，要有为人类造福的宏远志向。增强人才的

① 认真贯彻党的十八届三中全会精神汇聚起全面深化改革的强大正能量[N].人民日报，2013-11-29(001).

② 习近平谈治国理政[M].北京：外文出版社，2014：173.

③ 习近平谈治国理政[M].北京：外文出版社，2014：173.

④ 习近平谈治国理政[M].北京：外文出版社，2014：173.

道德实践能力，还要做到“仰望星空”与“脚踏实地”相结合，要做到“知行合一”，积极为祖国为人民贡献自己的智慧和力量。

二是增强新时代人才的理论思维能力。人的理论思维能力的两大核心能力是辩证思维能力和战略思维能力。辩证思维能力为人们作出最为有利的战略抉择提供强大理论武器。习近平指出：“我们的事业越是向纵深发展，就越要不断增强辩证思维能力。”[①]增强人才的辩证思维能力就是要增强各行业各领域人才在分析和解决问题时把握方向、谋划全局、着眼长远、抓住重点的能力，做到“四个起来”，即“局部与全局统筹起来”“当前与长远结合起来”“两点论与重点论兼顾起来”“继承与创新和创新与发展坚持起来”。在增强辩证思维能力的同时，习近平指出：要“提高战略思维能力，不断增强工作的原则性、系统性、预见性、创造性”[②]，努力“增强理论自信和战略定力”，实现辩证思维能力与战略思维能力的有机统一，进而达到科学有效地布局、谋事和发展。

三是增强新时代人才的创新发展能力。创新是中华民族的民族禀赋，要让创新在全社会蔚然成风，要积极发挥人才的创新引领作用。习近平指出：“创新是一个民族进步的灵魂，是一个国家兴旺发达的不竭动力，也是中华民族最深沉的民族禀赋。在激烈的国际竞争中，惟创新者进，惟创新者强，惟创新者胜。”[③]新时代对人才的创新能力提出了新的更高的要求：一方面，要求各行业各领域的人才必须自觉树立创新意识，发扬创新优良传统，要敢于创新、善于创新、勤于创新。另一方面，要求各行业各领域的人才必须坚持问题导向意识，立足所处时代状况和社会现实问题进行创新实践，不

---

① 坚持运用辩证唯物主义世界观方法论 提高解决我国改革发展基本问题本领[N].人民日报，2015-01-25(001).

② 高举中国特色社会主义伟大旗帜 为决胜全面小康社会实现中国梦而奋斗[N].人民日报，2017-07-28(001).

③ 习近平谈治国理政[M].北京：外文出版社，2014：59.

断增强在科教文卫等方面的创新能力。要求各行业各领域的人才必须把创新能力转化为现实社会生产力，满足人自身以及社会发展需要，只有把人的创新能力的真正价值发挥出来，才能真正增强人的创新的成就感和幸福感。

四是增强新时代人才的实干担当能力。用实干推动创新，用担当促进发展。习近平曾说："我的执政理念，概括起来说就是：为人民服务，担当起该担当的责任。"[1]实干担当能力首要的是增强为人民服务的能力，要"有能力为群众服务"，要不断提高"履职尽责的素质和能力"，要提高"改革行动能力"。只有崇尚实干、狠抓落实，敢于担当、积极有为，才能"无愧于时代、无愧于人民、无愧于历史"。各行业各领域人才要努力增强实干担当能力。一方面，要努力增强"以人民为中心的发展思想"的实干能力，围绕人民群众在经济、政治、文化、社会、生态等方面日益增长的多样化的需要开展工作。另一方面，要努力增强提升我国综合国力的担当能力，迎难而上，勇攀高峰，为国家富强、民族振兴和人民幸福贡献智慧和力量，增强维护人类和平与发展崇高事业的担当能力。

其四，加强新时代人才能力建设的基本策略。面对新时代人才能力建设存在短板的现实，只有不断加强新时代人才能力建设，才能更好发挥新时代人才的作用，才能更好在中国特色社会主义的伟大实践中建功立业。习近平指出："要坚持党管人才原则，聚天下英才而用之，加快建设人才强国。"[2]"要不拘一格、慧眼识才，放手使用优秀青年人才，为他们奋勇创新、脱颖而出提供舞台。"[3]要更好激发新时代人才为社会主义现代化建设发挥聪明才智的热情和动力，在坚持党管人才原则的基础上，必须积极为新时代人

① 习近平谈治国理政[M].北京：外文出版社，2014：101.

② 习近平.决胜全面建成小康社会夺取新时代中国特色社会主义伟大胜利[N].人民日报，2017-10-28(001).

③ 坚持走中国特色自主创新道路 不断在攻坚克难中追求卓越[N].人民日报，2014-01-07(001).

才能力建设提供政策制度、教育培训、舆论宣传等良好环境。加强新时代人才能力建设重要的是要处理好新时代人才能力建设与社会生产力发展的关系：一方面新时代人才能力建设只有适应并发展社会生产力，才能创造更加丰富的物质财富和精神财富，新时代人才是新时代社会生产力中最活跃的因素，只有把新时代人才的内在潜力不断挖掘和发挥出来，才能体现新时代人才的价值，推动社会进步；另一方面新时代人才在发展社会生产力的过程中自身能力也得到了发展，素质也得到了提高，社会主义现代化建设也得到了更好推进，这也为促进全体社会成员的能力提升提供了强大动力。

一是政策制度保障。要为新时代人才能力建设提供强有力的政策制度保障。习近平指出："人才是创新的根基，创新驱动实质上是人才驱动。要择天下英才而用之，实施更加积极的创新人才引进政策。"[①]在两院院士大会上，习近平指出："人才评价制度不合理，唯论文、唯职称、唯学历的现象仍然严重，名目繁多的评审评价让科技工作者应接不暇，人才'帽子'满天飞，人才管理制度还不适应科技创新要求、不符合科技创新规律。"[②]要实施更加积极开放的人才引进政策，在"人才政策方面手脚还要放开一些，要集聚一批站在行业科技前沿、具有国际视野和能力的领军人才。"[③]坚持不拘一格引进人才、培养人才和使用人才，让人才安心安业。要创新人才评价机制，要"建立健全以创新能力、质量、贡献为导向的科技人才评价体系，形成并实施有利于科技人才潜心研究和创新的评价制度"[④]，真正把评价机制的效能发挥

---

① 总书记连续四年参加上海团审议：谈创新话改革[EB/OL].http://cpc.people.com.cn/xuexi/n1/2016/0307/c385474-28176685.html.

② 习近平.在中国科学院第十九次院士大会、中国工程院第十四次院士大会上的讲话[N].人民日报，2018-05-29(002).

③ 总书记连续四年参加上海团审议：谈创新话改革[EB/OL].http://cpc.people.com.cn/xuexi/n1/2016/0307/c385474-28176685.html.

④ 习近平.在中国科学院第十九次院士大会、中国工程院第十四次院士大会上的讲话[N].人民日报，2018-05-29(002).

出来,更好服务于人才的培养,更好服务于经济社会发展和生态文明发展。

二是教育培训保障。要为新时代人才能力建设提供科学有效的教育培训保障。在打好精准脱贫攻坚战座谈会上,习近平指出:“打好脱贫攻坚战,关键在人,在人的观念、能力、干劲。”[①]要突出抓好各级扶贫干部学习培训。习近平指出:“人的潜力是无限的,只有在不断学习、不断实践中才能充分发掘出来。”[②]新时代人才要求有真学问、练真本领,更好为国争光、为民造福。一方面要实现新时代人才的教育培训常态化,运用先进的培训理念和培训模式培训人才,把人才的内在无穷潜力释放出来。另一方面要促进各行业各领域人才之间的学习交流互鉴,加大跨行业跨领域创新型人才的培养培训力度,推动人才在眼界、思想、知识、技术等方面的能力得以提升。

三是舆论宣传保障。要为新时代人才能力建设提供良好的舆论氛围,做好宣传工作。习近平指出,要“尊重科技人才创新自主权,大力营造勇于创新、鼓励成功、宽容失败的社会氛围”[③],要“广泛宣传表彰爱国报国、为党和人民事业作出突出贡献的优秀人才,在知识分子和广大人才中大力弘扬爱国奉献精神”[④]。新时代人才能力建设既是作为个体的人才的自身发展的需要,也是作为群体的社会的公众发展的需要,推动新时代人才能力建设,需要做好舆论宣传工作。一方面做好优秀人才的榜样示范宣传工作,通过典型人物的典型事迹,带动社会的关注和参与,让优秀人才家喻户晓。另一方面做好人才能力建设的论著出版和推介工作,不断促进人才能力建设成果的共享和传播,努力打造人才能力建设的中国话语。

---

① 提高脱贫质量聚焦深贫地区 扎扎实实把脱贫攻坚战推向前进[N].人民日报,2018-02-15(001).

② 习近平.在北京大学师生座谈会上的讲话[N].人民日报,2018-05-03(002).

③ 深化科技体制改革增强科技创新活力真正把创新驱动发展战略落到实处[N].人民日报,2013-07-18(001).

④ 习近平.在全国组织工作会议上的讲话[J].当代党员,2018(19):4-11.

中国特色社会主义进入新时代，实现中华民族伟大复兴的中国梦的关键在人才，加强新时代人才能力建设更加紧迫。习近平指出："如果说创新是中国发展的新引擎，那么改革就是必不可少的点火器，要采取更加有效的措施把创新引擎全速发动起来。"[①]改革和创新需要人才。要培育人才，锻炼人才，大力加强新时代人才能力建设，为加快社会主义现代化建设步伐贡献才智。

（四）加强思政课教师人学理论思维能力建设

"理论在一个国家的实现程度，决定于理论满足这个国家的需要的程度。"[②]新时代思政课对新时代思政课教师提出了新的"理论思维"要求。新时代思政课教师只有掌握了新的"理论思维"，才能更好满足新时代思政课的新需要，进而发挥"理论思维"的作用，积极推进新时代思政课的创新发展。时代在发展，新时代思政课教师的"理论思维"一定要跟上新时代发展的脚步。思政课也要随着新时代的发展在落实立德树人根本任务、改革思政课程教学、创新思政理论思维等方面向前发展。习近平在学校思想政治理论课教师座谈会上明确强调，"思政课是落实立德树人根本任务的关键课程"。"思政课要教会学生科学的思维。"[③]"思维要新"是新时代思政课教师的一项基本素养。思政课教师是教授思政课这一"关键课程"的一支关键力量，担负着提升"思维要新"的一项重要的职责、使命和任务。思政课教师"思维要新"聚焦点是要提升自身的"理论思维"素养，要在"理论思维"素养方面做到自觉修炼，做到与时俱进。马克思主义人学理论思维素养（简称人学理论思维）是新时代思政课教师提升专业发展能力的有力助推器和必须

---

① 习近平．谋求持久发展 共筑亚太梦[N]．人民日报，2014-11-10(002)．

② 马克思恩格斯全集：第1卷[M]．北京：人民出版社，1956：462．

③ 习近平．思政课是落实立德树人根本任务的关键课程[J]．实践（党的教育版），2020(9)：4-11．

要具备的一项十分重要的理论思维素养。当前,思政课教师人学理论思维素养具备了可能条件,要积极引导思政课教师提升人学理论思维素养,并积极把人学理论思维素养充分运用到思政课教育教学和育人育才中去。

其一,人学理论思维素养的基本内涵。概括来讲,人学理论思维就是指把人学理论作为人们的一种理论思维方式,要求人们做到“心中有人”“目中有人”。具体来讲,人学理论思维即以认识人、理解人、尊重人、发展人等“人学在场”为价值目标追求,坚持人们的头脑中要有“人学意识”,坚持人们的实践活动中要有“人学行动”,引导人们用人学理论来思考问题,即在人们的一切思想和活动中要运用人学理论的世界观和方法论来发现问题、分析问题、解决问题,做到“人学在场”和“人学评价”的有机统一,关键环节是对人们的言行进行“人学评判”,以“是不是促进人的发展”作为评判的根本标准。总之,人学理论思维就是现实的人在具体的实践活动中认识世界和改变世界以及评价世界的一种实践思维方式。人学理论思维作为一种实践思维方式,离不开人们的认识能力和实践能力的发展,要提升人们的“人学评价”能力,注重评价的总体性,避免孤立、封闭、静止看待问题,而是要联系、开放、发展看待问题,达到对熟知世界的精准把控,对未知世界的正确把脉。人学理论思维具有实践性(不是抽象性)、系统性(不是分散性)和人文性(不是物役性)等根本特性:一是人学理论思维具有鲜明的实践性,要求以现实的人为出发点,发挥人的有意识有目的的能动性,对内心世界和外部世界进行主动认识和积极改造,提高人的实践认知能力。二是人学理论思维具有整体的系统性,要求从整体上来掌握分析人与自然、人与他人、人与社会,以及人与人自身的关系问题,而不是头痛医头,脚痛医脚,是一种系统性的思维。三是人学理论思维具有浓厚的人文性,要求对人自身、他人、社会、自然等都要抱有一种敬重感和道德感,保持人与人自身、人与他人、人与社会、人与自然的关系和谐,是一种共同体和谐发展的理论思维。人学理论思维与物的思维是并存的，但人学理论思维是与商品拜物教、货币崇拜、资本至上等物的思维根本不同的。物的思维是以获取商品、货币、资本、权力等物为价值取向的，为达到这种目的，有时候会扼杀人的生命，贬低人的价值，蔑视人的尊严，这样所带来的一个显著的现象就是导致了资本统治人奴役人的"资本逻辑"消极性的泛滥，造成人与人之间的情感淡漠、人与社会之间的价值冲突、人与自然之间的关系割裂、人与人自身的认知异化等一系列消极效应。人学理论思维则不然，它是为更好促进人认识自己、他人、社会、自然等客观现实，并采取一种能够让各方高度认同的"思维理念"，为促进人的发展、自然发展以及社会发展等而提供的一种新理念。

在当代，尤其是以人类命运共同体为引领的"思维理念"，也是人学理论思维的一种表现。人类命运共同体既作为一种"思维理念"，也作为一种"治理观"，已经为世人所高度认同和积极实践，并取得了显著的成效，特别是在2020年新冠病毒抗击中，"以人民为中心""人民健康""人民至上、生命至上"等所彰显出的人学理论思维的感召力和实践力，为夺取抗击疫情的阶段性重大战略成果发挥了不可替代的作用。人学理论思维作为一种开放的、包容的、发展的理论思维，是人类社会实践活动的产物，与人类社会实践活动紧密相依，同人的全面发展与社会的全面进步形影不离。概言之，人学理论思维素养是在人类社会发展过程中被逐步发现和培育起来，是促进人的全面发展和社会的全面进步的并为每一个人所必需的一项基本素养。人学理论思维与"资本逻辑"消极性——资本统治人奴役人的"物役性"有着本质性的区别。

其二，人学理论思维素养的重要意义。恩格斯指出："一个民族要想站在科学的最高峰，就一刻也不能没有理论思维。"[①]理论思维对于一个民族至

① 马克思恩格斯全集：第26卷[M].北京：人民出版社，2014：500.

关重要，对于那些追求真理和渴求进步的有志之士来说更是至关重要的。新时代思政课教师担负着探索真理和培育人才的重任，自身也是具有专业训练和职业修养的高知群体，当然必须要具有一定的理论思维能力。人学理论思维作为一种科学的理论思维，已经在人学界得到了普遍共识，并在社会各界中得到了积极应答，这与新中国成立以来，特别是改革开放以来我国的经济社会发展、人的思想解放及学界的学术创新等是密不可分的。如前所述，人学理论思维是指人学理论的世界观和人学方法论的深度交融的实践的思维方式，是以认识人、理解人、尊重人、发展人等为价值追求的以人为本的思维方式。人学理论思维在新时代思政课教育教学科研过程中，主要发挥着联通学生主体思维和思政课教师主体思维的"两个主体思维"有机交融的推动作用。一是就学生主体思维而言，要坚持以自身发展为主体努力方向，以促进自身的全面发展为旨归，激发自身的自主性创造性学习潜能，促使自身养成主动发现问题、分析问题和解决问题的问题意识，培育自身的创新精神、实践能力和社会责任感。这种学生主体思维需要思政课教师的科学有效引导，以教促学，以导促学，教导学充分融合，一体化推进学生主体思维养成。二是就思政课教师主体思维而言，就是要将思政课教师的思政课创新主体思维与思政课课堂教授的主导思维的两种思维贯通一体，给学生以思政学习自主权，把每一名学生都作为具有主体意识的向上向善的个体来培育，与学生形成思政共同体和学习共同体，利用对话式、探讨式、案例式等教学方式来与学生共同就某一理论问题或社会现实问题进行交流探讨。人学理论思维不仅对于思政课教师专业素养提升有帮助，而且有助于学生的问题意识和创新意识的萌发，为学生的健康成长和成才提供可能条件。一言以蔽之，思政课教师是促进学生的人学理论思维形成和全面发展的"催化师"和"营养师"。需要强调的是，学生和思政课教师的人学理论思维素养是相得益彰的，这也有助于推动学校领导层的人学理论思维素养的提升，也就是说，作为学校，必须要坚持社会主义的办学方针，落实立德树人的根本任务，学校全体成员都应具备人学理论思维，做到“人学思考”。

其三，新时代思政课教师提升人学理论思维素养的可能。从理论上讲，思想政治教育是马克思主义理论的重要组成部分，这决定着思政课必须由具备马克思主义理论修养的专业人才来教授，这是能够确保思政课的专业化和科学化的。但从实践来看，这其中存在着需要思考的问题：一是从思政课教师的专业背景来看，思政课教师是从马克思主义理论专业中选拔出来的，思政课教师经历了严格的系统的专业训练，具备了教授思政课的专业资格。但是就我国思政课教师的个人成长经历情况来看，绝大多数思政课教师是从校园到校园，这些思政课教师在社会经历方面，还缺乏一定的人生历练，也就是说对社会实践的深刻体验还是相对不足的，很容易造成理论与实践的脱节。如教师在教授思政课过程中照本宣科的情况还是存在的。毋庸讳言，这也增强了思政课教师提升人学理论思维素养的紧迫感。二是从思政课的创新发展来看，思政课教师在不断地汲取多方面的知识和提升多方面的能力，在跨学科学习和训练方面加大了钻研力度。毋庸置疑，思政课作为一门专业性较强的课程，专业训练是必需的，而随着人学理论与思想政治教育的深度交融和实践展开（或称“思想政治教育人学”），思政课教师的自身意识中已经或正在具备人学理论思维，还有许多思政课教师对人学理论与思想政治教育相结合展开了研究，这不仅因为马克思主义人学理论是开展思想政治教育工作的一个重要支撑学科，而且“马克思主义人学理论与思想政治教育工作的逻辑关系、马克思主义人学理论对思想政治教育工作的方法启示、马克思主义人学理论中的人的全面发展理论对于提升学生全面发展能力的作用等等”[①]，也在思政课实践中得到了体现。从这个意义上讲，

① 孙福胜.改革开放四十年我国马克思主义人学理论研究的进展与思考[J].渭南师范学院学报，2018，(23)：19-24.

思政课教师对人学理论的学习，对人学理论与思想政治教育相结合的研究，都为思政课教师人学理论思维素养的获取提供了可能。

思政课是育人的课，人学理论是发展人的学问，两者是水乳交融的，是相互促进的。人学理论思维素养是思政课教师精准把握思想政治教育精髓和思政课要义的一项关键理论素养，这充盈着思想政治教育和思政课的真切的人文关怀，也为思政课教师积极与学生协同学习，共同提升思政课教师和学生的品德修养和学习成效提供了新的生长点和动力源。

总之，不论是问题的存在还是措施的应对，都为思政课教师人学理论思维素养提升提供了有利的可能条件。在新时代，思政课教师对自我进行新的反思批判和思维革新是极为重要的，只有这样，才能跟上新时代发展步伐，才能够在新时代为祖国和人民建功立业。

其四，新时代思政课教师提升人学理论思维素养的途径。专业领域知识的学习、学术科研能力的培养、教育教学水平的提高、社会实践活动的体验等是思政课教师持之以恒的修炼，这也是思政课教师能够在思政课教育教学方面做到守正创新和与时俱进的基本功。新时代思政课教师提升人学理论思维素养需要从四个方面下功夫：一是要全面深入学习人学理论基本知识，系统掌握人学理论的世界观和人学方法论的基本要义，对人学理论有一个宏观的深刻的认识和理解，做到从人学理论的视角审视和把控整个思政课的教育教学。二是要充分发挥人学理论与思想政治教育深度交融的优势，把思政育人与人学育人有机结合起来，人学理论最注重人的主体性能力培养、运用、发展，思想政治教育培育的是全人格的完整的人，这是思政课教师的使命担当。三是要积极融入现实生活中释放人学理论思维素养对于思政课教师人格培育与专业发展的强大效能。人学理论思维素养是一种坚持以人为本和积极促进人的全面发展的理论思维素养，强调的是人与人之间的平等对话和协同进步，这对于调适思政课教师和学生之间的关系也是十分有益的。四是要主动参加社会实践活动体验广大人民群众对思政课的诉求和期待,思政课从来都不是闭门造车,而是“开门课”,来源于社会实践,表达广大人民群众对人的发展的强烈诉求,起着正能量导向人的思想和行动的榜样力量,新时代广大人民群众的实践活动为思政课提供了崭新的鲜活的素材,这正是思政课教师提升人学理论思维素养的不竭源泉。

直言之,思政课教师提升人学理论思维素养,学生是最直接的拥护者,学校、社会等层面也是积极为思政课教师提供环境。从学校层面来看,加大对思政课教育教学和思政课教师队伍建设的重视度,在思政课改革创新和思政课教师专业发展等方面持续攻坚和开拓进取,涌现了一大批思政课优秀教师和领军人物。从社会层面来看,马克思主义人学理论的广泛传播,人的生命、人的价值、人的道德、人的素质、人的尊严、人的发展等人学理论话语早已耳熟能详,已经深入人心,社会各界对人学理论的关注和认可也为思政课教师的人学理论思维素养提升营造了良好的外部环境。此外,党和国家加大了对思政课和思政课教师的政策支持力度,思政课在立德树人中的重要地位得到了进一步巩固,思政课教师的获得感、幸福感得到了增强,思政课教师的使命感和责任感更加强化,这一切都为思政课教师人学理论思维素养的提升提供了良好的氛围。

立德树人,心中有爱,眼中有人,是人学理论思维的最直白的话语。思政课是实现立德树人和培养时代新人的“关键课程”,与包括教师学生等在内的每一个人的成长成才和日常生活都息息相关。思政课教师是与学生接触最密切的一分子,是学生的良师益友,是为党和国家育德育人育才的主力军。中国特色社会主义进入新时代,对新时代思政课和思政课教师提出了新的要求,要使新时代思政课成为最受学生欢迎的“金牌课”,教师要努力做“有理想信念、有道德情操、有扎实学识、有仁爱之心”的新时代“四有”好教师,努力做高素质专业化创新型的教师,坚持用人学理论思维教授思政课,并与每一名学生和谐相处，培养德智体美劳全面发展的社会主义事业的建设者和接班人，培养担当民族复兴大任的时代新人，这正是新时代思政课教师义不容辞的职责、使命和任务，这正是新时代思政课教师提升自我的新的人生际遇和施展才华的人生舞台。

五、能力评价与创新人才培养

新时代创新人才问题研究的一个重要方面就是创新人才培养问题，在创新人才培养问题研究的范畴中，关于如何评价创新人才培养工作，即创新人才培养工作评价的标准与尺度“是什么”的问题一直是研究的一个聚焦点。习近平指出：“要深化人才发展体制机制改革，破除人才引进、培养、使用、评价、流动、激励等方面的体制机制障碍，实行更加积极、更加开放、更加有效的人才政策，形成具有吸引力和国际竞争力的人才制度体系，努力聚天下英才而用之。”[①]习近平强调要对“人才发展”“人才评价”“人才政策”“人才制度”等涉及创新人才培养工作的各个方面进行与时俱进的改革完善，为进一步做好新时代创新人才培养工作提供更加有利的条件，同时从新时代创新人才培养工作实际出发，提出包括“能力核心点”“能力导向”“能力关键”“创新能力”等关于新时代创新人才培养工作的重要论述。同时明确强调要把能力评价作为衡量新时代创新人才培养工作成效的一个重要评价标尺。坚持以能力评价为标尺，有利于促进新时代创新人才培养工作开展得更加富有成效，也为进一步推进创新人才问题研究提供新的生长点。

其一，创新人才培养的“能力核心点”。从我国创新人才培养的具体状况来看，担负创新人才培养工作的重要主体是各级各类学校，其中高校是一

① 习近平．贯彻落实新时代党的组织路线不断把党建设得更加坚强有力[J]．奋斗，2020(15)：8-9.

支重要的力量。习近平指出:“只有培养出一流人才的高校,才能够成为世界一流大学。办好我国高校,办出世界一流大学,必须牢牢抓住全面提高人才培养能力这个核心点,并以此来带动高校其他工作。”[①]把“全面提高人才培养能力”作为“核心点”,也就意味着坚持把“能力”作为创新人才培养工作的“核心点”,即“能力核心点”。

换言之,人才一定是具有能力的人,创新人才更是能力高超的人才,是人才的优秀代表,同时创新人才培养工作重视把“能力”作为“核心点”,不断强化人才的能力意识和鼓励人才的能力行动,不断提升人才的多方面的能力。把人才的能力建设和能力发展作为创新人才培养工作的一项重要职责、使命、任务,这也反映出创新人才培养工作的复杂性、长期性、针对性等独特的特点。一是就创新人才培养工作的复杂性来说,创新人才培养工作是需要从综合方面来考量和评判的,即创新人才培养工作评价的标准与尺度的问题是一个复杂的问题。创新人才培养工作的重点对象是创新人才,而创新人才个体化、差异化等特性及其所带来的创新人才在实际过程中的变化性、流动性等表现是客观存在的,这在甄选创新人才时也面临诸多复杂问题,如对创新人才是“一评定终身”呢,还是采取创新人才的“周期性评价”呢,等等。二是就创新人才培养工作的长期性来说,创新人才培养工作不是一蹴而就的,不是短时间内就可以完成的。创新人才本身作为一个处在发展过程中的生命体,作为社会的成员,是需要经过一个长时间的发现、培育、发挥的过程,这需要在创新人才培养过程中,既要遵循人的发展规律,尤其是人与社会的共同发展的客观性,不能急于求成,同时也要遵循创新人才成长的基本规律,创新人才成长是一个逐步成熟完善的过程,要坚持循序渐进的原则方可达成。三是就创新人才培养工作的针对性来说,如何有效开展

---

① 习近平在全国高校思想政治工作会议上强调:把思想政治工作贯穿教育教学全过程开创我国高等教育事业发展新局面[J].实践(思想理论版),2017(02):30-31.

创新人才培养工作,需要找到一个有力的抓手。创新人才培养工作涉及创新人才培养的理论、实践、政策、制度、文化等等多方面的因素,这些因素如何有效统筹,当然绝不是泛泛都抓。从国内外关于创新人才培养工作的经验来看,在创新人才培养工作中,都侧重于把"能力"(如国外的"能力主义"、国内的"能力本位")作为重点关注点,通过设置创新人才培养的各项"能力指标"来对创新人才和创新人才培养工作进行总体考核,在这个意义上,创新人才培养工作就有了看得见摸得着的标尺了——"能力指标"的符合度和达成度。同时把加强创新人才的能力建设作为一个十分重要的且具有鲜明针对性的主攻举措,助力创新人才培养工作有序高效开展。综上所述,创新人才培养的"能力核心点",正是各级各类学校培养创新人才的"工作核心点"。新时代培养德智体美劳全面发展的社会主义事业建设者和接班人,就是努力促进人的能力全面发展,就是积极培育全面发展的创新人才。可见,能力对于创新人才培养工作起着推动器和加速器的作用。

其二,创新人才培养的"能力导向"。在明确创新人才培养的"能力核心点"的重要性后,树立创新人才培养的"能力导向"也就成为做好创新人才培养工作的十分重要的条件和前提。习近平关于创新人才培养的"能力导向"的重要论述十分丰富,如"要突出品德、能力、业绩导向""建立健全以创新能力、质量、贡献为导向""创新价值、能力、贡献为导向"等等。概括来讲,就是要把"能力导向"作为创新人才培养工作评价重要的导向。一是"能力导向"是对"唯学历、唯资历、唯论文"倾向的努力克服。习近平指出:"要突出品德、能力、业绩导向,克服'唯学历、唯资历、唯论文'倾向,科学客观公正评价专业技术人才,让专业技术人才有更多时间和精力深耕专业,让作出贡献的人才有成就感和获得感。"[①]"能力导向""品德导向""业绩导向"与"唯学历、

---

① 习近平主持召开中央全面深化改革领导小组第二十九次会议强调全面贯彻党的十八届六中全会精神抓好改革重点落实改革任务[J].国土绿化,2016(11):5.

唯资历、唯论文”倾向是有着根本性区别的，“学历、资历、论文”并不能真正代表创新人才的能力、品德、业绩，当然也就无法做到对创新人才的科学的客观的公正的评价，而是牵绊、损耗着，甚至浪费着创新人才的有限的时间和宝贵的精力，存在着不可忽视的消极性。二是“能力导向”是促进创新人才潜心进行研究和创新的积极动能。习近平指出：“要创新人才评价机制，建立健全以创新能力、质量、贡献为导向的科技人才评价体系，形成并实施有利于科技人才潜心研究和创新的评价制度。”[①]“创新能力导向”与“质量导向”“贡献导向”的创新人才评价机制的建立健全，能够为创新人才提供更多的可自由支配的时间和发挥他们的精力，让创新人才集中时间和精力投入重要的研究和创新活动，这样可以做到有的放矢，有利于提高研究的专业水平和持续创新的能力。三是“能力导向”是创新人才培养工作评价的“破立并举”的正向结果。习近平指出：“在人才评价上，要‘破四唯’和‘立新标’并举，加快建立以创新价值、能力、贡献为导向的科技人才评价体系。”[②]“能力导向”与“创新价值导向”“贡献导向”一起构成全新的创新人才评价体系，这是因为“四唯”（即“唯论文、唯职称、唯学历、唯奖项”）不仅无法真正体现创新人才的价值，不能充当创新人才的“裁判”，而且无法体现与时俱进的创新人才发展的实际状况，这就需要“立新标”，就是要为创新人才评价确立与新时代发展相适应的新的评价标尺，更好服务于新时代创新人才培养工作。在脱贫攻坚战中也需要具有能力的创新人才和发挥创新人才的本领、才能、智慧，习近平强调：“打好脱贫攻坚战，关键在人，在人的观念、能力、干劲。贫困地区最缺的是人才。”[③]打赢脱贫攻坚战的关键就是各类创新人才充分

---

① 习近平.在中国科学院第十九次院士大会、中国工程院第十四次院士大会上的讲话[N].人民日报，2018-05-29(002).

② 习近平.在中国科学院第二十次院士大会、中国工程院第十五次院士大会、中国科协第十次全国代表大会上的讲话[N].人民日报，2021-05-29(002).

③ 习近平.在打好精准脱贫攻坚战座谈会上的讲话[J].奋斗，2020,(09):4-15.

发挥自身的能力，施展自己的才华，这个前提就是要为脱贫攻坚地区先培养好各类创新人才，让创新人才积极融进脱贫攻坚战斗中去，特别是对各类创新人才能力的培育，让创新人才的能力在具体的实践中得到提升、更新、完善。

综上所述，从“能力导向”来看，要消除“四唯”等不科学不合理的创新人才培养工作评价标尺，要从创新人才的“品德、能力、业绩、质量、贡献”等多方面对创新人才培养工作展开整体性的、全面的、全新的定位和布局，把创新人才培养工作同创新人才的能力建设与能力发展有效的、紧密的联通起来，更加重视创新人才的“创新能力、创新价值”。创新人才培养的“能力导向”直接指明了能力不仅是创新人才与创新人才培养工作的关键所在，而且这也是创新人才培养工作的组织实施者所首先要具备的，创新人才关键要有与创新人才相匹配的能力，特别是“创新能力”。

其三，创新人才培养的“创新能力”。创新人才的最鲜明的特质就是创新，就是有“创新能力”，因此创新人才培养工作的组织实施者要坚持努力用“创新能力”来引领创新人才培养工作，也就是说，要始终把“创新能力”作为创新人才培养工作的组织实施者的一项基本功，创新人才要始终把“创新能力”作为自身可持续创新发展的一项基本功，依靠创新能力成长、发展，依靠创新能力更好为社会服务，担负起创新人才应有的使命和担当。关于我国创新人才培养工作的创新动力不足的实际情况，习近平强调，要着眼于把“培养创新思维”“培养创新意识”“提高创新能力”等作为创新人才培养工作的着力点。

一是从国内看，培养创新人才的“创新能力”是创新人才培养工作的一项重要任务。习近平指出：“我国科技队伍规模是世界上最大的，主要问题是水平和结构，世界级科技大师缺乏，领军人才、尖子人才不足，工程技术人才培养与生产和创新实践脱节，人才政策需要完善，教育方面也需要进一步改革,以更好培养青少年的创新意识和能力。”①在这里,我们特别强调教育要在培养创新人才的创新意识和创新能力方面所担负的重要使命,同时要完善创新人才政策,把创新意识和创新能力纳入重点范围。“广大青年科技人才要树立科学精神、培养创新思维、挖掘创新潜能、提高创新能力,在继承前人的基础上不断超越。”②创新思维和创新能力不是凭空而生的,不是虚无缥缈的,而是建立在前人已有的基础之上的,与新时代经济社会发展紧密联系在一起的,这就要求创新人才培养工作在创新人才的“创新能力”方面要广泛学习借鉴前人的和已有的有益的成果,并与新时代创新人才培养工作的实际密切地结合起来,培养更加符合实际需要的各种“创新能力”。

二是从国际来看,培养创新人才的“创新能力”是积极应对全球创新人才争夺战的主动作为。习近平指出:“国际经济合作和竞争局面正在发生深刻变化,全球经济治理体系和规则正在面临重大调整。经济全球化表面上看是商品、资本、信息等在全球广泛流动,但本质上主导这种流动的力量是人才、是科技创新能力。”③毋庸置疑,国与国之间的竞争,本质上是人才的竞争,是创新人才的竞争,是创新人才创新能力的竞争。国与国之间的合作也需要创新人才和创新能力,只有主动占据创新人才和创新能力高地,牢牢把握住创新人才和创新能力的主动权、话语权,才能够为引领全球创新人才和创新能力的发展以及为可持续创新发展准备可能性条件和前提。

三是创新人才的“创新能力”的培育需要包括教育工作者在内的各方面力量增强使命感。2019年5月16日,习近平在致国际人工智能与教育大会的贺信中指出:“把握全球人工智能发展态势,找准突破口和主攻方向,培养

① 中共中央文献研究室编.习近平关于科技创新论述摘编[M].北京:中央文献出版社,2016:108-109.

② 习近平.在中国科学院第十七次院士大会、中国工程院第十二次院士大会上的讲话[N].人民日报,2014-06-10.

③ 习近平.为建设世界科技强国而奋斗[N].人民日报,2016-06-01(002).

大批具有创新能力和合作精神的人工智能高端人才，是教育的重要使命。"[①]人工智能是新时代科技发展的趋势和潮流，正在如火如荼地展开，人工智能教育也受到了社会各界的高度关注。教育在人工智能方面也占有和发挥着十分重要的作用，这不仅因为教育是培养人的工作，而且更为重要的是因为在科学技术日新月异的今日，教育要把培养具有"创新能力"的创新人才和创新人才的"创新能力"作为重要任务来抓，一方面要大力强化师生的创新意识，大力增强师生的创新能力，大力引导师生用创新思维思考问题；另一方面要大力营造浓厚的社会创新氛围，大力营造尊重创新人才和鼓励创新能力的创新文化，为创新型社会和创新型国家建设贡献创新能力。综上所述，如何有效培育和发挥"创新能力"的"创新价值"，是必须摆在创新人才培养工作的首位。"创新意识""创新思维""创新能力"是创新人才培养工作的组织实施者必须首先要具备的意识、思维、能力。在此基础上，开展创新人才培养工作将会更加行之有效、行稳致远，同时在与创新人才广泛深入交互作用的过程中，创新人才培养工作才能达到预期的目的。

"办好中国的事情，关键在党，关键在人，关键在人才。"[②]做好创新人才培养工作是"办好中国的事情"的一项关键性战略性任务。习近平强调："教育、科技、人才是全面建设社会主义现代化国家的基础性、战略性支撑。必须坚持科技是第一生产力、人才是第一资源、创新是第一动力，深入实施科教兴国战略、人才强国战略、创新驱动发展战略，开辟发展新领域新赛道，不断塑造发展新动能新优势。""培养造就大批德才兼备的高素质人才，是国家和民族长远发展大计。""深化人才发展体制机制改革，真心爱才、悉心育才、倾心引才、精心用才，求贤若渴，不拘一格，把各方面优秀人才集聚到党和人

① 习近平向国际人工智能与教育大会致贺信[J].中国卫生信息管理杂志，2019(03)：247.

② 习近平就深化人才发展体制机制改革作出重要指示强调加大改革落实工作力度让人才创新创造活力充分迸发[J].中国人才，2016(09)：6-7.

民事业中来。”[1]做好创新人才培养工作是推动科教兴国战略、人才强国战略、创新驱动发展战略加快实施的助力器，是党和人民事业发展的迫切需要。能力评价作为衡量新时代创新人才培养工作的一个重要标尺，与新时代人才评价紧密互动。也就是说，能力评价是新时代人才评价的一个基本要素，是对“人的能力发展评价观”[2]的具体展开。把能力评价作为新时代人才评价的核心指标之一，作为新时代创新人才培养工作成效的衡量标尺之一，对于积极引导社会成员自觉主动强化能力意识和以能力发展来增强自己的本领与素质，以及为创新人才的竞相涌流提供更具可操作性的手段方式与策略措施，这也将为新时代创新人才队伍建设提供更新更多的生力军，为创新强国和教育强国提供更加强有力的能力保障和能力动能。

六、人才评价与创新人才发展

人才是一个国家走向兴旺发达的最宝贵资源，科学有效的人才评价制度是确保人才勃发、实现人才强国的前提。人才评价问题一直是社会各界高度关注的热题，如何构建和推进符合人才成长规律和发展规律的人才评价制度是一个必须直面的问题。党的十八大以来，习近平特别强调了人才评价的重要价值，着重指出了人才评价中存在的问题，科学阐释了人才评价的基本要义，明确提出了人才评价的科学理念，涵盖人才评价的价值论、问题论、内涵论、理念论等。习近平关于人才评价的重要论述为做好新时代人才评价工作及促进创新人才发展提供了科学理论指导，也为推进科教兴国战略和人才强国战略，以及创新驱动发展战略提供了强大动能。

---

① 习近平.高举中国特色社会主义伟大旗帜 为全面建设社会主义现代化国家而团结奋斗[N].人民日报,2022-10-26(001).

② 孙福胜.论新时代人才评价与创新人才发展[J].创新人才教育,2021(01):85.

其一,人才评价的价值论:纳英才与育新风并举。习近平指出:“人才是第一资源。古往今来,人才都是富国之本、兴邦大计。我说过,要把我们的事业发展好,就要聚天下英才而用之。要干一番大事业,就要有这种眼界、这种魄力、这种气度。”①新时代人才评价更需要有这种眼见、魄力、气度。科学开展人才评价是集聚天下英才在新时代建功立业的需要,是营造人人成才的奋进风气的需要。一方面,开展人才评价是集聚天下人才建功立业的需要。习近平指出:“千秋基业,人才为本。要加快实施人才强国战略,确立人才引领发展的战略地位,努力建设一支矢志爱国奉献、勇于创新创造的优秀人才队伍。”②全球化的一个重要特征就是人才的全球化,人才的分布早已打破地域性局限,发展成为全球性的人才格局。人才评价要广泛汲取古今中外人才评价的智慧,创造出适合我国国情的人才评价,这不仅有助于集聚全球各行业优秀人才,积极推进科教兴国、人才强国、创新驱动发展等重大战略深入实施,而且有助于统筹抓好党政人才、企业经营管理人才、专业技术人才、高技能人才、农村实用人才,以及社会工作人才等人才队伍建设,培养造就数以亿计的各类人才,数以千万计的专门人才和一大批拔尖创新人才,为强国建设、民族复兴筑牢人才根基。另一方面,科学开展人才评价是营造人人成才良好社会风气的需要。人才评价的一个重要功能就是积极培育人人成才的自信心。人才的发现和培养需要科学有效的评价尺度和标准,因为科学有效的人才评价能够为人才的竞相迸发和充分涌流提供强有力的支撑。习近平指出,要“努力形成人人渴望成才、人人努力成才、人人皆可成才、人人尽展其才的良好局面,让各类人才的创造活力竞相迸发、聪明

① 习近平.在网络安全和信息化工作座谈会上的讲话[N].人民日报,2016-04-26(002).

② 习近平.在全国组织工作会议上的讲话[J].当代党员,2018(19):4-11.

才智充分涌流”①。虽然人的个性不同，但是每个人都有成才的潜能，每个人都有发挥自身过上美好生活的能力，每个人都有为社会发展贡献自身才能的能力。中国特色社会主义进入新时代，意味着人才评价应该顺势而为，打破传统条条框框的狭隘束缚，解放思想，不拘一格降人才，培育新时代新人才。科学有效的人才评价可以为全体社会成员发现发挥自身的才能提供科学合理有效的引导，并营造出“人人能成才、人人能奉献”的良好的社会氛围。

其二，人才评价的问题论：“五唯”评价的消极性。人才评价问题的实质是对人才发展认识不深入。人才评价若成了束缚人才发展的“紧箍咒”，就违背了人才评价的初心。习近平指出，当前“人才评价制度不合理，唯论文、唯职称、唯学历的现象仍然严重”②，人才评价普遍存在“五唯”（“唯论文、唯帽子、唯职称、唯学历、唯奖项”或“唯分数、唯升学、唯文凭、唯论文、唯帽子”）的问题，这对人才发展是极为不利的，也触发了社会各界对人才评价问题的深刻反思。“五唯”评价的消极性主要表现为以下五点：

一是人才评价的“唯论文”，这是当前人才评价诟病最多的问题。把论文作为评价人才的法宝和圭臬是其基本特性。有论文的就是人才，论文发表的刊物级别高的就是人才，特别是存在“唯SCI论文”“唯CSSCI论文”“唯核心论文”等现象，让人们形成“唯论文”对人才评价起着决定性作用的“错觉”，形成“论文=人才”的错误思想，造成“论文崇拜”的无知愚昧。

二是人才评价的“唯帽子”（或“唯奖项”）现象还很普遍。人才评价存在“以学术头衔、人才称号确定薪酬待遇、配置学术资源的倾向”③。这种倾向

① 习近平.决胜全面建成小康社会夺取新时代中国特色社会主义伟大胜利[N].人民日报，2017-10-28(001).

② 习近平.在中国科学院第十九次院士大会、中国工程院第十四次院士大会上的讲话[N].人民日报，2018-05-29(002).

③ 习近平.在全国组织工作会议上的讲话[J].当代党员，2018(19):4-11.

认为,学术头衔、人才称号等都是“帽子”,人才必须要有“帽子”,没有“帽子”就不是人才。这种“唯帽子”的人才评价严重阻碍了人才的竞相迸发。

三是人才评价的“唯学历”(或“唯文凭”)。学历和文凭只能代表一个人的学习历程,至于有没有真才能,是不是真人才,还需要在社会实践中得到检验。“唯学历”的人才评价是不科学的,也是不合理的。四是人才评价的“唯职称”。以职称高低作为人才评价的标准,会造成为了职称盲目争逐、投机取巧,而职称评定又多以论文、帽子、学历等为依据,这就形成了“论文—帽子—学历—职称”的恶性循环。

四是人才评价的“唯分数”(或“唯升学”)。以考试分数论英雄的“唯分数”也是一种不合理的人才评价。“三百六十行,行行出状元”,有些怪才、偏才,不擅长考试拿分数,但是在某一方面就是非常有才能。如果以分数来评价,这些怪才、偏才就不是人才,这是说不通的。单纯看分数,还可能导致分数很高、具体实践操作能力却很低的“高分低能”现象。此外,还存在“引才不切实际,贪大、贪高、贪洋”[①]的人才评价现象。总之,以“五唯”作为人才评价的标准违背了人才成长规律,违背了人才发展的自主性、人文性、创造性。由此,必须打破“五唯”对人才评价的严重束缚和阻碍,坚持以人为本和人的发展的价值取向,重新审视人才评价的内涵,找寻人才评价的有效途径。

其三,人才评价的内涵论:评价的目的和方法。只有明确人才评价的目的,才能够采用科学有效的人才评价方法,而科学有效的人才评价方法则有助于促进人才评价目的的实现。人才评价的目的和方法是相互联系的,人才评价的目的就是多发现人才、培育好人才、凝聚人才,让每一个人才都能有存在感、成就感、幸福感、自信感,提升人才的个体效能与整体效能。人才评价的方法就是要把人才看作具有不同个性特质的个体和处在不断发展过

① 习近平著作选读.第二卷[M].北京:人民出版社,2023:190.

程中的具有主动创造性的个体，从人才的特质出发，把个性化分类评价和发展性动态评价两种方式结合起来，促进人才评价与人才发展的互补共进。人才评价的根本目的就是把人才从“物的力量”的束缚中解放出来，实现“人的本质力量”的真正回归，不断促进人才的发展，发现人才、培育人才、凝聚人才、发展人才，特别注重人才的能力建设与能力发展，着力促进人才的科技创新能力和文化创新能力等能力的发展，人才要胸怀大志，报效祖国，造福人民，服务社会。习近平指出：“实现中华民族伟大复兴，人才越多越好，本事越大越好。”[①]人才评价的出发点和落脚点就是要持续培养各行各业的道德品质高尚、专业能力高强、业绩优秀、声誉优良的德才兼备的有真才实学的真人才。从人才评价的宏观目的来看，就是发挥人才为强国建设，民族复兴贡献自己的力量的真能力、真本领，增强维护社会和谐稳定和国家安全利益的实力，进而为更好地促进世界和平与发展的人类崇高事业提供坚强的人才保障。从人才评价的微观目的来看，就是要根据每一个人才的个性特征和能力优势，发展人才的个性正方向，发挥人才的正能量。人才评价要把人才的能力发展作为核心努力方向，同时要强化人才的道德实践能力，有高尚品德、有高强能力、有奉献精神的人才才是真正的人才，这样的人才能够把个人发展与社会发展深度融合起来，实现个人价值与社会价值的深度互补与良性互动，构建不同行业不同领域之间以及人才与人才之间的互学互鉴，拓展人才的全球视野，增强人才的综合能力，促进人才的专业能力发展与全面能力发展的有机交融。

人才评价的方法是为实现人才评价的目的所采用的理念、手段、方式、途径等总和。根据人才的成长规律和发展规律，应当“改变以静态评价结果

---

① 习近平谈治国理政[M].北京：外文出版社，2014：127.

给人才贴上‘永久牌’标签的做法”[①]，建立以“创新质量、贡献、绩效为导向的分类评价”[②]，也就是采用“分类评价+动态评价”组合的方法开展人才评价，以人才的发展为价值取向，体现人才的个性化和人才的发展性。一方面，要充分认识和尊重人才的个体需要、利益、个性、能力、价值、情感等方面的差异性和多样性，绝不能采取“一刀切”或者“一个模子”的违背人才个体差异发展规律的办法，要因人而异、因才施评、分类评价，实现评价的精准化。分类评价要根据人才的优势能力，引导和发挥人才的优势能力，使人才的优势能力发挥到最大化和最优化。另一方面，要充分认识和把握人才发展的过程性，把人才发展作为一种过程来理解，即人才是处在不断变化发展过程中的，不能“一评定终身”，而要采用动态办法，根据人才随着时代变化而变化的发展状况来评价，如设置人才评价的评审周期，如三年或五年作为一周期的评审机制，坚持发展导向，做到与时俱进。发展评价要考虑到人才的“高原期”“瓶颈期”“天花板”等客观现实，要鼓励人才迎难而上、勇于攀登。要积极引导人才朝着正确的方向发展，让人才的发展与社会发展有机结合起来，促进人才在社会中的流动性，提高人才多方面的能力，更好地适应不断发展变化的时代，增强本领和能力，进一步强化人才的动态评价与人才的动态发展的融合意识，打破“一评定终身”的传统思维狭隘的格局，推动人才评价因时因地因人辩证评价的效能最大化。在坚持个性化和发展性评价方法的同时，还要努力消除“物的力量”对“人的力量”的腐蚀。在当前要努力消除“五唯”对人才评价的“异化”，让人才评价回归本真。

此外，还要把人才的“道德立人+代表成果+社会成效”整合能力有机统合起来，更加重视人才在社会实践中的实际贡献。人才评价的目的和方法

① 习近平.在中国科学院第十九次院士大会、中国工程院第十四次院士大会上的讲话[N].人民日报,2018-05-29(002).

② 习近平谈治国理政:第二卷[M].北京:外文出版社,2017:274.

是关于人才评价的世界观和方法论的概括归纳。只有做到对人才评价根本目的的科学认识和对人才评价科学方法的有效把握，才能够正确理解新时代人才评价的重要性。只有在科学有效的人才评价指导下，才能够从社会各行业各领域中发现、培养和凝聚人才，加强创新人才教育培养，不拘一格降人才，集天下英才而用之，才能够为人才真正实现报国之志提供广阔的舞台和发展的空间。

其四，人才评价的理念论：人才能力发展评价观。马克思恩格斯指出："任何人的职责、使命、任务就是全面地发展自己的一切能力。"[①]这是马克思恩格斯唯物史观中关于人的能力发展理论的核心要义，为人才评价提供了重要启示，即人才评价必须把促进人才能力发展作为评价的价值取向。在坚持"分类评价+动态评价"的人才评价方法的基础上，要更加重视人才评价的"能力发展评价"尺度，把能力发展评价作为人才评价更为重要的评价理念。一是就人才能力发展评价观的内容而言，它包括道德实践能力发展评价、自主创新能力发展评价、现实生产力转化能力发展评价等能力发展评价要素，是以人的道德实践能力发展为价值规范，以人的自主创新能力发展为发展引擎，强化现实生产力转化能力发展，构建"道德力—创新力—生产力"牵引下的"人—实践—社会"一体化的人才能力发展评价观。二是就人才能力发展评价观的尺度而言，它特别重视人才能力发展，更重要的是通过人才能力发展评价带动人才能力的专业性和全面性发展，为人才的"德才兼备"发展提供动力，推动人才的现实生产力转化能力发展，为社会进步贡献能力。把人才的实际能力作为人才评价的标准，就为人才发展提供了发展方向，即要努力发展人的能力，用能力来干事创业，为国家为社会贡献自身的能力。三是就人才能力发展评价观的价值而言，它直接带动了人才评价创

① 马克思恩格斯全集：第3卷[M].北京：人民出版社，1960：330.

新,有助于建立健全"以创新能力、质量、贡献为导向"的人才评价体系,形成并实施有利于"人才潜心研究和创新的评价制度"[①],为人才提供了施展才华的无比广阔的舞台,也带动了人才重新审视自身的能力和优势,不断把这些能力和优势充分发挥出来的主动性、自觉性和创造性。四是就人才能力发展评价观的指向而言,在人才能力发展评价观的引领下,人才评价的首要任务是要做好人才培养工作,这就要完善人才培养机制,遵循"社会主义市场经济规律和人才成长规律,以国家发展需要和社会需求为导向,以培养人才创新精神和创新能力为重点,以提高思想道德素质和职业精神为基础,形成协同育人模式"[②]。协同育人模式为人才培养和人才评价提供了最直接、最可行、最有效的路径,对人才培养的规律、导向、重点、基础等提出了明确要求,重点是要培养人才的创新能力。创新能力发展是人才创新发展的核心能力,道德实践能力发展是人才可持续创新发展的指明灯。

"创新的事业呼唤创新的人才。"[③]中国特色社会主义进入新时代,全面建设社会主义现代化国家,实现中华民族伟大复兴的中国梦的关键在人才,加强新时代人才评价问题研究更加紧迫。新时代人才评价应该以"分类评价+动态评价"的个性化和发展性的方法为主导,以推动人才的道德实践能力发展和创新能力发展为引擎,以促进人才发展与社会发展的深度交融和谐发展为目标,科学而有力地推进我国人才培养和创新人才队伍建设。

---

① 习近平.在中国科学院第十九次院士大会、中国工程院第十四次院士大会上的讲话[N].人民日报,2018-05-29(002).

② 习近平.在全国组织工作会议上的讲话[J].当代党员,2018(19):4-11.

③ 习近平谈治国理政[M].北京:外文出版社,2014:127.

结语　马克思恩格斯人的能力理论的意蕴概要

本书沿着“来源考察—文本研读—启示分析—时代阐释”的基本思路对马克思恩格斯人的能力理论进行了初步探索，呈现了包含马克思恩格斯人的能力理论的形成过程、核心内容、基本特征等方面在内的思想框架。马克思恩格斯人的能力理论是马克思恩格斯对其所处时代发展状况的一种实践探索和理论回应，是马克思主义理论的重要组成部分。在马克思恩格斯那个时代，存在“贫困、压迫、奴役、退化和剥削的程度不断加深”①和“使人成为被侮辱、被奴役、被遗弃和被蔑视的东西的一切关系”②的时代状况，“贫困、奴役、剥削”和“被侮辱、被奴役、被蔑视”等这种时代状况是资本主义社会的资本家如何对待雇佣工人的鲜明的写照，资本家与雇佣工人在社会地位、经济收入、发展机会、人格尊严、自由平等等方面存在着两极分化，这些状况造成了某些非人性的怪象，也表明了资本家与雇佣工人之间的能力发展的资源和机会的严重不平衡，成为资本主义社会矛盾的一个重要引爆点。分析了那个时代的人的能力发展的状况，提出以人的能力发展来促进被压迫、被奴役、被剥削的人们的发展，通过不断促进人的能力发展等举措，来积极谋

---

① 马克思恩格斯全集：第44卷[M].北京：人民出版社，2001：874.

② 马克思恩格斯全集：第3卷[M].北京：人民出版社，2002：208.

求人类解放的着眼人类社会未来发展的出路,这种高远志向在当今世界依旧发出耀眼的智慧光芒和巨大的感召力量。

马克思恩格斯人的能力理论的内涵意蕴是十分丰富的,价值取向是十分崇高的,凸显了马克思恩格斯高度关注并积极倡导包括无产阶级在内的绝大多数人要主动团结起来积极谋幸福的“能力使命观”“能力公正观”等“造福人类”的壮阔的现实行动和宏远的理想追求。这在马克思恩格斯原著文本中得到了充分体现,如《德意志意识形态》《共产党宣言》《资本论》等经典著作,无不在向人类表达科学认识并自觉担当人的能力发展的重要使命,坚定信念并坚决维护人的能力发展的自由原则,积极促进包括人的能力全面发展在内的人的全面发展的伟大目标,等等。通过研读马克思恩格斯的原著文本,一个总的印象是,马克思恩格斯不仅能够想到这些,更为重要的是努力去为实现这些想法而积极行动,把“想与做”结合起来,把“人的能力发展与人的发展”结合起来,坚持不懈、矢志不移,这不仅是一种十分难得的精神,而且也是一种十分重要的能力,这也是让许多资产阶级学者对马克思恩格斯无比钦佩的一个地方。

一、马克思恩格斯人的能力理论的文本意蕴

其一,马克思恩格斯人的能力理论具有十分鲜明的阶级性,即通过发展无产阶级的能力来发展壮大无产阶级。在《德意志意识形态》中,马克思恩格斯指出:“统治阶级的思想在每一时代都是占统治地位的思想。”[1] 资产阶级总是通过各种手段来表现本阶级的思想,试图对贫苦大众进行思想控制,牢牢把控贫苦大众的思想和行为。在《共产党宣言》中,马克思恩格斯强调:

① 马克思恩格斯文集:第一卷[M].北京:人民出版社,2009:550.

"任何一个时代的统治思想始终都不过是统治阶级的思想。"①资产阶级的思想是资产阶级经济状况的反映,是与资产阶级所处的时代发展状况有着千丝万缕的联系的。可见,任何思想都具有一定的时代性、阶级性等基本特性,任何思想及其特性都是有一定的价值取向的。作为致力于实现人类解放和促进人的全面而自由的发展的马克思恩格斯理论,是为无产阶级代言的理论,是为实现人类解放和发展而奋斗的理论。马克思恩格斯在《共产党宣言》中强调:"过去的一切运动都是少数人的,或者为少数人谋利益的运动。无产阶级的运动是绝大多数人的,为绝大多数人谋利益的独立的运动。"②

在这里,马克思恩格斯直接指出了无产阶级运动与其他阶级运动的鲜明区别,包括无产阶级与其他阶级的性质的鲜明区别,即无产阶级与其他阶级的不同之处在于,无产阶级代表着大多数人的利益,是为人民大众说话的,是为人民大众的利益服务的,无产阶级的一切奋斗是为人民大众谋福利的。相比较而言,其他阶级是维护少数人利益的,而从当时的无产阶级的整个力量来看,尤其是与资产阶级的力量比较来看,无产阶级的整个力量并不是十分强大的,而就无产阶级的整体能力状况而言,提高无产阶级的整体能力发展水平,有利于为绝大多数人谋利益,这不仅有利于维护无产阶级的根本利益,也有利于按照人类社会发展规律办事,可以有效防范资产阶级通过占据发展的垄断资源("发展权"的垄断)来对无产阶级的发展带来阻碍,给贫苦大众的发展制造阻碍性和束缚性因素。共产主义社会是与"空论的社会主义"直接对立的,马克思恩格斯强调要发挥无产阶级的理论思维能力来克服"空论的社会主义",为人类解放提供科学的理论支撑。在《1848年至1850年的法兰西阶级斗争》中,马克思批判了"空论的社会主义",指出:"这

① 马克思恩格斯文集:第二卷[M].北京:人民出版社,2009:51.

② 马克思恩格斯文集:第二卷[M].北京:人民出版社,2009:42.

种空论的社会主义实质上只是把现代社会理想化,描绘出一幅没有阴暗面的现代社会的图画,并且不顾这个社会的现实而力求实现自己的理想"[1],"空论的社会主义"的特性就是"空谈",沉陷于理想化空幻化的追逐一种决不能实现的完美无瑕的社会,脱离了社会发展实际,是一种极具"创造性"色彩的空想的"空谈的社会主义",与无产阶级所倡导的社会主义是不一样的,对于"空谈的社会主义"及其主张,无产阶级是坚决反对这种"社会主义"的,无产阶级坚决反对空论空谈,敢于直面社会现实存在的各种问题,坚持实事求是认识问题,坚持把理论的实践的扎根于现实土壤,立足社会现实来展开行动,这样避免了空论空谈带来的消极的,不能解决实际问题而往往给人们带来负面效应。"空论的社会主义"背离社会现实发展状况,迷恋于理想中的万事完美的虚幻,脱离了无产阶级革命运动实际,对无产阶级增强自身理论思维能力和革命斗争力量具有消极作用,这种"空论"是不能给无产阶级带来任何益处的,由此马克思提出了要"消灭和这些生产关系相适应的一切社会关系"[2],克服"空谈的社会主义"的根本路径就是要消灭"空谈的社会主义"的物质基础,这包括这种物质基础的生产关系和社会关系等内在的因素,由于空论空谈的物质经济基础产生的社会关系必须要坚决铲除,也就是要努力消灭空论提出的那一套谬论,因此必须采取革命斗争方式让无产阶级夺得领导权,就是达到"无产阶级的阶级专政"[3]。

"无产阶级的专政"的重要论断的提出,具有划时代的理论意义,无产阶级专政是无产阶级与资产阶级抗争所必需要采取的重要措施,是走向未来社会的必经之路,这为后来巴黎公社成立提供了重要理论准备。众所周知,

① 马克思恩格斯文集:第二卷[M].北京:人民出版社,2009:166.
② 马克思恩格斯文集:第二卷[M].北京:人民出版社,2009:166.
③ 马克思恩格斯文集:第二卷[M].北京:人民出版社,2009:166.

资产阶级学者(如斯密、李嘉图等)是为资本家及其“代言人”[①]服务的,他们是作为资本家和维护资产阶级权利的代言人的双重身份出场的,马克思恩格斯是无产阶级的革命导师,他们的思想自然是维护无产阶级的根本利益和促进人类解放,这是无产阶级权利与资产阶级权利的区别所在,这也是马克思恩格斯人的能力理论的价值取向所在,即解放和发展人的能力是为人类而工作,而不是为少数人的贪欲满足而奴隶般的工作。马克思恩格斯人的能力理论坚持维护无产阶级的根本利益和积极促进人类解放和发展,这是与资产阶级学者的“能力奴役”“能力剥削”“能力压迫”等狭隘的能力发展思想有着根本区别的。由于马克思恩格斯始终坚持把促进人的能力发展作为促进人的全面发展的重要内容和推动力量,把发展人的能力以维护人的尊严、提升人的素质、促进社会公正、推动人类解放作为价值取向,这为后继者坚持人的能力发展来促进社会公平正义和实现共同富裕提供了科学的理论指导,“人的能力—社会生产力—社会财富—人的全面发展”的逻辑有了人性的光辉,才能够积极发挥能力的正效应,才能够积极推动能力可持续发展,才能够积极发挥能力在人的发展过程中的催化和加速社会进步的社会功能和培育德智体美劳等全面发展的新人的育人功能。

其二,马克思恩格斯人的能力理论具有十分鲜明的革命性,即是反抗资产阶级的一种革命思想武器。马克思恩格斯人的能力理论作为马克思主义理论的重要组成部分,是无产阶级的一种有力思想武器。从产生的背景来看,马克思恩格斯人的能力理论是在资本主义经济高度发达的英国产生的,是在与资产阶级权利(提高自身的资本剥削能力来为追逐剩余价值并为少数人的利益服务的狭隘的自私自利的权利)的斗争中发展起来的。“权利决不能超出社会的经济结构以及由经济结构制约的社会的文化发展。”[②]“权

① 马克思恩格斯文集:第二卷[M].北京:人民出版社,2009:600.

② 马克思恩格斯全集:第25卷[M].北京:人民出版社,2001:19.

利”不具有超越所在“经济结构”及其“文化发展”的特殊能力，而只能是依赖于其所处的经济社会环境条件，受到这种经济社会环境条件的制约，这就是说，“权利”不能超越现实性，是具有现实性的一种经济文化状况的反映。马克思恩格斯的革命实践和理论研究更多是在当时资本主义强国英国展开的，马克思恩格斯经历了资本主义社会的资本家对雇佣工人的剥削的鲜活事实。恩格斯在长达21个月的深入雇佣工人住宅区实地调查的基础上，深刻体会了雇佣工人的日常生活的实际状况，真正做到了在实践活动中进行理论研究，这也确保了理论研究的真实性，而不是脱离实践活动的纯粹的理论空谈和空幻构想，在深厚的实践活动调研的基础上，写成了对当时工人阶级运动和后世工人阶级运动影响极其深远的《英国工人阶级状况》。英国古典政治经济学的代表人物亚当·斯密（《国民财富的性质和原因的研究》）、李嘉图（《政治经济学和赋税原理》）等的政治经济学关于资本与劳动、社会分工与生产力、人的需求与人的能力等问题的阐述闪烁着智慧光芒，但也在一定程度上遮蔽了资本家和雇佣工人之间的利益冲突，掩盖了资产阶级与无产阶级的对立矛盾，资本对雇佣劳动的剥削也被隐藏起来，等等。为了深刻揭露资产阶级政治经济学对劳动者的压迫剥削奴役的本性，揭露资本家对雇佣工人的残酷剥削和压榨，马克思恩格斯加强了对政治经济学的研究，如恩格斯的《国民经济学批判大纲》和马克思的《1844年经济学哲学手稿》等都是十分重要的政治经济学研究成果。马克思指出，《黑格尔法哲学批判》是对资产阶级法学和国家学进行批评，是“仅仅针对思辨的批判”①，思辨的批判是不能没有的，但仅仅进行思辨的批判是不行的，还需要对资产阶级政治经济学进行批判，即需要从政治经济学层面进行比思辨的批判更为深入的系统的批判，避免思辨的批判的臆想性。于是他在《1844年经济学哲学手

① 马克思恩格斯全集：第3卷［M］.北京：人民出版社，2002：219.

稿》中针对资产阶级政治经济学展开了一系列批判。这里面包括对资本与劳动、社会分工、人的需求、人的本质、生产力等问题的分析，提出了“劳动力”“类本质”“类能力”[①]“主体能力”[②]“本质力量”[③]等能力，通过分析这些问题以及这些能力的提出，为政治经济学批判从一种能力的视角开辟了新视野，不再是那种想象中的浮想联翩的不切实际的空论，这反映出马克思对政治经济学批判的视角的新选择，即从人的能力视角来实施批判。

恩格斯在《国民经济学批判大纲》中从私有制、商业等问题出发阐述了资本家对雇佣工人的利益剥削，这种剥削是极其残酷的，非人性的，不人道的，遭到了雇佣工人的深恶痛绝和奋力反抗，但是资本家极力维护个人私人利益，不管雇佣工人的死活，造成了资本家与雇佣工人的矛盾激化，阶级对立矛盾十分突出。恩格斯提出了经济学家应该为“人类普遍进步”[④]服务，这是一种对经济学家的批判和引导，批判当时经济学家的使命感的淡漠和致富欲的浓厚，引导当时经济学家要树立一种伟大的职责和任务，为造福人类而敢于担当，尽管经济学家还没有意识到这一点，但是经济学家是能够为“人类与自然的和解以及人类本身的和解”[⑤]开辟道路的，这种“和解”包括了人与自然之间以及人与人自身之间的双重和解，这标志着人与自然之间的冲突对立的矛盾的解决和人与人自身之间的冲突对立的矛盾的解决，这种双重冲突对立的矛盾的解决为人类社会未来新的发展开辟了新的道路。同时针对商业的不道德对人的活动的消极影响进行了尖锐的批判，指出“一切真正人的目的”[⑥]是能够支配生产力的，人是能够有效把“资本、劳动和科学

① 马克思恩格斯全集：第3卷[M].北京：人民出版社，2002：274.
② 马克思恩格斯全集：第3卷[M].北京：人民出版社，2002：305.
③ 马克思恩格斯全集：第3卷[M].北京：人民出版社，2002：364.
④ 马克思恩格斯全集：第3卷[M].北京：人民出版社，2002：449.
⑤ 马克思恩格斯全集：第3卷[M].北京：人民出版社，2002：449.
⑥ 马克思恩格斯全集：第3卷[M].北京：人民出版社，2002：463.

的应用”[1]起来提高生产能力的,人的能力是人的一种重要的生产力,这种重要的生产力可以为实现人的自由提供助力,但是这种生产力还需要人能够将资本的、劳动的、科学的等要素结合起来综合应用,以此更好发挥人的能力的生产力的最大效能。在资本主义社会,资本家倚仗手中的资本,对雇佣工人进行剥削,雇佣工人失去了生活资料,只有依靠出卖自身的劳动能力来维持生存。在这种状况下,资本家和雇佣工人的各自经济能力是极为不平衡的。在资本家的经济能力占主导地位的社会状况中,雇佣工人如何争取自身的经济权利,成为马克思恩格斯高度关注和思考的问题。通过对工人阶级状况的深入调研,恩格斯在《英国工人阶级状况》中指出:“你们是认识到自己的利益和全人类的利益相一致的人,是伟大的人类大家庭的成员”[2],在这里指明了英国工人阶级的远大眼光和重大使命,英国工人阶级不仅需要深刻认识自身所代表的阶级利益及其共同队伍中的成员,而且需要勇敢担负起为维护工人阶级利益和人类共同发展的革命任务和奋斗使命,英国工人阶级的觉悟做到了个人利益与集体利益的统一,这正是英国工人阶级为人类的事业服务。

马克思恩格斯对无产阶级的理论思维能力是高度重视的,也就是说,需要不断教育和提高无产阶级的理论思维能力,认清资产阶级的实质,采取合理有效的手段,提升无产阶级自身的斗争能力和夺取政权的能力,以更好地维护无产阶级的根本利益,为实现人类解放而奋斗。提高无产阶级的能力合乎维护无产阶级根本利益的目的。马克思恩格斯特别强调要提高无产阶级的理论思维能力。提高无产阶级的能力是多方面的,而对于无产阶级来说,最重要的能力是理论思维能力和政治斗争能力,只有用科学理论武装起来的无产阶级,才能够在与资产阶级残酷激烈的斗争中,不会迷失方向,取

---

① 马克思恩格斯全集:第3卷[M].北京:人民出版社,2002:464.

② 马克思恩格斯文集:第一卷[M].北京:人民出版社,2009:384.

得斗争的最终胜利,从而为夺取无产阶级政权提供坚实的保障。关于理论思维能力的重要性,恩格斯在《自然辩证法》中指出:“一个民族要想站在科学的最高峰,就一刻也不能没有理论思维”[①]。理论思维是攀登科学高峰的民族必备的一种十分重要的能力,对于无产阶级而言,理论思维能力是无产阶级必须要具有的能力,理论思维能力是无产阶级与资产阶级进行理论斗争的思想武器和革命力量,“……理论思维仅仅是一种天赋的能力。这种能力必须加以发展和锻炼,而为了进行这种锻炼,除了学习以往的哲学,直到现在还没有别的手段”[②]。理论思维能力如此重要,如何才能具有理论思维能力,如果说理论思维能力是天赋的一种能力的话,那么后期的不断的努力习得也是必须要有的,这是获取理论思维能力的一种可行的方法,那就是通过学习哲学,从哲学中汲取理论思维能力。这种哲学学习的重要性也表现为无产阶级的哲学思维素养的锻炼和发展,为无产阶级的革命活动提供了积极推动力。促进人的理论思维能力发展是人的能力发展的一项十分重要的内容,人的理论思维能力的发展对于人的全面发展起着积极的促进作用。在恩格斯看来,提高无产阶级的理论思维能力,不仅要学习以往的哲学,还要在具体运动实践中积累新的实践经验,丰富无产阶级的理论内涵。掌握了先进的理论武器的无产阶级在同资产阶级的斗争中,才能够提高斗争能力,为建立无产阶级政权创造条件。作为工人阶级先锋队的共产党“强调和坚持整个无产阶级共同的不分民族的利益”“始终代表整个运动的利益”[③],从无产阶级的理论思维能力的锻炼和发展来看,具有了先进的科学的理论思维能力的无产阶级,同时具有了如何识别不同阶级的利益和革命运动发展趋向的能力,代表人类共同利益和人类社会发展前途的无产阶级的能力

① 马克思恩格斯全集:第26卷[M].北京:人民出版社,2014:500.

② 马克思恩格斯全集:第20卷[M].北京:人民出版社,1971:382.

③ 马克思恩格斯文集:第二卷[M].北京:人民出版社,2009:44.

也是具有远见卓识的。而随着无产阶级的理论思维能力和斗争能力的提升,无产阶级的根本利益也将得到有力维护,这正是通过提高斗争能力来赢得斗争主动权,来维护无产阶级的利益。

在人类社会历史发展过程中,无产阶级担负着把能力转化为实际行动的使命和职责。恩格斯指出,"有无数互相交错的力量,有无数个力的平行四边形,由此就产生出一个合力,即历史结果"①,"合力"不是单个个体的孤立的活动和能力,而是由现实的人的活动所构成的整个社会的活动和能力,是一种更为强大的能力,这种强大的能力集合而成了"历史结果"正是人们的能力的确证和表现。人类社会发展是每一个人的发展的合力的结果,也就是说,人类社会历史发展是人类作为实践主体的"合力"发展的过程,在人类社会发展中,人民群众是社会历史的创造者。无产阶级是最先进的阶级,无产阶级代表的根本利益是绝大多数人的利益,维护无产阶级的根本利益,能够为绝大多数人的利益获得提供坚实的力量保障。共产党"为工人阶级的最近的目的和利益而斗争,但是他们在当前的运动中同时代表运动的未来"②,共产党所组织和开展的一切活动,都是有着明确的目的和利益的,这种明确的目的和利益不仅能够保障共产党的活动方向和阶级立场的正确和坚定,而且能够为完成这一目的和实现这一利益增加行动能量,为共产党在为其所处时代奋斗的同时为未来新时代做好准备和提供条件。

由此可知,无产阶级代表着人类社会发展的未来,无产阶级所展开的一系列实践活动,特别是提升工人阶级的理论思维能力的各项斗争活动,都为推动人们从被剥削被奴役的旧社会向平等自由的新社会过渡提供了直接动力。共产党领导下的无产阶级政权为绝大多数人谋利益,为提高社会生产力的发展,为缩小并最终消除贫富差距,为实现人类解放的伟大事业奠定了

---

① 马克思恩格斯文集:第十卷[M].北京:人民出版社,2009:592.

② 马克思恩格斯文集:第二卷[M].北京:人民出版社,2009:65.

基础。提升工人阶级的能力,就是维护无产阶级的根本利益,这是合乎人类社会发展规律的。马克思恩格斯理论指明人的解放任务,关注人的发展问题,对人的全面而自由的发展予以高度重视。马克思在《论犹太人问题》中呼吁:"作为人,你们应该为人的解放奋斗"[①],资本主义社会下现实的人的奴役状况的客观存在,为现实的人去努力打破这种奴役状况提供了指明灯,现实的人要时刻想着如何摆脱这种奴役状况,而去努力争得自由和解放,不再为受人奴役和受人剥削的残酷状况所束缚和牵绊。人的发展是人的使命,人的一切实践活动都是为最终实现人类解放而奋斗的,人的解放的真正完成需要做到"两个只有",即"现实的个人……在自己的经验生活、自己的个体劳动、自己的个体关系中间,成为类存在物""人认识到自身'固有的力量'是社会力量,并把这种力量组织起来"[②]的时候,现实的人在社会实践活动中积累起来的经验和建立起来的关系,促成了现实的人的社会性存在,反映了人的社会属性,而现实的人在社会实践中也发现和发展了自身所具有的更为强大的能力,这种强大的能力是需要集合社会力量,也就是说,要把社会中的人的能力统一集合起来,形成一股强大的社会力量,这种社会力量也是社会中每一个人的能力的聚合,依托于社会力量的发挥,达到人类的真正的解放,那个时候人的解放才能真正完成。

其三,马克思恩格斯人的能力理论具有十分鲜明的未来性。也就是说,马克思恩格斯人的能力理论是指向人的全面而自由的发展的,即通过不断促进人类的解放和发展,积极努力迎接人类未来共产主义新社会的到来。"任何解放都是使人的世界和人的关系回归于人自身。"[③]人的解放是人自身的真正回归,是克服了人的异化的真正回归,人类解放是多方面的,包括经

① 马克思恩格斯全集:第3卷[M].北京:人民出版社,2002:163.

② 马克思恩格斯全集:第3卷[M].北京:人民出版社,2002:189.

③ 马克思恩格斯全集:第3卷[M].北京:人民出版社,2002:189.

济解放、政治解放、思想解放、劳动解放、个性解放等等，人类解放也是一个漫长的过程。人类解放的一个重要的前提就是人的能力的全面发展的实现，只有每一个人的能力得到了全面的发展，那样人类解放才可以真正实现，而进入人类解放后所建立的新社会的新人，每一个新人的能力将会得到更加全面自由的发展。人的能力的全面发展包括人的物质生产能力、精神生产能力、生命生产能力，以及理论思维能力等都要达到全面的发展。共产主义社会能够更全面更自由地发展人的能力。人类进入共产主义社会高级阶段，每一个人的自由发展成为现实，马克思在《哥达纲领批判》中指出："只有在那个时候，才能完全超出资产阶级权利的狭隘眼界，社会才能在自己的旗帜上写上：各尽所能，按需分配！"[①]资产阶级的眼界是极其狭隘的。他们一心只想着自己的利益，看不到人类社会发展的方向，被物欲利欲所诱惑熏心，还不能达到人类社会未来发展的那种高度，在人类解放的共产主义社会高级阶段，每一个人的全面而自由的发展得到了真正实现。脑力劳动和体力劳动对立消失，劳动成为人的生活的第一需要，个人的全面发展，生产力的不断增长，集体财富的充分涌流，等等，都为人的能力的全面而自由的发展提供了新的环境和条件。人类解放意味着人的发展进入了更加高级的阶段，但是人的发展并未完结，而是进入了人的能力的全面而自由的发展的阶段，这是人类梦寐以求的新社会，也是人类社会发展的新天地。恩格斯在《共产主义信条草案》中指出，共产主义社会是"使社会的每一个成员都能完全自由地发展和发挥他的全部才能和力量"[②]的社会组织，社会成员的能力的自由发展是共产主义社会的一项基本原则。共产主义社会是能够让社会所有成员都能够自由发展其全部才能和力量的社会。恩格斯在《共产主义

---

① 马克思恩格斯全集：第25卷[M].北京：人民出版社，2001：20.

② 马克思恩格斯全集：第42卷[M].北京：人民出版社，1979：373.

原理》中指出:"共产主义是关于无产阶级解放的条件的学说。"[1]共产主义是一种解放人和发展人的伟大学说,共产主义社会就是人类得到彻底解放的全新社会。马克思恩格斯在《共产党宣言》中指出:"代替那存在着阶级和阶级对立的资产阶级旧社会的,将是这样一个联合体,在那里,每个人的自由发展是一切人的自由发展的条件。"[2]人的自由发展包含着人的能力的自由发展,人的能力的自由发展是人的自由发展的重要构成,共产主义社会是每个人都能全面而自由发展的"联合体"。马克思在《资本论》中指出,共产主义社会是"以每一个个人的全面而自由的发展为基本原则的社会形式"[3]。人的全面而自由的发展必然要求人的能力的全面而自由的发展,共产主义社会是实现了"每一个个人的全面而自由的发展"的社会。共产主义社会作为实现了"每一个个人的全面而自由的发展"的人类社会发展的最高级阶段,也是"每一个个人的能力全面而自由的发展"的社会。

共产主义社会是一个"联合体",这个"联合体"在生产资料和生产力、社会利益和福利、人的需要和发展等方面具有鲜明的特征:从生产资料和生产力来看,这个"联合体"是共同占有和利用社会生产资料发展社会生产力,消除了旧的分工,促进了城乡的充分融合,并让社会生产力在社会成员的共同控制之下;从社会利益和福利来看,这个"联合体"是维护全体社会成员的共同利益,关照弱势贫困群体,让全体社会成员共同享受全体社会成员创造出来的社会福利;从人的需要和能力来看,这个"联合体"能够满足全体社会成员的需要,能够让"各个人在自己的联合中并通过这种联合获得自己的自由"[4],人的能力发展不是绝缘性发展,而是联合性发展,是需要与外部环境

① 马克思恩格斯全集:第4卷[M].北京:人民出版社,1958:357.
② 马克思恩格斯文集:第二卷[M].北京:人民出版社,2009:53.
③ 马克思恩格斯全集:第44卷[M].北京:人民出版社,2001:683.
④ 马克思恩格斯文集:第一卷[M].北京:人民出版社,2009:571.

发生关系的。能够促进全体社会成员的全面发展，是每一个人都能够“全面发展和表现自己的全部能力”①的“自由人联合体”。人的全部能力得到了全面的发展和全面的表现，反映出人的自觉性能动性活动得到了有效施展，意味着人的能力发展的实际效能得到了新的验证。共产主义社会为人的能力的全面而自由的发展提供了全新的环境，而社会成员的能力的全面而自由的发展也为共产主义社会的生产资料和生产力共同占有、使用和发展，为社会公共利益和福利事业的维护、巩固和发展，为全体社会人员的需要和能力的满足与发展，等等，提供了强大的作用力和加速的助推力。

二、马克思恩格斯人的能力理论的人学意蕴

马克思恩格斯人的能力理论的价值取向是十分鲜明的，那就是通过人的能力发展来促进人的发展来实现人的解放（而资本家则是通过自身的能力发展来奴役雇佣工人的能力发展的，强化对雇佣工人的“能力奴役”，维护资本家的利益），那就是以维护无产阶级的根本利益和促进人的自由个性解放与发展为价值取向的。这是非常符合无产阶级的思想理论诉求和革命运动状况的，也是极其具有远见卓识的，体现了现实的人的社会责任使命感和能力发展观，要求应立志为大多数人谋利益和谋幸福，坚守维护无产阶级根本利益和促进人类解放和发展的奋斗目标和价值追求。马克思恩格斯心系贫苦民众，积极投入领导无产阶级革命斗争的伟大实践和探索解放无产阶级和整个人类的科学理论研究中去，开创了唯物史观的科学理论，为人类社会发展提供了坚实的科学的理论指引，马克思恩格斯为他们的同时代人和后来人树立了为人类工作的榜样。人的发展是一种生成性过程，在人的发

① 马克思恩格斯全集：第26卷[M].北京：人民出版社，2014：311.

展过程中,人的能力发展既是人认识自我和认识世界的一个十分重要的认识尺度,也是衡量人的发展的一个十分重要的评价尺度,即从人的能力发展的视角来看待人与人自身的关系、人与自然的关系、人与社会的关系,从人的能力发展的视角来看待人的发展,具体来讲,就是来看待人的需要发展、人的交往发展、人的个性发展、人的自由、人的尊严、人的幸福、社会的公平正义等等。这表明了人的能力发展在人认识自我和评价自我中占有十分重要的地位,由于人的发展是多方面的,人的能力发展在认识和评价人的发展中也应从多方面来展开。人的能力发展与人的发展的关系极为紧密,马克思恩格斯在批判继承前人关于人的能力发展问题的研究成果基础上,积极运用唯物史观来对人的能力发展问题进行探索,特别强调要积极发挥作为人的能力发展的主体的人的主体性创造性的作用,这不仅因为促进人的发展和社会进步的主体是人,而且因为人的能力发展是促进人的发展和社会进步的动力。

其一,从人对自我和世界的认识来看,毋庸置疑,人的能力发展与人的认识是密切相关的。就人的认识进路来看,人的"认识你自己"从未间断过,人的"改变你自己"从未放弃过,而人的"成为你自己"则尤需人的能力发展来助力。随着人类实践在广度和深度的不断发展,人的认识能力的广度和深度也随之不断发展。尤其是在科学技术的快速的强大的发展进程中,人类拥有了更多、更新的促进人的能力发展的工具。借助多样的、先进的工具,人类的活动范围日益扩大,可上天,可下海,可去太空探险,可去深海探秘,可跨越万里隔空对话,等等。地球上,遍布着人类探索的足迹,也印证着人类能力的不断提升。然而,多样的、先进的工具也有其局限性,甚至严重刺痛了人类的感情。不能否认,人类与自然界之间的关系还存在着不和谐不协调的问题,而目光短浅的人总是自认为人类是自然界的主宰者。"但是我们不要过分陶醉于我们人类对自然界的胜利。对于每一次这样的胜利,自然界都对我们进行报复。”[①]人来自自然界,人不能脱离自然界,想着统治自然界,成为自然界的统治者的那种自以为取得了胜利和优势的念想是需要避免和消除的,否则人类将会自食恶果,为自己的无知狂傲付出沉重代价和不可挽回的悲伤。如果人类为了满足一己私欲,疯狂对空气、水、土壤等自然生态环境和各种自然资源进行破坏,那必将触发自然界对人类的报复。“如果说人靠科学和创造性天才征服了自然力,那么自然力也对人进行报复”[②],人的能力发展决不是以牺牲自然为代价的,也就是说,人的能力发展应与自然发展保持和谐共处,但是由于某些人的狂妄自大竟然想把自然征服,让自然臣服于己,这就有违人的创造性能力的发挥和实际带来的积极作用,这是人类需要深刻反思的。从历史的观点来看,尽管人类使用各种手段企图征服和预谋统治“自然力”,但是“自然力”也会对人类施以无情报复。从人对自身和世界的评价来看,在人类具体的实践过程中,人类通过对自身的不断地深入地积极认识,不断努力地积累经验,人类的认识能力获得了不断提升和不断向前发展的条件与可能。

同时,人类对改变自身和改变世界所带来的影响也进行着不断的评价,即对人类实践活动的效果进行评价。人在道德省察、能力发展、利益谋求、情感培育、责任反思等方面的认识更加深刻,由此人对自身和世界的评价更加全面化,而不是单从某一方面对人类实践进行片面性评价,特别是在人类经历了重大变革的大事件时候,对人类实践评价更加趋向客观。人类实践所创造出来的巨大社会生产力,无疑给人类带来了生存需要、享受需要、发展需要等不同层次需要的满足的可能,然而某些人却对人类在物质方面的财富过度看重,导致了贪欲膨胀,出现了拜金主义、纵欲主义、低俗主义等问题。恩格斯一针见血地指出,“使我感到痛心的是,严肃的道德正濒临消失

---

① 马克思恩格斯全集:第26卷[M].北京:人民出版社,2014:769.

② 马克思恩格斯文集:第三卷[M].北京:人民出版社,2009:336.

的危险，而肉欲却妄图把自己捧得高于一切”[1]，追求高尚的道德境界是人的能力发展的一种内在境界，那些沉迷于肉欲的人则枉费了人的存在价值和意义。作为社会中的人，理应不断提高自身道德境界，理应积极摆脱消极因素干扰，不断为促进自身能力发展和社会道德风气清明作出积极的努力，而在人类过度看重物质的方面的能力的时候，在人类过度把人类在物质方面取得的进步作为人类实践进步的评价尺度的时候，人类在精神方面的能力将面临着危机，极易造成两者的评价分离和冲突，甚至带来极其严重的后果，不利于人的身心健康发展。然而人类的物质方面的能力发展无法代替人类的精神方面的能力发展，需要做的是要积极地把人类的物质方面的能力发展与人类的精神方面的能力发展有效协调联结起来。

其二，从人的能力发展与共同体发展的关系来看，人的能力发展促使人在人的认识活动和评价活动等方面不断走向更加全面深入，同时促使人类社会发展在把握个体发展和整体发展的关系方面更加全面深入。事实表明，人类社会发展不是一个孤立的个体发展，而是一个众合联系的共同体发展。这种共同体发展正是人的能力发展的最佳环境，正如马克思恩格斯所言：“只有在共同体中，个人才能获得全面发展其才能的手段，也就是说，只有在共同体中才可能有个人自由。”[2]共同体的存在是极端重要的，人永远离不开共同体而孤零零地获得自由，当然这种孤零零的自由也是不存在的，因为这违背了人的能力发展所需要的环境和条件，共同体为人的能力发展提供了手段和路径，每一个人只有在真正的共同体中才能够全面而自由的发展自身的能力，才能够更好地把自身的能力用来服务共同体和共同体的公共利益与发展。人的能力发展是与人类社会发展相伴随的，人类社会经历了漫长而曲折的发展，尤其是经历了数次大规模的战争，人类深刻感受到只

① 马克思恩格斯全集：第2卷[M].北京：人民出版社，2005：267.

② 马克思恩格斯文集：第一卷[M].北京：人民出版社，2009：571.

有维护世界和平，才能够更好地促进人类的发展。在和平与发展成为人类社会发展的时代主题下，人类更渴望能够过上幸福美好的生活。美好幸福生活的实现需要人类朝着不断完善自身道德的品质和行为出发。一方面人类要不断完善自身的道德能力，始终把人的道德实践能力发展放在人的能力发展的重要位置，做好自身的道德修养。正如康德所言，"人类朝着改善而努力的收获（结果），只能存在于永远会出落得更多和更好的人类善行之中，也就是存在于人类道德品质的现象之中"[1]，求真向善是人类的本性和道德的一种内在的需要和追求，人类的一切善行都是人类道德能力发展的表现，在共同维护人类世界和平进步的伟大崇高事业中，人类的一切善行和道德能力发展都是有益于这一目标的。人类道德品质的改善以及人类善行的落实，有助于提升人的精神境界和追求，将成为人们的一项必备要素。一方面人类要不断兼顾个体发展和共同体发展，始终把个体利益与共同体利益有效结合起来，积极为社会的共同体发展提供自身的能力支持。正如黑格尔所言，"人的规定、人的使命也就在于使自己成为人群中对公共福利有用的和可用的一员"[2]，人不能脱离社会而独立维护自身的私利，人担负着维护社会公共利益的伟大使命，应该为社会公共事业发展贡献力量，这也是实现个人发展与社会发展的共同发展的应有之策。人类社会发展的正确路向是朝着每一个人的全面而自由的发展迈进的，在这个漫长道路中，人与人的利益诉求还存在一定差别，这需要用共同意志和共同利益来规范和引导，避免人类陷入因争夺私利而带来的人类的战争灾难，那是人类最不希望的事情。人类朝着不断完善自身的道德品质，不断坚持自身的善行作为，朝着不断为人类的共同的和平与发展前进，这需要具备一种胸怀天下苍生、为人类的和平与发展而工作的担当奉献能力。

---

① ［德］康德．历史理性批判文集［M］．何兆武译．北京：商务印书馆，1990：159．

② ［德］黑格尔．精神现象学（下卷）［M］．贺麟，王玖兴译．北京：商务印书馆，1979：98．

马克思恩格斯人的能力理论不仅与人类所处时代发展的实际相连通，而且与人类未来发展相连通，兼具了既高度观照人类社会发展现实条件而又鲜明指向人类社会发展未来路向的双重使命。一方面，人的能力发展是扎根于人类社会发展现实状况的，是与人的日常生存发展保持最现实的直接联系的，人的能力的生成发展过程就是人类社会不断发展的过程，另一方面，人的能力发展是指向人类社会追求美好事物的未来发展的，人的能力发展寄托着人类对美好幸福未来的一种展望，在向善的驱动下，人通过发展自身能力来获得需要的高质量满足和追求高尚的道德品质。马克思恩格斯所主张的人的能力发展不是把人的能力发展作为“统治人”的手段，而是把人的能力发展作为“发展人”的目的。也就是说，人的能力发展与人的发展是互动共促的，这是马克思恩格斯人的能力理论的一个十分重要的目标追求，在马克思恩格斯看来，应通过人的能力发展来为保证绝大多数人的生存和发展而呐喊和发声，通过不断增强无产阶级的能力发展意识和能力发展力量，维护无产阶级的根本利益，进而为实现人类解放和发展而不懈奋斗。此外，人的能力发展也只有兼顾了人的个体的自身的能力发展和社会的整体的群体的能力发展，才能够有助于促进人与自然的和谐相处、社会的公平正义，人类才能够更加深刻意识到人类是一个性命攸关的利益与共的共同体，是处在共同体发展过程之中的，是一个彼此相助的大家庭。

因此，马克思恩格斯人的能力理论从对人的能力发展的科学认识方面和价值取向方面都为人的能力问题研究提供了重要参考，在人类社会发展的现时代，在人类社会进入高新科学技术飞速发展的现时代，在可供人类使用的先进的生产工具的智能化大发展的现时代，要解决好如何把握好科学技术的创新能力不断提高与人的发展的关系，如何把握好互联网等智能化工具的广泛使用及其不断提高的能力与人的发展的关系，如何把握好人的能力发展的目的追求符合人类社会发展的共同利益，等等问题，就需要积极从马克思恩格斯人的能力理论中汲取智慧营养。在现时代,必须要十分明确人类社会发展所面临的共同的价值需要和风险挑战,提高维护人类和平与发展的进步事业的能力,推动人类社会发展需要地球村的每一个人不断关注能力、不断发展能力、不断奉献能力,以人的能力发展促进人的发展,积极促进人类追求幸福美好生活的美好梦想的实现。

主要参考文献

一、经典著作

1.《马克思恩格斯全集》(第1卷),人民出版社1956年版。

2.《马克思恩格斯全集》(第2卷),人民出版社2005年版。

3.《马克思恩格斯全集》(第3卷),人民出版社1960、2002年版。

4.《马克思恩格斯全集》(第4卷),人民出版社1958年版。

5.《马克思恩格斯全集》(第12卷),人民出版社1962年版。

6.《马克思恩格斯全集》(第16卷),人民出版社1964年版。

7.《马克思恩格斯全集》(第19卷),人民出版社1963年版。

8.《马克思恩格斯全集》(第20卷),人民出版社1971年版。

9.《马克思恩格斯全集》(第21卷),人民出版社1965年版。

10.《马克思恩格斯全集》(第22卷),人民出版社1965年版。

11.《马克思恩格斯全集》(第23卷),人民出版社1972年版。

12.《马克思恩格斯全集》(第25卷),人民出版社2001年版。

13.《马克思恩格斯全集》(第26卷)(第二册),人民出版社1973年版。

14.《马克思恩格斯全集》(第26卷)(第三册),人民出版社1974年版。

15.《马克思恩格斯全集》(第26卷),人民出版社2014年版。

16.《马克思恩格斯全集》(第30卷),人民出版社1995年版。

17.《马克思恩格斯全集》(第31卷),人民出版社1998年版。

18.《马克思恩格斯全集》(第32卷),人民出版社1998年版。

19.《马克思恩格斯全集》(第33卷),人民出版社2004年版。

20.《马克思恩格斯全集》(第36卷),人民出版社2015年版。

21.《马克思恩格斯全集》(第40卷),人民出版社1982年版。

22.《马克思恩格斯全集》(第43卷),人民出版社2016年版。

23.《马克思恩格斯全集》(第44卷),人民出版社2001年版。

24.《马克思恩格斯全集》(第46卷),人民出版社2003年版。

25.《马克思恩格斯全集》(第47卷),人民出版社1979、2004年版。

26.《马克思恩格斯全集》(第49卷),人民出版社1982年版。

27.《马克思恩格斯文集》(第1、2、4、9、10卷),人民出版社2009年版。

28.《列宁全集》(第23卷),人民出版社1990年版。

二、其他著作

1.[古希腊]色诺芬:《回忆苏格拉底》,吴永泉译,商务印书馆1984年版。

2.[德]康德:《实践理性批判》,韩水法译,商务印书馆1999年版。

3.[德]康德:《历史理性批判文集》,何兆武译,商务印书馆1990年版。

4.[德]康德:《道德形而上学原理》,苗力田译,上海人民出版社1986年版。

5.[德]《康德著作全集》(第7、9卷),李秋零主编,中国人民大学出版社2008、2010年版。

6.[德]费希特:《全部知识学的基础》,王玖兴译,商务印书馆1986年版。

7.[德]黑格尔:《精神现象学》(上、下卷),贺麟、王玖兴译,商务印书馆1979年版。

8.[德]黑格尔:《法哲学原理》,范扬、张企泰译,商务印书馆1961年版。

9.[德]费尔巴哈:《基督教的本质》,荣震华译,商务印书馆1984年版。

10.[英]《休谟经济论文选》,陈玮译,商务印书馆1984年版。

11.[英]亚当·斯密:《国民财富的性质和原因的研究》(上卷),郭大力、王亚南译,商务印书馆1972年版。

12.[英]《欧文选集》(第一卷),柯象峰、何光来、秦果显译,商务印书馆1979年版。

13.[法]《傅立叶选集》(第二卷),赵俊欣、吴模信、徐知勉、汪文漪译,商务印书馆1981年版。

14.[法]《圣西门选集》(第二卷),董果良译,商务印书馆1982年版。

15.[德]卡西尔:《人论》,甘阳译,上海译文出版社1985年版。

16.[美]弗洛姆:《弗洛姆著作精选——人性、社会、拯救》,黄松杰主编,上海人民出版社1989年版。

17.[美]埃尔斯特:《理解马克思》,何怀远等译,中国人民大学出版社2008年版。

18.[印]阿马蒂亚·森:《以自由看待发展》,任赜、于真译,中国人民大学出版社2012年版。

19.《论语》,张燕婴译注,中华书局2006年版。

20.黄楠森主编:《人学原理》,广西人民出版社2000年版。

21.编委会主任黄楠森,陈志尚、赵敦华、李中华主编:《人学理论与历史》,北京出版社2004年版。

22.黄楠森:《人学的科学之路》,河南人民出版社2011年版。

23. 夏甄陶:《人:关系 活动 发展》,河南人民出版社2011年版。

24. 韩庆祥:《马克思主义人学思想发微》,中国社会科学出版社1992年版。

25. 韩庆祥:《能力本位》,中国发展出版社1999年版。

26. 韩庆祥:《马克思的人学理论》,河南人民出版社2011年版。

27. 陈新夏:《唯物史观与人的发展理论》,江苏人民出版社2013年版。

三、期刊论文

1. 黄枬森、韩庆祥:《关于建构人学的几点设想》,《社会科学战线》1989年第3期。

2. 黄枬森:《正确认识和对待全球化 促进人的全面发展》,《南通大学学报(社会科学版)》2006年第2期。

3. 黄楠森:《人的发展规律》,《江海学刊》1997年第2期。

4. 王锐生:《论人的两种全面发展(对话)》,《首都师范大学学报(社会科学版)》2002年第1期。

5. 陈先达:《唯物史观视野中的"以人为本"》,《中国人民大学学报》2004年第4期。

6. 夏甄陶:《人:关系 活动 发展》,《哲学研究》1997年第10期。

7. 陈志尚:《人的自由全面发展论》,《求是》2003年第19期。

8. 余源培:《科学发展与公平正义》,《中共宁波市委党校学报》2013年第3期。

9. 李德顺:《论"以人的自由全面发展为原则"》,《社会科学战线》2006年第6期。

10. 郭湛:《人才的培养、使用与人的全面发展》,《中国人才》2004年第3期。

11. 孙正聿:《人的解放的旨趣、历程和尺度——关于马克思人的全面发展学说的思考》,《学术月刊》2002年第1期。

12. 陈学明:《马克思的人的全面发展理论与当代人的生活取向》,《复旦学报(社会科学版)》2000年第2期。

13. 俞吾金:《"人的全面发展"问题之我见》,《探索与争鸣》2002年第8期。

14. 袁贵仁:《论马克思人的全面发展观》,《高等师范教育研究》1992年第3期。

15. 欧阳康:《论主体能力》,《哲学研究》1985年第7期。

16. 丰子义:《如何理解和把握人的全面发展》,《北京社会科学》2002年第4期。

17. 丰子义:《自觉回应时代问题的人学研究》,《光明日报》2017年9月18日。

18. 韩庆祥:《马克思的财富观及其当代意义》,《哲学研究》2011年第4期。

19. 韩庆祥:《关于建构能力社会新秩序的思索》,《河北学刊》2002年第2期。

20. 陈新夏:《唯物史观与人的发展理论》,《哲学研究》2004年第2期。

21. 汪信砚:《马克思哲学中的人的全面发展与自由个性》,《社会科学战线》2005年第3期。

22. 杨耕:《从必然王国向自由王国的转变与从片面的人向全面的人的发展》,《中国高校社会科学》2013年第4期。

后　记

学界关于人的能力理论问题的研究成果很少。华中科技大学欧阳康教授的《要重视能力问题研究》、中共中央党校韩庆祥教授的《能力本位》、首都师范大学陈新夏教授的《唯物史观与人的发展理论》为我探索人的能力理论问题提供了重要启发。

《马克思恩格斯人的能力理论研究》既是我对马克思恩格斯关于人的能力问题的论述的学习,也是我对人的能力理论问题的探索。

首先感谢首都师范大学陈新夏教授。导师陈新夏教授对我的学习提出了明确要求:坚持读原著。在导师陈新夏教授的指导下,我对人的能力理论问题的探索取得了初步成果。

感谢中共中央党校韩庆祥教授。在中国人学学会第二十二届年会上,我有幸得到了韩庆祥教授的指教,人的能力研究相当薄弱但非常重要,坚定了我探索人的能力理论问题的信心。

感谢天津师范大学姜芳博士的支持和帮助。

感谢天津人民出版社林雨等有关同志为本书的出版提供了积极支持和大力帮助。

最后感谢所有支持我和帮助我的好心人热心人。

本书一定存在不足,请大家批评指正。

孙福胜

2024年5月于北京